Balduin Möllhausen
Geschichten aus dem Wilden Westen

Mit 12 Bildern

Herausgegeben
von
Andreas Graf

Deutscher Taschenbuch Verlag

Mit einem Nachwort, einer Zeittafel und Anmerkungen herausgegeben von Andreas Graf.
Text- und Bildnachweise finden sich im Anhang.

Juni 1995
Deutscher Taschenbuch Verlag GmbH & Co. KG
München

Umschlagtypographie: Celestino Piatti
Umschlagbild: Balduin Möllhausen (1825–1905)
Gesamtherstellung: C. H. Beck'sche Buchdruckerei
Nördlingen
Printed in Germany ISBN 3-423-02364-3

Über dieses Buch

Karl May war nie im Wilden Westen, seine Informationen stammen zu einem guten Teil aus den Romanen, Erzählungen und Reiseberichten des Balduin Möllhausen (1825–1905), jenes Bestsellerautors am Ende des 19. Jahrhunderts, der bereits 1849 nach Amerika aufgebrochen war. Dort lebte er mit den Chippeway-Indianern an den Großen Seen, durchstreifte Illinois als Zeichner und Jäger, reiste zu Forschungen weiter gen Westen, war wochenlang im Schneesturm gefangen, wurde von Oto-Indianern gerettet – und war sogar zeitweise mit einer Halbindianerin liiert. All dies sowie zwei weitere Amerikareisen 1853 und 1857 gaben ihm mehr als genug Stoff für seine Geschichten, in denen er vom Leben der ersten Siedler und der indianischen Ureinwohner im »fernen Amerika« erzählt.

Der Herausgeber, ein ausgewiesener Möllhausen-Spezialist, hat für diesen Band zehn der besten abenteuerlichen Erzählungen ausgewählt, die seit vielen Jahrzehnten für den Leser nicht mehr zugänglich waren – vier davon erscheinen überhaupt zum erstenmal in Buchform.

Sämtliche Geschichten Möllhausens entspringen dem direkten Erleben, haben einen realistischen Kern in einer romantischen Hülle und verbergen nicht, daß der »deutsche Cooper« sich immer wieder nach der Weite der Prärien, nach der Unabhängigkeit seines Trapperdaseins und nach den einst erlebten Abenteuern zurücksehnte.

Literatur · Philosophie · Wissenschaft

INHALT

Der Postläufer von Wisconsin

I.

Reich an schönen üppigen Waldungen, reich an lieblich eingefaßten Seen, kristallklaren Bächen und Flüssen ist der Staat Wisconsin.

Wo nun Landstrecken von der Natur auf eine solche Weise bevorzugt sind, da herrscht auch ein Überfluß an reizend gelegenen Punkten, die von der fleißigen Hand des genügsamen Ackerbauers langsam, aber sicher in ebenso paradiesische Gärten umgewandelt werden können. Dieser Umstand hat denn auch schon zahlreiche betriebsame Menschen dorthin gelockt, und dem Jäger, der jetzt jene Regionen durchwandert, bietet sich ein beständiger Kontrast von Urwildnis und fortschreitender Zivilisation, die beide durch den Wechsel gewinnen und nachhaltiger in ihren Eindrücken werden.

Die künstlich hergestellten Lichtungen mit ihren Einfriedigungen und Feldern, mit ihren beschatteten Blockhäusern und dem, was sie belebt, nehmen sich inmitten des ehrwürdigen, schwer zugänglichen Forstes gewiß anmutig aus, und noch in erhöhtem Grade, wenn ein rauschendes Flüßchen dem Ansiedler als Wegweiser diente und ihn endlich in der Wahl eines Plätzchens zur Gründung des stillen häuslichen Herdes bestimmte. Nähert man sich aber dem Strande des Michigan und gewahrt dort auf hohem Ufer friedliche Wohnungen und ringsum die Spuren eines unverdrossenen Fleißes, so ist man geneigt, diesen den Vorzug vor ersteren zu geben. Denn wie auf der einen Seite der stolze Wald, in welchem schlanke immergrüne Tannen hoch über riesenhafte Walnußbäume, Sykomoren und Eichen emporragen, weithin den Horizont begrenzt, so schweift auf der andern Seite der Blick ungehindert über den endlosen See, der bald glatt wie ein Spiegel, bald leicht gekräuselt von sanften Luftströmungen in tiefer Ruhe daliegt, aber auch zuweilen vom Orkan gepeitscht, in mächtigen Wogen über den mit Kieseln bestreuten Strand hinweg, gegen die lehmigen, schroffen Ufer brandet.

Im Jahre 184., als die eingeborenen Stämme der Potowatomes, Mnomonomes und Schippewäs noch nicht durch die Politik der Weißen von den Gräbern ihrer Väter, auf scheinbar gerechtfertigte Art, verdrängt worden waren, stieß der Wanderer in jenen Wildnissen häufiger auf kupferfarbige kriegerische Gestalten, welche mit Bogen und Pfeil oder mit der Büchse dem flüchtigen Hirsch und dem schwarzen Bären nachstellten, als auf weiße Arbeiter, die mit den Schlägen ihrer Axt den weiten Forst widerhallen machten. Hin und wieder hatten aber doch schon einzelne Familien die nächste Umgebung der an den Mündungen von Flüssen angelegten Städte verlassen, waren tiefer landeinwärts oder auch am Michigan hinauf und hinunter gezogen und lebten dort abgesondert in der Einsamkeit, aber stets in gutem Einvernehmen mit ihren rothäutigen Nachbarn. Sie begnügten sich mit dem, was ihnen der dankbare Boden und der wildreiche Forst oder vielmehr die indianischen Jäger lieferten, und lernten politischen und religiösen Zwang nur höchstens aus Beschreibungen kennen.

Das Städtchen Manitouwauk, im nördlichen Wisconsin, war damals eine kleine Ansiedlung, noch nicht wichtig genug, um von den auf den großen Süßwasserseen verkehrenden Dampfbooten beachtet zu werden, und nur gelegentlich von Küstendampfern besucht, ging ihr Wachstum verhältnismäßig langsam vonstatten. Ein New Yorker hätte indessen seiner Vaterstadt nicht mit mehr Stolz gedenken können, als die Bewohner von Manitouwauk ihre Ansiedlung eine Stadt nannten und alle die Vorzüge aufzählten, welche deren günstige Lage, die in Aussicht stehende Verbindung mit dem Winebago-See, und vor allem die leicht zu nutzende Wasserkraft des Manitou-Flusses versprachen. Wie man sich jetzt überzeugen kann, hatten die Leute sich nicht geirrt.

Unmittelbar nördlich von der Mündung des Manitou

erstreckt sich das reich bewaldete Land als eine breite Zunge weit in den Michigan hinein und bildet, in der Entfernung von ungefähr vierzig englischen Meilen wieder zurücktretend, eine überaus malerische Bucht, in welcher das von drei Seiten geschützte und fast beständig stille Wasser die anmutig geschmückten Ufer so deutlich zurückstrahlt, daß man die umgekehrten Spiegelbilder für eine Fortsetzung des Festlandes halten könnte.

Seit undenklichen Zeiten schon war diese Bucht ein beliebter Sommeraufenthalt der Potowatome- und Schippewä-Indianer. Sie versammelten sich daselbst in großer Anzahl, um in ihren leichten Rindenkanus weit hinaus zu rudern, die Fische in der Tiefe der eigentümlich durchsichtigen Flut zu beobachten und im günstigen Augenblick mittels langer Speere zu erbeuten.

Zu der Zeit, von welcher ich hier spreche, hatten sich die Eingeborenen in das Innere der dichten Wälder zurückgezogen, denn mit unerbittlicher Strenge hielt der Winter die Natur umfangen, und wo sonst die zierlichen Fahrzeuge, dem leisesten Druck nachgebend, leicht über den beweglichen Wasserspiegel hinglitten, da befand sich jetzt eine dicke Lage Eis, welche eine fast ebenso dicke Lage Schnee deckte.

Ganz vereinsamt war die Bucht aber nicht, denn wer an irgendeiner beliebigen Stelle aus dem Dickicht auf die hohe Uferwand trat, dem blieb eine Rauchsäule nicht verborgen, die wirbelnd einer Baumgruppe aus einer Lichtung zu entsteigen schien, in Wirklichkeit aber von einem behaglichen Kaminfeuer herrührte, um welches harmlose Menschen sich friedlich bewegten. Wenn man sich der bezeichneten Stelle näherte, so entdeckte man bald, durch das entblätterte Buschwerk hindurch, die grauen Wände und die Bedachung eines Blockhauses, welches sich mit den schwer aufeinanderruhenden Balken und den sorglich verstopften und zugeklebten Fugen doppelt einladend in der winterlichen Landschaft ausnahm. Ein kleiner eingefriedigter Hof zog sich vor der Hütte hin; ein mit Heu und Stroh angefüllter Schuppen stand etwas abgesondert; dagegen lehnte sich an den Giebel des Wohnhauses ein Stall, der zwei Pferden, zwei Kühen, einer Ziege und einer zahlreichen Hühnerfamilie notdürftig Obdach gewährte.

Ein mächtiger Haufen gespaltenen Holzes vor der Tür verriet, daß die Bewohner mit den strengen Wintern Wisconsins schon vertraut waren; ein viel betretener Pfad führte durch den tiefen Schnee nach dem Michigan hinunter, wo neben einer Öffnung im Eise ein ausgehöhlter Baumstamm lag, und wo also das unvergleichliche Wasser des Sees Menschen und Tieren den besten Brunnen reichlich ersetzte. –

Die Sonne versank hinter den westlichen Bäumen; ein violetter Dunstkreis, der ringsum den wolkenlosen Horizont einfaßte, verkündete den baldigen Einbruch der Nacht; senkrecht entstieg der sich verstärkende Rauch dem hölzernen Schornstein und suchte seinen Weg zwischen den bereiften Zweigen der riesigen Hickory-Bäume hindurch, welche, wie Schutz gewährend, die Hütten, den Stall und den Hof umgaben.

Ein von festen Blöcken genährtes Feuer in dem von

Feldsteinen aufgeführten Kamin verbreitete wohltuende Wärme und beleuchtete zugleich, mit stets wechselndem Licht, das Gemach sowie die verschiedenen Gestalten und veränderte blitzschnell die Schatten, die wie Gnomen auf den Wänden umhertanzten.

Zu beiden Seiten des Kamins befanden sich zwei Personen, welche, nach der Ehrerbietung zu urteilen, die ihnen von den übrigen Hausgenossen gezollt wurde, und nach der Art, wie sie dieselbe hinnahmen, die Häupter der Familie sein mußten. Doch auch zwischen ihnen herrschte ein von der Natur vorgeschriebener Rangunterschied, welchen sowohl die weit getrennten Altersstufen, als auch das verwandtschaftliche Verhältnis und die in guten und trüben Zeiten erprobte Anhänglichkeit bestimmte.

Eine siebzigjährige Greisin ruhte nämlich auf einem roh geschnitzten, aber bequemen Wiegenstuhl. Sich leise schaukelnd, blickte sie mit halbgeschlossenen Augen bald in die knisternden Flammen, bald wendete sie sich den übrigen Hausbewohnern zu und bewies durch kurze Bemerkungen, wie sehr sie sich im Geiste mit allem beschäftige, was ihre Familie betraf. Augenscheinlich hatten Sorgen und schwere Arbeit während eines langen Lebens ihr Alter zu einem körperlich leidenden gemacht; doch der Zug innerer Zufriedenheit, welcher auf den gerunzelten Zügen ausgeprägt war, und das Wohlwollen, mit welchem die Greisin, sich jedesmal zu dem wendete, der sie mit dem Namen »Großchen« anredete, deuteten darauf hin, daß sie das Alter für keine Bürde hielt und den Spätabend ihres Lebens als willkommene Rast vor dem Einschlummern nach schwerem Tagewerk betrachtete. Ihr gegenüber auf einem Holzblock, die Kaminwand als Lehne benutzend, saß der Hausherr, ihr Schwiegersohn.

Ein rüstiger Fünfziger, zeigte er das wahre Bild eines westlichen Farmers. Das von schlichten, blonden Haaren eingefaßte Gesicht hatte den scharfen Schnitt, welcher der amerikanischen Nation fast eigentümlich, und beschattet von einem dunkelblonden Bart und wettergebräunt wie es war, würde man dasselbe sogar haben wild nennen können, wenn nicht ein Paar ehrlicher blauer Augen so überaus vertrauenerweckend unter den buschigen Brauen hervorgelugt hätten. Seinen aus einer schweren blauen Decke geschnittenen Rock hatte er zur Seite geworfen, und so saß er denn da in einem scharlachfarbigen Flanellhemde, welches ein breiter Gurt über den indianisch befransten hirschledernen Beinkleidern zusammenhielt. Zwischen den Zähnen hielt er ein kurzes brennendes Tonpfeifchen, während seine Hände emsig damit beschäftigt waren, den neu eingefügten Griff einer Axt glatt zu schaben.

Zu Warners Füßen, dies war der Name des Farmers, auf einer getrockneten Hirschhaut, lag träge hingestreckt sein jüngster Sohn, ein Knabe von etwa fünfzehn Jahren; der vielleicht zwei Jahre ältere Bruder desselben war dagegen seiner Mutter, einer stattlichen Frau von kaum vierzig Jahren, beim Wickeln von Wolle behilflich. Dieselbe saß in der Mitte vor dem Kamin, schaute mit ihren fröhlichen schwarzen Augen munter im Kreise umher, teilte ihre Aufmerksamkeit zu gleichen Teilen unter alle Anwesende und überwachte dabei sorgfältig ein kleines indianisches Kind, welches zu ihren Füßen spielend auf dem Boden lag.

Dicht vor dem Feuer nun kauerte auf einem niedrigen Holzblock die Tochter des Hauses, ein junges neunzehnjähriges Mädchen, welches mit seinen dunklen Augen und den starken braunen Haaren eine wunderbare Ähnlichkeit mit seiner Mutter, der Farmersfrau, trug. Dieselbe war mit dem Backen von Maiskuchen beschäftigt, und wenn sie aufschaute und ihr von der Glut gerötetes Gesichtchen zeigte, über welches die Scheitelhaare während der Arbeit tief hinabgesunken waren, aber nicht tief genug, um den jugendlichen Frohsinn und die kindliche Unschuld auf den regelmäßigen Zügen zu verbergen, dann hätte man sich kaum ein ansprechenderes Bild denken können als die Familiengruppe, in welcher Mary, die anmutige Tochter des Hauses, den Mittelpunkt bildete.

Die Unterhaltung betraf einen abwesenden Freund des

Hauses, und aus dem Eifer, mit welchem jeder immer wieder aufs neue, das Gespräch auf den »langen Ben« zurückführte, konnte man leicht erraten, wie sehr ihm alle zugetan waren. Bei einer genaueren Beobachtung konnte es aber auch nicht entgehen, daß niemand sich mehr als gerade die schöne Mary um den Erwarteten kümmerte.

»Wenn der lange Ben, wie er versprach, vorgestern den Winebago-See verlassen hätte«, wendete sich Warner zu seiner Gattin, »so würde er schon heute mittag hier eingetroffen sein.«

»Er ist vielleicht wider seinen Wunsch und Willen zurückgehalten worden«, antwortete die Hausfrau, »und da er, gemäß seines Kontraktes, innerhalb fünf Tagen im Fort Mackinaw sein muß, so können wir mit Gewißheit darauf rechnen, ihn noch vor morgen abend bei uns zu sehen.«

»Ben hat versprochen zu kommen und wird daher vor Mitternacht hier sein«, unterbrach Mary die Unterhaltung ihrer Eltern; »in den geringfügigsten Sachen ist er ja gewohnt sein Wort zu halten. Ich wünsche nur, daß wir ebenso beruhigt hinsichtlich seiner Wanderung über den See sein könnten.«

»Warum sollten wir Besorgnisse um seine glückliche Heimkehr hegen?« fragte der Farmer. »Das Eis ist ja noch ebenso stark wie im Dezember, und dem Brechen desselben können wir wohl kaum vor Ablauf des kommenden Monats entgegensehen.«

»Aber die Schneestürme?« fuhr das Mädchen fort.

»Ein tüchtiger Schneesturm dient nur dazu, den langen Ben zu erfrischen«, tröstete der Vater, »und ein Verirren ist so lange nicht zu befürchten, als sich der Schippewä bei ihm befindet. Der ist ebenso sicher und vielleicht noch sicherer als der Kompaß, welchen Ben im vorigen Winter vom Kommandanten von Mackinaw zum Geschenk erhielt. Wird Eichenlaub ihren Gatten auch diesmal begleiten?« fragte er dann.

»Nein«, antwortete die Farmersfrau, »sie hat mir versprochen, mit ihrem Knaben bei uns zu bleiben und auf die

Rückkehr der beiden Männer zu warten. – Ein treues Weib, diese indianische Squaw: es kostete mir viele Mühe, sie zu diesem Entschluß zu bewegen; sie gestand mir, daß sie einen bösen Traum gehabt und daß sie für das Leben ihres Mannes fürchte.«

»Träume sind Narrheiten«, sagte Warner, der die ängstlichen Blicke seiner Tochter bemerkt hatte. »Wenn ich nach jedem bösen Traum in meinem Leben Unglück gehabt hätte, so wäre ich keine zehn Jahre alt geworden.«

»Ganz recht«, erwiderte die Frau, »auch ich halte Träume nur für wirre Bilder einer reizbaren Phantasie und erwähne das hier bloß, um unsere Kinder auf die Spukgeschichten der ehrlichen Eichenlaub vorzubereiten.«

»Ich bin dem indianischen Aberglauben nicht zugänglich«, sagte Mary, wobei sie sinnend ins Feuer schaute. »Ich denke nur daran, daß dieses Bens letzte Reise sein soll und daß ich gehört habe, wie viele Seeleute, welche ihre letzte Reise zu machen beabsichtigten, nicht wieder heimkehrten, und da Ben doch gewissermaßen seine letzte Seereise unternimmt, so –«

»So glaubst du, daß das drei Fuß dicke Eis nicht mehr stark genug ist, den langen Ben zu tragen?« unterbrach der Vater das Mädchen. »Geht doch; ihr alle seid mehr oder weniger von der träumerischen Indianerin angesteckt worden. Übrigens habe ich noch nie gehört«, fuhr er lachend fort, »daß ein Schiffskapitän auf einer andern als seiner letzten Reise zugrunde gegangen wäre; dann kenne ich auch wieder Seeleute, welche eine lange Reihe von Jahren hindurch alljährlich zwei oder mehrere Reisen unternahmen und jede einzelne derselben, beim Antritt, ihre letzte nannten. – Wenn die gewissenlosen Advokaten in Ohio uns nicht um unser Hab und Gut gebracht hätten, so würde Ben überhaupt nicht nötig gehabt haben, auf solch abenteuerliche Weise sein Brot zu verdienen; ich würde dann schon längst getan haben, was sein reicher Vater zu tun verschmäht: ich würde eine Farm gekauft und euch in Abwesenheit eines Richters sogar selbst kopuliert haben. So aber ist Ben darauf angewiesen, sich aus eigenen Kräften einen Herd zu gründen, und gewiß ist es lobenswert, daß er mit List und Ausdauer zu Werke geht. Ja über diese Advokaten –«

»Laß die Advokaten«, fiel die alte Großmutter mit zitternder Stimme ein; »danke dem Herrn für das, was er dir verliehen, und sei zufrieden, anstatt durch trübe Rückerinnerungen dich und die Deinigen unglücklich zu machen. Ich habe viel in meinem Leben verloren, mehr denn ihr alle, habe aber darum nicht verlernt, mich ergebungsvoll vor einem höhern Willen zu beugen.«

Die ernste Rede der ehrwürdigen Frau hatte ein allgemeines Schweigen veranlaßt, und jeder schien wie in Gedanken versunken; selbst das indianische Kind schaute regungslos mit seinen großen schwarzen Augen auf die Greisin, als hätte es die Worte derselben verstanden. Plötzlich erhoben die Hunde, welche bis dahin in träger Ruhe ihre Nasen dem Feuer entgegengereckt hatten, ihre Köpfe, stießen ein leises Knurren aus und sprangen dann der Tür zu, wo sie lustig bellend und mit den zottigen Schweifen wedelnd gleichsam das Öffnen verlangten.

»Das ist Ben!« rief das Mädchen aus, indem es die Pfanne vom Feuer entfernte und seinem Vater nacheilte, der die Tür schon geöffnet hatte. »Das ist Ben!« jubelten auch die Knaben, als sie ihre Schwester mit zwei Sätzen einholten und ins Freie stürzten.

Von der Tür aus blickten alle nach der Richtung hin, in welcher die Hunde verschwunden waren, und bald vernahmen sie Stimmen, welche die erfreuten Tiere laut bewillkommneten. Das Knirschen des Schnees unter menschlichen Tritten und Pferdehufen wurde deutlich, und aus dem Schatten des Waldes trat eine Gruppe dunkler Gestalten auf die Lichtung und eilte, umschwärmt von den bellenden Hunden, in nächster Richtung dem Hause zu.

»Guten Abend, Warner! Guten Abend, Mary! Ihr habt uns wohl nicht mehr so spät erwartet?« rief eine jugendlich kräftige Männerstimme.

»Ihr seid zu jeder Stunde willkommen«, antwortete Warner; »aber Ihr bringt kaltes Wetter mit!«

»Gott sei Dank, kalt genug, um die Eisrinde auf dem Michigan noch einige Wochen festzuhalten«, erwiderte Ben, ein bepacktes Pferd in den Hof treibend und die Pforte wieder sorgfältig schließend, nachdem seine Gefährten ebenfalls eingetreten waren. »Hallo! Jungen, wo seid ihr? Hier nehmt die Büchsen; aber stellt sie nicht zu warm, damit sie nicht beschlagen, und dann kommt und sorgt für Cricket; der arme Gaul hat seit dem frühen Morgen keinen Bissen über die Zunge gebracht!«

Nach diesen Worten trat Ben zu Warner und Mary, begrüßte beide nochmals herzlich und begab sich dann zurück zu dem Pferde. Mit Hilfe des Schippewäs nahm er einige Decken und zwei Säcke von dem Sattel, und das Tier alsdann den Knaben überlassend, folgte er mit seiner indianischen Begleitung dem Farmer in das Innere der Hütte nach, wo ihm von Marys Mutter und der alten Großmutter ein nicht weniger herzlicher Empfang zuteil wurde.

Als das volle Licht des Kaminfeuers auf den Postläufer fiel, zeigte sich eine jener kraftvollen, hoch aufgeschossenen Gestalten, an welchen der Staat Kentucky vorzugsweise reich sein soll, die sich aber überall da wiederholen, wo eine gesunde Lebensweise, vor allem aber eine verständige Erziehung im zarten Jugendalter, den physischen Teil des Menschen sich schöner und besser entwickeln lassen. Seiner Höhe hatte Ben den Beinamen des »Langen« zu verdanken, und er ertrug denselben gern, weil er ihm ursprünglich von seinen besten Freunden beigelegt worden war. In seinen, für einen Amerikaner, etwas breiten, aber doch wohlgebildeten Zügen spiegelten sich Offenheit und Ehrlichkeit, und sowohl in den von starken Brauen beschatteten Augen, als auch in seinen Bewegungen verrieten sich jene Sicherheit und Entschlossenheit, welche man bei einem vierundzwanzigjährigen Manne mehr als die natürliche Folge eines ungebundenen Lebens in der Wildnis als seines Alters bezeichnen kann.

Bens Anzug bestand aus einem Gemisch von europäischen und indianischen Kleidern, das heißt, er hatte von allem gerade das gewählt, was ihm am dauerhaftesten und am geeignetsten für seine Zwecke erschien. Ein zierlich befranstes ledernes Jagdhemd umgab lose den kräftigen Oberkörper und ließ, vorn offen stehend, die so beliebte rote Flanellwäsche durchblicken; wildlederne Gamaschen reichten bis über seine Knie hinauf, wogegen seine Füße in starken, wasserdichten Schuhen steckten. Über der Schulter hing an breitem Bande die indianisch geschmückte Kugeltasche nebst Pulverhorn, und in dem buntfarbigen Gürtel steckte das gebräuchliche breitklingige Bowiemesser und ein Paar weitgeschweifte Schneeschuhe. Als Kopfbedeckung führte Ben einen zum Teil ausgestopften Fuchsbalg mit aufrecht stehenden Ohren, fletschenden Zähnen und künstlich hergestellten Augen, und derselbe bildete eine eigentümliche Schattierung zu den hellblonden Haaren, dem rötlichen Bart und dem von der Winterluft hochrot gefärbten Gesicht. Bei seinem Eintritt hatte er indessen den phantastischen Kopfputz beiseite gelegt.

Gume, der Gefährte Bens, war ein schlauer Indianer, welchen man, wenn er nachlässig dastand, ebenso leicht für ungelenkig und steif als für gewandt und schnell halten konnte. In seinem mit roter Ölfarbe bemalten Gesicht vermochte man ebensowenig das Alter zu entziffern, und es ließ sich nur mit Bestimmtheit annehmen, daß er das fünfundzwanzigste Jahr schon erreicht, daß vierzigste aber noch nicht überschritten habe. Über den stark vorstehenden Backenknochen lagen, halb verborgen hinter schläfrig niederhängenden Lidern, zwei schwarze Augen, die, fast beständig niederwärts schauend, nichts von der Geistestätigkeit und der Beobachtungsgabe verrieten, welche hinter denselben ruhten.

Bekleidet war der Schippewä ähnlich seinem weißen Gefährten, nur daß statt der schweren Schuhe leichte elchlederne Mokassins seine Füße schützten, und daß die eigenen langen Haare, in welchen ein Busch Eulenfedern steckte, die einzige Kopfbedeckung bildeten.

Des Indianers Gattin, ein sanftes Geschöpf, folgte ihrem gestrengen Herrn fast wie ein Schatten und bewies ebensowohl durch den ergebungsvollen Ausdruck in ihren braunen Zügen als auch durch ihre Haltung, daß sie nicht unzufrieden mit der Stellung sei, welche sie zur Sklavin ihres Gatten machte. Sie hatte sich in eine weite blaue Decke gehüllt, unter welcher ein roter faltenloser Rock und gleichfarbige Gamaschen hervorsahen.

Gleich nachdem sie den Anwesenden der Reihe nach mit stummen Gruß die Hand gereicht hatte, nahm sie ihren kleinen Sohn von Mrs. Warner und kauerte sich mit demselben in der Nähe des Feuers hin, wo sie lautlos, ja fast regungslos verharrte.

Der Kreis um den Kamin war bald wiederhergestellt, und während Mary ihre Aufmerksamkeit abwechselnd der Zubereitung der Mahlzeit und ihrem geliebten treuen Ben zuwendete, vertieften sich die Männer in ein Gespräch, welches fast ausschließlich die Pläne und die nächste Zukunft des jungen Reisenden betraf.

II.

Benjamin White war der einzige Sohn eines wohlhabenden Farmers, der, nachdem er sein Besitztum im Staate Pennsylvanien vorteilhaft verkauft, eine neue Ansiedlung an den Ufern des Winebago-See gegründet hatte. Mehrere Jahre später traf auch Warner in jener Gegend ein, um sich mit dem kleinen Rest seines Vermögens, welchen er aus einem Prozeß um den Besitztitel seines Bodens gerettet, am Rande der Wildnis eine neue Heimat zu schaffen. Er hatte nicht hinlänglich Mittel, nach dem Ankauf einer kleinen Landstrecke und des notwendigen Viehs auch noch Arbeiter zur Errichtung eines Hauses annehmen zu können, und nur auf sich und seine Familie angewiesen, suchte er Hilfe bei den abwärts lebenden Nachbarn.

Bereitwillig wie immer, wenn es galt, einem neuen Ankömmling ein Obdach zu beschaffen, stellte sich denn auch zur bestimmten Zeit eine Anzahl junger Männer ein, und deren vereinten Anstrengungen verdankte es Warner, daß er schon nach wenigen Tagen mit seiner Familie das notdürftige Zelt mit einer verhältnismäßig bequemen Blockhütte vertauschen konnte.

Ben befand sich damals mit unter denen, welche für Warner lustig die Axt schwangen, und von jener Zeit stammte die Bekanntschaft her, welche in ein enges verwandtschaftliches Verhältnis zu endigen versprach. Mehrere Jahre waren vergangen; Ben, der Jagd leidenschaftlich ergeben, fand oft genug einen Vorwand, sich auf Wochen aus dem väterlichen Hause zu entfernen und begab sich dann gewöhnlich zu Warner, den er fleißig in seinen Feldarbeiten unterstützte oder zum Fischfang und auf der Jagd begleitete. Sein Lohn war dann immer der herzliche Dank und die freundliche Begegnung der ganzen Familie, und unbeschreiblich glücklich machte es ihn, wenn er in den Blicken der anmutigen Mary, die zu harmlos, zu unschuldig war, als daß sie ihre Gefühle hätte verbergen können, eine wachsende zärtliche Hinneigung zu ihm entdeckte.

Wie es unter solchen Umständen vorauszusehen war, ließen die gegenseitigen Erklärungen nicht lange auf sich warten. Mit lautem Schall fiel Warners schwielige Hand in Bens Rechte, als er in ihm den zukünftigen Schwiegersohn begrüßte; Tränen der Freude rannen über die noch immer frischen Wangen der rüstigen Hausfrau, als sie die frohe Kunde vernahm; die alte Großmutter aber legte ihre Hand segnend auf des jungen Mannes Haupt und rief mit bewegter Stimme: »Sei mir willkommen, Ben, als der Beschützer und Gatte meines Lieblings; mögen Eure Wünsche in Erfüllung gehen, noch ehe ich mich ins Grab lege.«

Anders dachte aber Bens Vater; die Tochter eines wenig begüterten Mannes war ihm nicht gut genug für seinen Sohn. Nicht ohne Verdruß gewahrte er, daß er seine Gewalt über den jungen Mann verloren hatte, dieser aber mit der ganzen stürmischen Zuneigung eines unverdorbenen Gemütes an dem jungen Mädchen hing und nicht gesonnen schien, seinen festen Willen von irgend jemanden in der Welt beugen zu lassen. Sogar die Drohung, ihn enterben zu wollen, hatte nur den Erfolg, daß Ben mit verdoppeltem Eifer danach trachtete, durch eigene Kraft baldmöglichst in die Lage zu kommen, seine Verbindung mit der Tochter des Farmers zu schließen. Mit einem solchen Ziel vor Augen, brachte er daher einen Teil des Jahres mit Feldarbeiten hin, welche ihm einigen Gewinn sicherten; um aber die zum Ankauf von Land nötige Summe zu erübrigen, verpflichtete er sich kontraktlich zur Beförderung von Briefen und leichten Postsachen zwischen den Militärstationen am oberen Mississippi und dem auf der Insel Mackinaw gelegenen Fort gleichen Namens.

Wenn dann der Winter sich eingestellt hatte und die auf den großen Seen vermittelnden Dampfboote eingefroren im sicheren Hafen lagen, dann begab sich Ben mit seinem indianischen Gefährten auf die Reise. Zwei leichte Schlitten, jeder gezogen von mehreren Hunden, enthielten die Postsachen, Decken und Lebensbedürfnisse der beiden Wanderer, und auf solche Weise ausgerüstet, richteten sie ihre Schritte zunächst dem Michigan zu, wo ihnen auf der glatten beschneiten Fläche ein überaus bequemer Weg offenstand. Gewöhnlich hielten sie sich in geringer Entfernung vom Lande, um die Nächte in der Schutz gewährenden Waldung oder bei einem einsamen Farmer zubringen zu können. Nur auf der Strecke zwischen der Potowatome-Insel und Fort Mackinaw, wo der Weg an der Green-Bay vorüberführte, verloren sie auf einige Zeit das Land aus den Augen, bis sie sich wieder einer Reihe von Inseln näherten, die in kurzen Zwischenräumen bis in die Straße von Mackinaw vor ihnen auftauchten.

Es war dieses der zweite Winter, in welchem Ben die Beförderung der Postsachen übernommen hatte. Vom Glück begünstigt, war er stets zur bestimmten Zeit auf den verschiedenen Stationen eingetroffen. Mit dem Brechen des Eises und dem Beginn der Kommunikation mittels Dampfbooten beabsichtigte er indessen das mühevolle Leben eines Postläufers aufzugeben und zur Gründung seines eigenen kleinen Hausstandes zu schreiten.

Als Ben auf Warners Farm eintraf, kam er aus dem Innern des Landes vom Winebago-See. Er hatte diesen Umweg genommen, um früher an den Michigan zu gelangen und daselbst das Packpferd mit den Hundeschlitten zu vertauschen, und es ist kaum zu bezweifeln, daß die anmutige Mary ihn am meisten dazu veranlaßte, gerade diesen Punkt zu seiner Station zu wählen.

»Es steht also unbedingt fest, daß Ihr morgen früh aufbrecht?« fragte Warner seinen Gast, der ebenfalls den ledernen Rock abgeworfen und in scharlachfarbigen Hemdsärmeln vor dem Feuer saß.

»Gewiß!« antwortete Ben, »und was noch mehr ist, wir müssen vor Anbruch des Tages schon einige Meilen zurückgelegt haben. Fragt nur den Schippewä, ob wir keine Eile haben.«

»Viel Wind kommt mit dem Neumond«, sagte der Indianer in einem Englisch, welches auf seinen vielfachen Verkehr mit den Weißen deutete; »viel Wind bringt Schneesturm und bricht das Eis.«

»Ihr hört es«, fuhr Ben fort, »Gume prophezeit böses Wetter und gewöhnlich täuscht er sich nicht. Er glaubt aber, daß wir bei verständiger Eile hinreichend Zeit haben, die Insel zu erreichen, trotzdem seine Frau, die einen bösen Traum gehabt, das Gegenteil behauptet.«

»Habt Ihr viel Gepäck?« fragte Warner weiter.

»Die Last ist dieses Mal nicht sehr groß, sie ist sogar viel leichter, als ich erwartete. Es sind mir nur zwei Pakete mit Briefen und Depeschen übergeben worden, doch müssen sie Sachen von größter Wichtigkeit enthalten, denn der Kommandant vom Fort Winebago bemerkte ausdrücklich, daß er um die rechtzeitige Beförderung derselben sehr besorgt sei.«

»Dann dürft Ihr freilich nicht säumen«, sagte der Farmer; »doch wann können wir Euch zurückerwarten?«

»Schon im März; sollte das Eis aber innerhalb vierzehn Tage noch nicht brechen, so werden wir bereits vor Ablauf dieser Zeit wieder hier sein. Im andern Falle kann sich unsere Rückkehr noch vier bis fünf Wochen verzögern, je nachdem wir genötigt sind, den weiten Umweg auf dem Festlande zu nehmen oder eine Dampfboot-Gelegenheit finden. Doch wie steht es mit den Hunden, Vater Warner? Lustig genug sind sie, wie ich schon bemerkt habe.«

»An Kräften fehlt es ihnen ebenfalls nicht«, antwortete der Farmer, »wenn überhaupt zweimal des Tages warmes Futter imstande ist, einem Tiere Kräfte zu geben. Daß aber das Futter nicht bloß aus Wasser und Maismehl bestand, wird Mary Euch am besten sagen können, weil sie allein die Pflege unserer Schutzbefohlenen übernommen hatte. Die Schlitten habe ich geprüft und die zusammengefügten Stellen mit roher Hirschhaut umwunden, so daß sie jetzt fest genug sind, eine Reise nach dem Nordpol aushalten zu können. Auch für frisches Fleisch habe ich gesorgt, und ein paar Hirschkeulen stehen zu Eurer Verfügung.«

»Ihr kennt Gume schlecht, Vater Warner, wenn Ihr glaubt, daß wir ohne Lebensmittel hier ankommen würden! Heute früh, als ich bei Tagesanbruch zusammen mit Eichenlaub und dem Pferde unser Nachtquartier verließ, befand sich der Schippewä schon seit zwei Stunden unterwegs. Als wir ihn dann einholten, trafen wir ihn am Wege sitzend; ein Feuer brannte vor ihm und auf demselben rösteten einige so saftige Fleischschnitten, wie nur je unter der Haut eines Stück Wildes hervorgeholt wurden; ein stattlicher Bock lag nicht weit davon, und zwar schon zerlegt, so daß uns nichts weiter zu tun blieb, als an dem Mahle teilzunehmen und demnächst das Fleisch stückweise an dem Sattel zu befestigen; ja, ja, mein Freund Gume ist ein großer Jäger.«

»Schon oft hat er uns das bewiesen«, fiel die Farmersfrau mit einem freundlichen Blick auf den scheinbar teilnahmslosen Indianer ein, »deshalb soll auch sein Weib nicht mit ihm ziehen und hier vor dem Feuer sitzen und ihren Knaben pflegen, damit er ebenfalls ein großer Jäger werde.«

»Eichenlaub wird nicht mit ihrem Herrn ziehen, weil er es so will«, klagte die junge Indianerin; »sie wird aber auch nicht vor dem Feuer sitzen und mit ihrem Knaben spielen! Sie wird auf dem Ufer des Michigan weilen und ihre Blicke auf die Spuren gegen Mitternacht richten und der Heimkehr des Vaters ihres Knaben harren.«

»Eichenlaub wird tun, was ihr die weiße Mutter geheißen«, wendete sich der Schippewä zu seiner Gattin. »Der Winter hat das Laub der Bäume getötet und wirbelt es spielend über den Schnee; das grüne Eichenlaub soll aber nicht im Schnee verdorren und deshalb mit ihrem Knaben vor dem wärmenden Feuer bleiben.«

Auf diesen Befehl ihres Gatten hatte die Indianerin keine Antwort; ergeben wie immer hüllte sie sich dichter in ihre Decke und blieb für den Rest des Abends stumm.

Die weichherzige Mary aber wendete sich tröstend zu der durch einen Traum geängstigten Frau. »Sei ruhig, Eichenlaub«, sagte sie, »ich werde dir Gesellschaft leisten, abwechselnd vor dem Feuer und draußen im Schnee, denn auch ich«, fügte sie scherzend hinzu, »harre ja auf einen Gebieter.«

Als Ben diese Worte vernahm, richtete er einen Blick der innigsten Liebe auf das junge Mädchen; er sprach nicht, aber treuherzig gab er ihr die Hand, und in dem gegenseitigen Druck lag ja alles, was beide dachten und fühlten; sie waren ja zu einfach und zu redlich, um es noch zu versuchen, durch prahlende Phrasen und Versicherungen sich fester aneinander zu ketten.

»Wie sieht es drüben am Winebago aus?« fragte Warner, der augenscheinlich in Gedanken dem Ideengang der beiden jungen Leute gefolgt war.

»Alles noch beim alten«, antwortete Ben, »der Vater ist hartherzig wie immer. Was schadet es aber«, fuhr er fort, als er Marys tiefen Seufzer vernahm; »was schadet es? Wenn die Bäume wieder grünen, dann kaufe ich mir achtzig Morgen Land, zwei Kühe und zwei Pferde, baue mir ein ähnliches Haus wie dieses, und dann will ich sehen, wer oder was uns noch länger voneinander getrennt halten soll.«

Das junge Mädchen lächelte dem langen Ben freundlich zu und stand dann auf, um die dampfenden Speisen auf den schweren Tisch zu ordnen.

Wohl selten waren genügsamere und zufriedenere Menschen vereinigt als an jenem Abend in Warners Blockhütte. Es ist wahr, der eine und der andere hatte seine kleinen Sorgen und Befürchtungen, doch die Hoffnung auf eine goldene Zukunft behielt die Oberhand; harmlose Scherze würzten das einfache Mahl, und in denselben verriet sich die ganze Unverdorbenheit und Sittenreinheit, welche im allgemeinen lieber in ärmlichen Hütten als in Palästen und im glänzenden Überfluß wohnt. Es war ein Bild, von welchem alle diejenigen hätten lernen können, welche sich vermöge eingebildeter Vorzüge berechtigt, ja berufen halten, mit Geringschätzung auf die niederschauen zu dürfen, welche im Schweiße ihres Angesichts ihr redlich erworbenes Brot essen. –

Die Zeit der Nachtruhe rückte endlich heran, doch nicht eher breiteten die beiden Wanderer ihre Decken auf dem erwärmten Fußboden vor dem Kamin aus, als bis sie ihre beiden Schlitten beladen, die Hunde mit einigen Stücken blutigen Fleisches gefüttert und sich überhaupt vollständig reisefertig gemacht hatten. Als daher der Hahn zum zweiten Male krähte, standen die Schlitten außerhalb der Hofeinfriedigung; vier Hunde, in leichte Geschirre gespannt, bellten ungeduldig vor denselben, die Bewohner des Hauses aber waren vor dem Kaminfeuer versammelt, wo Ben und Gume, zum Aufbruch gerüstet, noch den heißen Morgentrunk nahmen.

»Auf baldiges Wiedersehen!« sagte Ben, als er allen die Hand zum Abschied reichte; »Auf Wiedersehen!« sagte auch der Indianer, und bald darauf befanden sich die Reisenden außerhalb der Baumgruppe, deren dick bereifte

Zweige das Gehöft fast verbargen. Die Sterne flimmerten mit erbleichendem Licht, der Schnee knirschte und pfiff unter den Schlittenbalken und den Füßen, und die Hunde sprangen laut lärmend mit ihrer Last dahin, als ob sie dieselbe nicht gefühlt hätten. Gehalten von den beiden Jägern, gelangten die Schlitten ohne Unfall auf dem gewundenen Pfade an dem Abhange hinunter, und als Ben dann vom Rande des Sees aus rückwärts schaute, erblickte er auf der hohen Uferwand zwei dunkle Gestalten. Er täuschte sich nicht, es waren Mary und Eichenlaub, die ihnen nachschauten; und wenn je heiße Segenswünsche die beiden Wanderer begleiteten, so kamen sie aus der liebewarmen Brust des weißen Mädchens und der braunen Frau, die beide, wenn auch in verschiedener Form, doch beseelt von denselben Gefühlen, um die glückliche Rückkehr des Teuersten zu dem flehten, der ebensowenig einen Unterschied in der Form eines frommen Gebets kennt, als in der Farbe der Haut, welche ein reines Gemüt deckt.

Schon oft hatte Mary an jener Stelle gestanden und dem scheidenden Geliebten mit freudiger Hoffnung nachgeschaut; dieses Mal aber war ihr Herz schwer, wie von trüben Ahnungen erfüllt. Der Traum der Indianerin, dessen Inhalt sie gar nicht einmal kannte, beschäftigte unwillkürlich ihre Gedanken, und wenn auch nicht zum Aberglauben hinneigend, so besaß sie doch nicht Kraft genug, um die törichte Furcht gänzlich von sich zu weisen, welche sie beim Anblick der traurigen Eichenlaub ergriff.

Ben rief den Frauen noch einen letzten Gruß zu und folgte dann dem Schippewä, der, ohne ein einziges Mal zurückzuschauen, eilig vor den Hunden dahinschritt.

Als die Sonne ihre ersten Strahlen glitzernd über das weite Schneefeld sandte, bogen die beiden Jäger um die nördliche Spitze der Bucht. –

Der See bildete keineswegs eine Fläche, die einem ruhigen Wasserspiegel zu vergleichen gewesen wäre; denn mehrere Male schon war das Eis durch Stürme aufgerissen worden und hatte der heftige Frost die in ihrer Lage gestörten

Schollen wieder fest miteinander verbunden. Die Reisenden hielten sich infolgedessen in gewisser Entfernung vom Strande, wo sie weniger von Unebenheiten als von Schneeanhäufungen gehindert wurden. Letztere überwanden sie leichter und bedienten sich dabei der Schneeschuhe; denn wenn auch die Eiskruste nicht unter den Hunden und den Schlitten brach, so war sie doch nicht stark genug, einen Mann mit ungeschützten Füßen zu tragen. Trotz der mancherlei Zögerungen, die nicht zu vermeiden waren, kamen sie doch schnell vorwärts, und schon am Abend des zweiten Tages nach ihrer Abreise lagerten sie am Rande der Green-Bay, angesichts der Potowatome-Insel.

Klares stilles Wetter hatte sie bis dahin begünstigt; selbst am Morgen des dritten Tages war noch kein Grund vorhanden, den Erfolg ihrer Reise zweifelhaft erscheinen zu lassen, und sich mehr östlich wendend, verloren sie das Land bald aus den Augen. Gegen Mittag wurde die Temperatur milder und der wolkenlose Himmel begann sich mit einem leichten Nebel zu überziehen. Die Wanderer verstummten, beschleunigten ihre Schritte und zwangen auch die Hunde, welche gewohnt waren in Gume's Spuren zu folgen, zu größerer Eile. Beiden war es nicht fremd, daß ein Schneesturm im Anzuge sei, doch vermieden sie es, sich darüber auszusprechen, und erst als ein bleicher Schimmer nur noch die Stelle bezeichnete, wo hinter dem einfarbigen, zu Wolken verdichteten Nebelschleier die Sonne verborgen war, streckte Gume seinem Gefährten den Arm entgegen, auf welchem sich ein zartes Schneeflöckchen niedergelassen hatte.

»Viel Schnee!« sagte der Schippewä, gegen Westen weisend.

Ben nickte, zog seinen Kompaß hervor, wendete sich nach ihren auf dem Schnee zurückgelassenen Spuren um und suchte sich über die Lage der Biberinsel Gewißheit zu verschaffen, welchen Punkt sie zu berühren beabsichtigten.

»Werden wir die Biberinsel noch früh genug erreichen?« fragte er dann seinen Begleiter.

»Biberinsel zu weit«, antwortete dieser, »Biberinsel zu weit und auf der Reise dahin zu viel Wind auf der Seite; die Hunde sind müde, der Wind muß ihnen schieben helfen, schieben nach der Fuchsinsel, die Fuchsinsel halb so weit.«

Ben sah das Richtige dieses Vorschlages vollkommen ein, und obschon die Fuchsinsel fast eine Tagesreise weit aus ihrem Wege lag, so zögerte er doch, angesichts der drohenden Gefahr keinen Augenblick, seine Richtung von Nordosten gegen Osten zu verändern. Einesteils blieb dann der Westwind ihr Wegweiser, andernteils konnten sie aber auch hoffen, mit Hilfe des nachschiebenden Sturms noch vor Einbruch der Nacht die bezeichnete Insel zu erreichen, deren hohe Tannenwaldung sie bei klarem Wetter gewiß schon hätten sehen können.

Sie rasteten einige Minuten, und nachdem sie den Hunden etwas Fleisch verabreicht, gab Ben dem Schippewä noch einmal mittels des Kompasses die Richtung an, in welcher, nach seiner Ansicht, die Fuchsinsel liegen mußte, und weiter ging es dann mit aller Eile, deren sie und die Hunde nur fähig waren.

Der Indianer schritt voraus, ihm nach folgten hintereinander die Schlitten, und in einiger Entfernung schloß Ben den Zug, um die Richtung nach der Magnetnadel festhalten zu können. Doch eine Biene hätte ihren Zug nicht gerader nehmen können, als der Schippewä über die Schneefläche dahinglitt, und in den eigentümlichen indianischen Halbtrab verfallend, erschwerte er es seinem Gefährten sowie den Hunden, gleichen Schritt mit ihm zu halten.

Nur spärlich sanken anfangs die Flocken nieder, doch kleine Bruchstücke der Eiskruste, die sich unter den Füßen und den Schlittenbalken lösten, eilten mit rasselndem Getöse den Wanderern voraus und verrieten dadurch die wachsende Gewalt des Sturmes. Auch der Schneefall nahm allmählich zu, und nach Verlauf einer Stunde wälzten sich die Flocken in dichten Wolken an der kleinen Karawane vorbei, die mit ungeschwächter Hast die eingeschlagene Richtung verfolgte und, nach des Indianers Anspruch, den treibenden Schnee als Wegweiser benutzte.

Die verdichtete Atmosphäre ließ die Dämmerung früher als gewöhnlich eintreten, und immer drohender, immer gewaltiger heulte der Sturm über den gefesselten See dahin. Plötzlich ertönte in der Ferne ein heftiger Donnerschlag, dem in der nächsten Sekunde ein zweiter und dritter nachfolgten. Der Schippewä hielt an und lauschte; ein neuer Donner rollte über die Eisfläche.

»Eichenlaubs Traum!« rief der Indianer aus, sprang leicht wie ein Hirsch eine kurze Strecke zurück, scharrte daselbst den Schnee von dem Eise, warf sich nieder und das Ohr dicht auf den Boden drückend, verharrte er wohl eine Minute regungslos. »Noch mögen wir gerettet sein«, sagte er, als er wieder zu seinem Gefährten hintrat; »das Eis muß in der Green-Bay gebrochen sein; haben wir uns in der Richtung nicht getäuscht, so können wir die Fuchsinsel erreichen, noch ehe der geöffnete See die Schollen nach dem Ufer hinaufdrängt, aber Eile!«

»Ja, Eile!« wiederholte Ben, als er die Hunde antrieb, »in einer Stunde können wir dort sein, aber Eile! Eile!«

Es begann jetzt ein Lauf ums Leben; die Hunde, als ob sie die Nähe der furchtbaren Gefahr erkannt hätten, legten sich fest in die Geschirre. Um beiden Schlitten aber den Druck des Windes zugute kommen zu lassen, nahm Ben sowohl als Gume einen Leithund an die Leine, und dahin ging es durch die Nacht mit dem Sturm und dem treibenden Schnee um die Wette.

Immer näher rückten den Flüchtlingen die unheimlichen Schläge, ja sie konnten es fast berechnen, wann sie von dem Verderben eingeholt werden würden, und das Herz sank in Bens Brust, wenn er daran dachte, daß sie die Insel verfehlen könnten und die verlassene Mary dann vergeblich auf seine Heimkehr warten würde. Eine Stunde war schon verstrichen, der falsche Boden unter ihnen bebte, aber kein rettender Schatten, der die bewaldete Insel verraten hätte, zeigte sich in der vom Monde spärlich erhellten Atmosphäre. Befanden sie sich schon östlich von der Insel? Oder gar dicht neben derselben? Wer konnte es wissen? Nur mit dem Winde vermochten sie auf einige Entfernung zu unterscheiden, denn wenn sie rückwärts oder zur Seite schauten, trübte der Schnee ihnen die Augen, und was über fünf Schritte von ihnen entfernt war, fiel mit der grauen Dunkelheit in eine eintönige Masse zusammen.

Ein durchdringender Knall sauste jetzt dicht an ihnen vorbei, der Boden hob sich, die Jäger stürzten nieder, doch ebenso schnell hatten sie sich erhoben und eilten von neuem in der alten Richtung dahin. Ben, der den Schlitten mit den Postsachen führte, war durch den Fall dem Indianer einige Schritte vorausgelangt und beide ermunterten durch lauten Zuruf die keuchenden Hunde, welche die Kräfte zu verlassen schienen. Plötzlich wurden beide durch eine Hebung des Eises nach vorne geschleudert, und als sie sich dann wieder emporrafften, gewahrten sie, daß des Indianers Schlitten verschwunden war, ein Hund aber aus der verderblichen Spalte auftauchte und sich mit den Vorderfüßen anklammernd, wieder zu den Jägern hinaufarbeiten wollte. Ben sprang instinktmäßig, trotz des gellenden Warnungsrufes des Indianers, hinzu, um wenigstens die Tiere, welche der Schlitten niederwärts zog, zu retten, doch ehe noch seine Hand sich ausstreckte, senkte sich das Eis; die Spalte schloß sich mit dumpfem Knirschen, ein erstickter Schrei des zermalmten Hundes erscholl, ein Wasserstrahl schoß über die beiden Jäger hinweg und der schwankende Boden ebnete sich wieder auf Sekunden.

Gedankenschnell sprang jetzt Gume zu Bens Hunden, mit raschen Schnitten befreite er sie von den Geschirren, und während Ben die Briefpakete hervorholte, legte er um den Hals jedes Tieres eine Leine, und seinem Gefährten eine derselben in die Hand drückend, rief er aus: »Laßt uns den Hunden folgen, es ist die letzte Möglichkeit einer Rettung!«

Doch als ob seinen Worten Hohn gesprochen werden sollte, begann es jetzt ringsum zu krachen und zu bersten; die Hunde schmiegten sich winselnd an die Füße der Männer, die sich selbst kaum aufrecht zu erhalten vermochten und, umgeben von Dunkelheit und umheult von dem verderblichen Schneesturm, nur noch die mächtigen Eisschollen unterschieden, die in geringem Umkreise emporstiegen, sich übereinander schoben und wieder zusammenstürzten. – Der Boden, auf welchem sie standen, hob und senkte sich wieder; »wir treiben!« rief Ben, der ausgleitend hingefallen war.

»Rührt Euch nicht von der Stelle, wenn Euch Euer Leben lieb ist!« erwiderte der Schippewä, indem er sich an Bens Seite warf, »jeder Schritt kann Euch unter das Eis bringen!«

In der Tat begann auch die breite Scholle den regelmäßigen Bewegungen des Wassers auf- und niederwärts zu folgen und kreiste bald nach der einen, bald nach der andern Seite herum, je nachdem der unwiderstehliche Andrang größerer Eismassen sie lenkte. Knirschend wurden am Rande derselben Eissplitter und Trümmer, einen Wall bildend, hinaufgedrängt, und wie in einer künstlich hergestellten Schale trieben die beiden unglücklichen Wanderer in der trostlosesten Lage auf dem furchtbar empörten Elemente.

»Hier müssen wir ausharren und untergehen«, sagte endlich Ben, sich mit dem Indianer und den Hunden dicht zusammenschmiegend; »noch vor Tagesanbruch wird unsere Scholle vollständig zertrümmert sein und nicht so viel fester Boden für uns bleiben, wie notwendig ist, um einen Fuß darauf zu stellen.«

»Wer weiß!« antwortete Gume, »ich denke, wir schwimmen auf geschütztem Wasser, denn bei einem solchen Sturm müßten wir sonst von den Wellen heftiger umhergeschleudert werden.«

»Wir treiben vielleicht hinter einer Insel vorbei«, sagte Ben, »und werden dann bald genug in die Brandung geraten.«

»Glaubt das nicht«, fuhr der Indianer fort, »ich fühle es an der regelmäßigen Bewegung, daß wir der vollen Gewalt des Sturmes nicht mehr ausgesetzt sind. Befinden wir uns wirklich hinter einer Insel, so liegt unsere Scholle so fest eingeklemmt, daß sie nur noch den Schwellungen des Wassers nach oben und wieder zurück zu folgen vermag. Das Eis des ganzen Sees treibt gegen Sonnenaufgang und läßt keine Bewegung der Schollen gegen Mittag oder Mitternacht zu.«

Es war, wie der Indianer gesagt hatte; sie fühlten unter sich das Wogen, doch belehrte sie der Wind, der sie beständig aus derselben Richtung traf, daß ihre Scholle sich nicht mehr drehte, und blieb ihnen also die schwache Hoffnung, daß sie wirklich hinter einer Insel außerhalb des Bereichs des Treibeises gestrandet seien.

Dicht zusammengekauert saßen die beiden Männer also da; die schreckliche Lage hinderte sie, einem Gefahr bringenden Schlaf in die Arme zu sinken, und gegen das Erstarren der Glieder schützten sie sich durch die Hunde, welche sie abwechselnd auf ihren Füßen und auf ihrem Oberkörper zu liegen zwangen. An ein Gespräch konnte kaum gedacht werden, denn wenn auch der betäubende Donner der berstenden Eisrinde fern im Osten verklungen war, so umgab sie doch von allen Seiten das laute Brausen und Stoßen kämpfender Eismassen, und darüber hin heulte der wütende Schneesturm mit seiner schrecklich eintönigen Melodie. Wenn die Scholle sich hob, dann glaubten sie mit derselben umgestürzt zu werden, und wenn sie sich wieder senkte, dann war es, als ob die bodenlose Tiefe ihrer harrte. – Es war eine schreckenvolle Nacht; die Minuten schienen endlos, und nicht ohne Zagen gedachte Ben des kommenden Morgens und des trostlosen Bildes, auf welches wahrscheinlich seine Blicke treffen würden.

Der Tag brach endlich an, die Temperatur war milder geworden und deutete auf Tauwetter, doch ohne Unterlaß wälzte der Sturm noch immer Schneemassen dahin. Mit großer Mühe gelang es den beiden halb erstarrten Männern, sich unter dem Schnee hervorzuarbeiten und auf der schwankenden Scholle zu erheben. Ihre ersten Blicke richteten sie gegen Westen, wo sie auf ihre Rettung hofften, und als ob neues Leben seine fast gelähmten Glieder durchströmte, so war es Ben, als er durch das Schneegestöber hindurch die unbestimmten Umrisse eines dunklen Waldes gewahrte. Auch der sonst so einsilbige Schippewä vermochte es nicht, einen Ausruf der Freude zu unterdrücken, und die Hunde von den Leinen lösend, traf er sogleich Anstalt, den gefährlichen Weg nach dem Lande hin auszukundschaften.

Das ganze Gepäck der beiden Jäger bestand nur noch aus den Briefpaketen, den Pulverhörnern, Kugeltaschen und der Büchse des Schippewä; alles übrige hatten sie während der Nacht verloren.

Kaum waren die Hunde gelöst, als sie vom Instinkt geleitet nach dem Eiswall hinaufsprangen und auf der anderen Seite vorsichtig nach der angrenzenden Scholle hinunterglitten. Die Jäger folgten ihrem Beispiel, und bald befanden sie sich weit von ihrem nächtlichen Lager.

Die hinter der Insel gestauten Eismassen waren noch in wogender Bewegung, doch wurde das Gehen auf denselben dadurch weniger gefahrvoll, denn wenn die eingezwängten Schollen von den Wellen gehoben wurden und die zahlreichen Spalten auf Momente klafften, so schlossen sich dieselben wieder beim Niedersinken und konnten die drohenden Risse auf diese Weise um so leichter vermieden werden.

Nach Verlauf einer halben Stunde erreichten sie endlich den mächtigen Eiswall, der von der Brandung nach dem Ufer hinaufgedrängt worden war, und bald darauf befanden sie sich am Rande einer Tannenwaldung, in deren wiegenden Gipfeln der Sturm sich heulend brach.

Die beiden Jäger waren also gerettet; dieser Gedanke war ihnen genug, um sie für die Zukunft unbesorgt zu machen und sie nur nach dem suchen zu lassen, was ihnen im Augenblick am wichtigsten und nötigsten erschien.

Nachdem sie sich überzeugt hatten, daß in der nächsten Umgebung kein gastliches Dach ihnen winkte, schleppten sie dürres Holz zusammen, und nach kurzer Zeit flackerten dann vor ihnen im Halbkreise eine Reihe tüchtiger Feuer, während eine Gruppe junger Tannen sie im Rücken gegen den Andrang des Windes schützte, und eine dicke Lage der immergrünen Zweige ihre Körper nicht mit dem feuchten, schneebedeckten Boden in Berührung kommen ließ.

Wohltuende Wärme durchströmte bald ihre Glieder; die unter anderen Verhältnissen gewiß widerwärtige Lage erschien ihnen jetzt als größte Behaglichkeit, und mit den Hunden dicht zusammenrückend verfielen sie in einen tiefen Schlaf.

III.

Auf Warners Farm war das Aufspringen des Sturmes mit der größten Besorgnis beobachtet worden. Man suchte sich zwar mit dem Gedanken zu beruhigen, daß Ben ein erfahrener Jäger sei und daß der gewiß nicht minder erfahrene Schippewä ihn begleite; als man aber während der Nacht das Donnergetöse des brechenden Eises vernahm, da verwandelte sich die Besorgnis in Entsetzen, denn nur zu wohl wußte jeder, daß die Reisenden das Festland schon verlassen, die Biberinsel aber noch nicht erreicht haben konnten.

Tief bekümmert schaute Warner auf die Indianerin, die, ihren Kleinen auf dem Schoße haltend, die ganze Nacht hindurch vor dem Kaminfeuer kauerte und mit sanft gedämpfter Stimme ihre wilden Klagen sang; tief bekümmert beobachtete er auch seine Gattin und deren Mutter, die im frommen Gebet Hoffnung und Trost suchten; doch wenn seine Blicke auf seine Tochter fielen, die stumm, ein Bild des tiefsten Schmerzes, in die Flammen starrte, dann war es, als ob ihm das Herz brechen wollte. Vergebens suchte er zu beweisen, daß Ben das Festland noch nicht verlassen haben könne, vergebens suchte er auch darzulegen, daß er schon vor dem Beginn des Eisbruches die Biberinsel erreicht habe und kein Grund vorhanden sei, für so erfahrene Jäger zu fürchten. Seine wohlwollenden Worte machten Eichenlaubs Klagegesang nicht verstummen, noch brachten sie eine Änderung in den verzweiflungsvollen Zügen der armen Mary hervor; beide glaubten ja jetzt zu fest an den Unglück verheißenden Traum.

Als der Tag graute, begab sich Warner nach dem Ufer des Sees; die Bucht lag noch immer unbeweglich da, aber am Ende derselben gewahrte er durch das Schneegestöber hindurch das blaue Wasser, welches seine Fesseln abgeworfen und weithin gegen Osten getrieben hatte. Seine letzte Hoffnung sank, als er die schäumenden Wogen unablässig dahineilen sah und die Risse und Spalten bemerkte, welche sogar die glatte Oberfläche der stillen Bucht durchkreuzten; er scheute sich nach der Hütte zurückzukehren, der Anblick des herzzerreißenden Schmerzes war ihm unerträglich. – Als er noch sinnend dastand, bemerkte er plötzlich die Indianerin, die in ihre Decke gehüllt den Hof verließ; er rief ihr nach, doch ohne zu antworten eilte die junge Frau über die Lichtung und verschwand im Walde.

Bei seinem Eintritt ins Haus erfuhr er, daß Eichenlaub ihren kleinen Knaben in Marys Arme gelegt habe und mit den Worten: »in Mackinaw nach den Jägern forschen zu wollen«, fortgegangen sei. Es unterlag keinem Zweifel, die geängstigte Gattin hatte sich entschlossen, auf dem Landwege nach dem Fort zu reisen, um sich Gewißheit über das Schicksal der beiden Abwesenden zu verschaffen. Es wurden keine Versuche gemacht, sie zur Umkehr zu bewegen, denn jeder kannte den Charakter der Indianerin zu genau und wußte, daß dergleichen Bemühungen doch nur vergeblich gewesen wären.

Trübe ging der Tag dahin, das Wetter klärte sich auf, und als nächtliche Schatten sich auf Wald und See senkten, flimmerten die Sterne so klar an dem tiefblauen Himmelsgewölbe, als ob die Natur noch gar nicht aus ihrem Winterschlaf aufgerüttelt worden wäre, und nur aus der Ferne schallte das unheimliche Brausen des Michigan herüber, der sich langsam zu beruhigen begann.

Trübe saßen auch am Abend die Bewohner der Blockhütte vor dem Kaminfeuer; die Freude schien aus ihrer Mitte verbannt zu sein, und mechanisch verrichteten die Frauen ihre häuslichen Arbeiten. Plötzlich vernahm man den Hufschlag eines galoppierenden Pferdes, man hörte dasselbe vor der Einfriedigung halten, und ehe noch Warner, der aufgesprungen war, die Tür erreichte, pochte es mit Gewalt und erschallte die laute Bitte um Einlaß.

»Bens Vater!« sagte Mary, als sie enttäuscht mit einem tiefen Seufzer in ihre sinnende Stellung zurücksank, das Geräusch des Pferdes hatte ja auf Momente einen schwachen Hoffnungsschimmer angeregt.

Der in einen weiten Mantel eingehüllte Farmer trat ein; es war wirklich der alte White, wie man fast aus der Hastigkeit erraten konnte, mit welcher er fragte, »ob die Postboten dagewesen seien.«

»Ben ist hier gewesen«, antwortete Warner, »aber schon vor vier Tagen hat er seine Reise nach Mackinaw angetreten.«

»Wißt Ihr, welche Richtung er eingeschlagen hat?« fragte White mit einer Angst, die sich jeden Augenblick steigerte.

»Ich hoffe, daß der Sturm ihn veranlaßte, sich auf dem Festlande zu halten«, erwiderte der Farmer mit einem kaum merklichen Wink auf seine Tochter, die von neuem die Hände zu ringen begann.

White schaute auf das junge Mädchen und verstummte unwillkürlich, als er so viel Sorge, so viel wahren Kummer auf den lieblichen, sonst so lebensfrischen Zügen ausgeprägt sah. Er erblickte in der trauernden Braut einen bittern Vorwurf, und wie Feuer brannten in seiner Seele die Tränen, die langsam über die bleichen Wangen der armen Mary rollten. – Er selbst hatte ja seinen Sohn durch Härte veranlaßt, das mühevolle Leben eines Postläufers zu wählen, er selbst hatte ihm ja hindernd im Wege gestanden, als er schon vor Jahresfrist seinen eigenen Herd gründen wollte! Durch eigene Schuld war er kinderlos geworden, und durch seine Schuld war das ganze Leben des jungen unschuldsvollen Wesens verbittert, welches mit so treuer Anhänglichkeit, mit so liebevoller Ergebenheit dem verlorenen Sohne zugetan war, denn er zweifelte ja nicht mehr daran, daß Ben sich zur Zeit des Eisbruchs auf dem See befunden habe.

Das Mitgefühl für das arme niedergedrückte Mädchen half ihm die Ausbrüche seines Schmerzes zurückhalten, und mit gefaßter Stimme fragte er, ob sich der Indianer in Bens Gesellschaft befunden habe, und als dieses bejaht wurde, rief er aus: »O! dann ist kein Grund zur Besorgnis vorhanden, und wenn seine Heimkehr auch auf längere Zeit hinausgeschoben ist, so können wir sicher auf ein glückliches Wiedersehen rechnen.«

Vergeblich drang Warner aber in ihn, die Nacht in seiner Hütte zu verbringen. »Es duldet mich nicht in Euerm Hause«, sagte er, als er vor der Tür dem Farmer die Hand zum Abschied reichte; »wenn mein Sohn sich zur Zeit des Eisbruchs auf dem See befunden hat«, fuhr er fort, »was wohl kaum bezweifelt werden kann, dann sei Gott ihm und mir gnädig; sein Tod wird ewig auf mir lasten; kehrt er aber zurück, so soll dieses seine letzte Reise gewesen sein und Ihr mögt ihn dann ebenfalls aus vollem Herzen Euern Sohn nennen.« Mit diesen Worten schwang er sich in den Sattel, drückte dem Pferde die Sporen in die Seiten und verschwand im Dunkel des Waldes.

Warner blickte noch lange nach der Richtung hin, in welcher der verzweifelnde Vater davongeeilt war; »zu spät, zu spät!« wiederholte er traurig vor sich hin, »es ist zu spät, denn am dritten Tage nach seiner Abreise, in den Nachmittagsstunden, brach der Sturm ohne vorhergegangene Warnungszeichen los; zu derselben Zeit aber mußten sich die Wanderer zwischen der Green-Bay und der Biberinsel befinden, und Flügel wären nötig gewesen, um dem sichern Verderben zu entrinnen. Mag Gott meine arme Tochter trösten!« – – –

Ben und sein indianischer Gefährte erwachten endlich nach langem und tiefem Schlummer; es hatte aufgehört zu schneien, der blaue Himmel blickte zwischen zerrissenem Gewölk hindurch, und wie die Wolken eilig dahintrieben, wechselten auf der Insel glänzender Sonnenschein und tiefe Schatten miteinander ab. Ein schlimmerer Feind als die Kälte machte sich aber jetzt bei den Jägern fühlbar. Seit fast vierundzwanzig Stunden hatten sie keinen Bissen berührt, und außer einem Streifen gedörrten Fleisches, welchen der Indianer im Gürtel bei sich geführt hatte, besaßen sie nichts, womit sie ihren Hunger hätten stillen können, denn ihre ganze Ausrüstung lag ja auf dem Boden des Michigan. Sie genossen etwas von dem dürftigen Vorrat und beeilten sich dann, die Insel noch vor Einbruch der Nacht zu durchforschen, um die Hilfsmittel kennenzulernen, welche ihnen dieselbe würde bieten können.

Leicht überzeugten sie sich, daß sie am vorhergehenden Tage die Fuchsinsel verfehlt und dafür ein kleines bewaldetes Eiland erreicht hatten, welches ungefähr zehn Meilen weit nördlich von der erstern und vielleicht dreimal so weit südlich von der großen Biberinsel lag. Beide Punkte vermochten sie von ihrer Zufluchtsstätte aus mit den Blicken zu unterscheiden, aber ein sicheres Fahrzeug wäre nötig gewesen, um zu einem derselben hinüberzugelangen, denn wo sich vor einem Tage erst die ununterbrochene Eisfläche erstreckte, da wogte jetzt die brandende See. Einzelne Eisfelder schimmerten hin und wieder auf der Oberfläche des Wassers: mit verdoppelter Eile trieben sie gegen Osten, um sich den zusammengedrängten Massen der Schollen zuzugesellen, die als weißer Streifen den Horizont begrenzten.

»Wir haben uns gerettet, um vielleicht hier eines langsameren Todes zu sterben«, wendete sich Ben zu seinem

Gefährten; »wir haben jetzt die ganze Insel abgesucht und nicht einmal die Spur eines Kaninchens gefunden.«

»Wer weiß!« antwortete der Schippewä, »die Kaninchen haben seit gestern ihre Schlupfwinkel nicht verlassen, doch werden wir morgen ihre Spuren leicht auf dem frisch gefallenen Schnee entdecken, und schlechte Jäger müßten wir sein, wenn wir dieselben nicht auch zu erbeuten wüßten.«

»Sehr wahr«, sagte Ben, »doch was nützen zwei hungrigen Männern und zwei noch hungrigeren Hunden ein Dutzend Kaninchen, wenn sie vielleicht drei Wochen davon leben sollen? Und selbst im günstigsten Falle können wir nicht darauf rechnen, daß die Kanus der Potowatomes, vor Ablauf dieser Zeit, sich nach der hohen See hinauswagen und, von unseren Signalen angelockt, ihren Lauf hierher wenden werden.«

»Die nächste Sonne wird uns zeigen, wieviel Kaninchen auf dieser Insel leben: sind es deren zwölf, wie Ihr hofft, so ist das hinreichend für zwei Männer, ebenso viele Tage davon zu leben, ohne dabei ihre Kräfte zu verlieren.«

»Aber die Hunde, Schippewä?« fragte Ben, »Ihr denkt ja nicht an die Hunde.«

»Wohl denke ich an die Hunde«, antwortete der Indianer, »doch diese dürfen den letzten Bissen nicht mit uns teilen.«

»Ihr wollt sie also verhungern lassen oder töten?« rief Ben aus: »Nein, Schippewä, die armen Tiere haben die Gefahren der letzten Nacht mit uns überstanden, sie haben unsere Glieder gegen das Erstarren geschützt, sie sind von meiner Mary so lange sorgfältig gepflegt worden, und ich sollte in ihren Tod willigen? Nein, Schippewä, niemals! Der Hunger mag mich aufs äußerste peinigen, aber den letzten Bissen teile ich mit meinen Hunden!«

»Wer weiß!« erwiderte der Indianer, eine Lieblingsphrase, die er stets anwendete, wenn er seine Gedanken nicht verraten wollte; »wer weiß! Ihr bleichen Menschen seid Rätsel; hier wollt Ihr Euer Brot mit den Tieren teilen, um mit ihnen zusammen zu verhungern, dort aber nehmt Ihr das Land des Indianers, ohne zu fragen, wovon er leben will, wenn er keinen Wald mehr zur Jagd besitzt, keinen See zum Fischfang und zuletzt keinen Boden mehr, um etwas Mais und Weizen zu bauen! Ja, ja, Ihr weißen Menschen seid Rätsel.«

»Gume, Ihr tut mir Unrecht«, sagte Ben, »ich bin auch ein Weißer, doch vermöchte ich die Indianer nicht um ein einziges Haar zu beneiden.«

»Es gibt gute und schlechte weiße Menschen, so wie auch gute und böse Rothäute«, entgegnete der Schippewä, »die schlechtesten von allen aber sind diejenigen, die Lehren erteilen und selbst nicht danach handeln; sie sind schlechter als der Neger und der Indianer, die von ihnen, bloß der Hautfarbe wegen, verachtet und mit Füßen getreten werden. Ja, Ben, ich kenne die Weißen seit langen Jahren, und was ich sage, ist wahr.«

»Ihr habt nicht unrecht, Gume«, erwiderte Ben, »aber glaubt nicht, daß allein eine dunkler gefärbte Haut dazu gehört, um von der weißen Rasse verachtet zu werden; des weißen Mannes größter Feind ist sein eigener Stammesgenosse. Ich bin zwar nicht so alt wie Ihr, Schippewä, doch alt genug, um zu wissen, daß es Unterschiede in der zivilisierten Welt gibt, die nicht im Einklange mit den Gesetzen der Natur stehen und die einem Indianer, wie Euch, unbegreiflich scheinen würden.«

Unter solchen Gesprächen waren die beiden Jäger wieder zu ihrer dürftigen Lagerstelle gelangt; die Feuer glimmten noch; sie beeilten sich daher, durch das Herbeischaffen von Brennholz und durch das Errichten einer kleinen Laube von dichten Tannenzweigen ihren Aufenthalt für die Nacht so erträglich wie möglich herzustellen.

Bald darauf war es auf der Insel so still, als ob kein menschlicher Fuß dieselbe betreten habe; das brennende Holz knisterte; in regelmäßigen Haufen wälzten sich die Wogen gegen das von Eis befreite westliche Ufer; hoch oben in den Gipfeln der Tannen aber sang der Wind in seiner eintönigen Weise, und gespenstisch knarrten einzelne

Zweige, die beim Wiegen der Stämme langsam aneinander gerieben wurden.

Bei Anbruch des Tages begaben sich die beiden Männer auf den Weg, um das auf der Insel vorhandene Wild aufzuspüren. In trüber Stimmung schritten sie durch den tiefen Schnee; traurig, mit gesenkten Köpfen, folgten die Hunde nach. Die armen Tiere hatten nur einen geringen Anteil von dem gedörrten Fleisch erhalten, und mechanisch leckten sie hin und wieder von dem Schnee, wie um sich die Zunge zu fühlen. Jede neue Spur eines Kaninchens begrüßten die Jäger daher freudig, doch nur selten wurde ihnen eine solche Freude zuteil, und nach sorgsamem Umherforschen überzeugten sie sich endlich, daß außer ihnen nur noch sechs der kleinen Hasen und ein Buntspecht die Insel bewohnten.

»Lebensmittel auf höchstens sechs Tage«, bemerkte Ben, als sie ihre Reise beendigt hatten.

»Wer weiß«, antwortete Gume auf seine gewöhnliche Art, »doch geht nur ins Lager, schürt das Feuer und schneidet Stäbchen zum Rösten des Fleisches, während ich zurückgehe, um einen Hasen aufzutreiben und zu töten.«

Ben leistete der Aufforderung des Indianers Folge, worauf jener die Hunde zu sich lockte und in entgegengesetzter Richtung davoneilte.

Eine halbe Stunde verrann, das Feuer flackerte so lustig, als ob es gegolten hätte, einen ganzen Hirsch zu braten, und abwechselnd schürte Ben die glühenden Kohlen und schabte an den langen spitzen Stäbchen. Jetzt fiel ein Schuß; »der Schippewä wird sein Ziel nicht verfehlt haben«, sagte Ben vor sich hin, »doch wie weit wird ein Kaninchen reichen ...?« Ein zweiter Schuß störte ihn nicht in seinen Betrachtungen, als er aber zum dritten Mal den Knall von des Indianers Büchse vernahm, da schrak er zusammen, denn er ahnte, daß die beiden Hunde geopfert worden seien.

Er hatte sich nicht getäuscht, denn als nach längerem Harren der Indianer zurückkehrte, erblickte er ihn allein;

in der einen Hand trug er das Kaninchen, während ein zusammengerolltes Bündel über seiner Schulter an der Büchse hing.

»Hier ist Fleisch, Ben«, rief der Schippewä, als er ihm das Tier zuwarf, »es muß auf zwei Tage für Euch genug sein.«

»Aber Ihr, Gume, wovon wollt Ihr leben?«

»Kümmert Euch nicht um mich«, erwiderte jener, »ich werde nicht verhungern, verlaßt Euch darauf; wer weiß, ich mag besser leben als Ihr.«

Ben, den indianischen Geschmack kennend, erriet leicht den Sinn dieser Worte; er vermied es daher, weitere Fragen zu stellen, deren Beantwortung ihm, trotzdem er seines Gefährten Handlung vollkommen gerechtfertigt fand, schmerzlich berühren mußte. Er wendete daher seine ganze Aufmerksamkeit der Bereitung seines kärglichen Mahles zu. Doch auch der Indianer blieb nicht müßig, er begann damit, lange biegsame Stäbe zu schneiden, und wie man etwa die Haut eines Hirsches zu trocknen ausspannt, so behandelte er die beiden zottigen Pelze der Hunde und stellte dieselben dann aufrecht vor die Flammen, um sie zum baldigen Gebrauch verwendbar zu machen.

Noch ehe Ben seine Mahlzeit beendigt hatte, legte auch der Schippewä einige Stücke Fleisch, die er aus den blutigen Fellen rollte, auf die Kohlen und verzehrte dieselben dann mit dem größten Appetit.

»Zwei Wochen werden wir hier zubringen können, ohne wirklich Not zu leiden«, sagte er dann, indem er eine steinerne Pfeife mit wohlriechendem indianischen Tabak füllte; »zwei Wochen ist eine lange Zeit, und wenn der Frost den See nicht wieder mit Eis belegt, so können wir vor Ablauf dieser Zeit schon immer nach den Kanus der Potowatomes ausschauen. Aber Feuer müssen wir unterhalten bei Tag und Nacht; bei Nacht große Flammen, bei Tag schwarzen Rauch, damit es den scharfen Augen der Potowatomes erleichtert wird, unsern Aufenthaltsort zu entdecken.«

Ben reichte dem Schippewä die Hand. »Ihr seid ein großer Jäger, Gume«, sagte er dann; »wenn wir aus dieser traurigen Lage gerettet werden, so ist es nur Euer Verdienst; ich gestehe es, ich hätte nie vollbringen können, was Ihr heute getan habt.«

»Wer weiß«, erwiderte Gume mit kaum bemerkbarem Lächeln, »was ich heute mit Überlegung ausführte, würdet Ihr nach Tagen, wenn es zu spät gewesen wäre, ebenfalls unternommen haben. Jetzt aber besitzen wir alles, was wir am notwendigsten gebrauchen; es fehlt uns weder an Wasser noch an Holz, der Fleischvorrat kann sehr gestreckt werden, und die beiden Pelze bieten, wenn sie trocken sind, eine notdürftige Decke für die Nacht.«

Träge schlich nunmehr den beiden Einsiedlern die Zeit dahin; Tag auf Tag verrann; der Tauwind wehte anhaltend aus Südwesten, nahm den Schnee mit sich fort und erhielt den See offen, aber vergeblich schauten sie nach allen Seiten über die weite Wasserfläche; kein Fahrzeug tauchte am fernen Horizont auf.

Mit Besorgnis beobachteten sie die Abnahme ihrer kärglichen Lebensmittel, mit größerer Besorgnis aber das Schwinden ihrer Kräfte, welche der Not, der Kälte und der Nässe kaum länger widerstehen vermochten. Ihre meiste Zeit verbrachten sie auf dem westlichen Ufer des Sees; dort saßen sie oft stundenlang stumm nebeneinander; der Indianer schaute lüstern zu den zahllosen Vögeln empor, die in langen Reihen aus dem Süden zurückkehrten; Ben dagegen wanderte in Gedanken nach der lieben bekannten Blockhütte, wo die trauernde Mary seiner als eines Dahingeschiedenen gedachte; er vergegenwärtigte sich ihr sanftes Walten im Hause, ihr frohes Lachen, ihr freundliches Entgegenkommen, jeden einzelnen Blick und jedes Wort; aber auch ihren Kummer malte er sich aus, und unbewußt rollte eine Träne nach der andern über die gebräunte Wange.

IV.

Als Eichenlaub, des Indianers Gattin, Warners Farm verließ, lenkte sie ihre Schritte zunächst landeinwärts dem nördlichen Ende des Winebago-See zu, wo am Fuchsflusse, der den Winebago mit der Green-Bay und demnächst mit dem Michigan verbindet, einige ihr befreundete Potowatome-Familien ihre Winterhütten aufgeschlagen hatten. Ohne einen gewissen Plan gefaßt zu haben, suchte das geängstigte Weib sich vor allen Dingen mit einigen seiner Stammesgenossen zu vereinigen und, gemeinschaftlich mit diesen, die weiteren Forschungen zu beraten und zu unternehmen. Rastlos eilte sie daher durch Sturm und Schnee dahin, und als das Unwetter gegen Abend sich legte und die Sterne zwischen den entlaubten Zweigen hindurch ihr auf dem unwegsamen Pfade leuchteten, hatte ihr Schritt noch nichts von seiner Hast verloren, und wenn nicht zeitweise ein melancholischer Klagegesang laut geworden wäre, so hätte man die Indianerin für einen Schatten halten können, der geräuschlos über der Schneedecke dahinschwebte.

Sie erreichte endlich das Potowatome-Dorf, doch traf sie daselbst niemanden, der es versuchte, ihren letzten Hoffnungsfunken anzufachen; man trauerte, man klagte mit ihr, aber die Klagen waren die um einen Toten und vergrößerten nur ihre Sorgen, und glücklich schätzte sie sich, als sich zwei junge Männer anboten, sie auf dem Landwege nach der Insel Mackinaw zu begleiten, um den Kommandanten der Garnison von dem wahrscheinlichen Untergang des Postläufers in Kenntnis zu setzen.

In Gesellschaft der beiden Potowatomes setzte Eichenlaub also ihre mühselige Reise fort; ein kleiner Handschlitten trug die Lebensmittel sowie die wenigen Ausrüstungsgegenstände, und abwechselnd zogen die drei Wanderer die leichte Fracht. Ihr Weg führte am nördlichen Rande der Bay hinauf, und in weitem Bogen folgten sie dann dem Ufer des Michigan gegen Nordosten, der Straße zu, in welcher die Inseln Bois blanc und Mackinaw den

Michigan gleichsam von dem Huron-See trennen. Der tiefe Schnee und der Eintritt des mildern Wetters machten die Reise sehr beschwerlich, und trotz ihrer genauen Kenntnis des Landes befanden sie sich erst am achten Tage ihrem Ziele gegenüber. Das Eis war in dem geschützten Winkel noch nicht gebrochen und sie gelangten daher leicht auf die Insel, wo sie sich zuerst zum Kommandanten begaben.

Des Offiziers ängstliche Frage nach den Postsachen überzeugte die arme Eichenlaub, daß die beiden Jäger nicht eingetroffen seien; doch wie sie damals, als die Männer noch gesund und wohlbehalten vor ihr standen, infolge des Traumes nicht an ihrem Verderben zweifelte, so behauptete sie jetzt, wo alle von deren Untergang überzeugt waren, daß die Vermißten sich nach der Biberinsel hinübergerettet hätten.

Man machte sie freilich darauf aufmerksam, daß auf der Biberinsel Holzschläger lebten, und die Jäger dort wohl Mittel gefunden haben würden, von Insel zu Insel endlich an ihren Bestimmungsort zu gelangen. Doch Eichenlaub blieb unerschütterlich und erklärte, daß sie nicht eher an den Tod ihres Gatten glaube, als bis sie selbst jede einzelne Insel besucht und durchforscht habe, und daß sie, wenn ihr keine Hilfe würde, in einem Rindenkanu die Reise zu unternehmen gedenke.

Der menschenfreundliche Kommandant, obgleich von der Fruchtlosigkeit eines solchen Versuchs überzeugt, war gerührt, als er die junge Frau so bereit zu jedem Opfer sah, und wurde es dieser daher nicht schwer, denselben ganz für ihre Pläne zu gewinnen.

Infolgedessen wurde am Morgen nach Eichenlaubs Ankunft ein leichtes Segelboot ins offene Wasser geschoben. Drei Seeleute nahmen zusammen mit der Indianerin und den Potowatomes Platz in demselben, und dahin lavierte das Fahrzeug dem Südwestwinde entgegen. Die erste Nacht verbrachten die Reisenden auf der Garteninsel, und beständig gegen ungünstigen Wind ankämpfend, gelangten sie erst am folgenden Tage bis zur Biberinsel. Noch an demselben Abend begaben sie sich zu den Holzschlägern, welche nahe an dem östlichen Strande lebten; doch diese wußten ebensowenig über die Postsachen als über die Läufer Auskunft zu geben: dagegen erzählten sie, daß sie seit zwei Wochen über der weit gegen Süden gelegenen Insel starken Rauch wahrgenommen hätten, der aber wohl nur von einigen dort hausenden Rothäuten herrühren könne.

Eichenlaub hörte die Leute ruhig zu Ende an. »Wenn ihr die Rothäute besser gekannt hättet«, grollte sie dann, »so würdet ihr gewußt haben, daß kein Indianer eine Insel zum Winteraufenthalt wählt; ihr würdet weiße Menschen daselbst vermutet haben und ihnen mit euern Kanus zu Hilfe geeilt sein. Die Rothäute waren aber der Mühe nicht wert; doch geduldet euch nur, die letzte Rothaut wird bald genug verschwunden sein.« Nach diesen Worten hüllte sie sich in ihre Decke, kauerte sich vor dem Kaminfeuer nieder und verharrte in dieser Stellung regungslos bis zum Anbruch des Tages.

Als der Schoner nach kurzer Fahrt um die Südspitze der Biberinsel herumbog, richteten sich alle Blicke nach dem bezeichneten Punkte, wo ein schmaler, nebeliger Streifen auf der Oberfläche des Wassers zu schwimmen schien. Eine kaum erkennbare leichte Rauchwolke hing über demselben, und hart an den Wind brachten die Bootsleute das Fahrzeug, um kreuzend noch vor Einbruch der Nacht die fragliche Insel zu erreichen.

Die Indianerin sprach kein Wort, und nur wenn das Schiff umgelegt wurde, wendete sie sich, um den Rauch nicht aus den Augen zu verlieren.

Allmählich trat die Waldung deutlicher hervor, die hohen Tannen lösten sich voneinander, die Uferbänke tauchten auf und mit einem Jubelruf begrüßte die sonst so schweigsame Eichenlaub eine zweite Rauchsäule, welche, augenscheinlich als Signal, dicht am Strande emporgesendet wurde. Doch Stunden verrannen noch, bis das Boot sich bei dem widrigen Winde so weit näherte, daß sie die beiden Männer zu unterscheiden vermochte und ihren Gefährten verkündigte, daß wirklich die Vermißten ihrer dort harrten.

Von diesem Augenblick an veränderte sich plötzlich das ganze Benehmen der Indianerin; sie war von ihren Sorgen befreit und infolgedessen verschwand das männliche Ungestüm, mit welchem sie stets zur Eile getrieben hatte; dafür aber trat die ihrer Rasse und ihrem Geschlecht eigentümliche Ruhe und Ergebung hervor, und sie erwartete ohne sichtbare Gemütsbewegung den Augenblick, in welchem sie die Totgeglaubten wieder begrüßen sollte.

Zwei hagere, krankhaft aussehende Gestalten winkten den Ankömmlingen entgegen, als der Kiel des Schoners auf dem Sande knirschte. Die Gestalten erschienen hinfällig, aber aus ihren Augen leuchtete eine Freude, welche nur der empfinden kann, der, am Rande des Grabes stehend, plötzlich das Leben mit all seinen süßen Hoffnungen sich wieder öffnen sieht.

»Ihr kommt zur rechten Zeit«, rief Ben aus, »nur wenig Tage später und ihr hättet unsere Leichen gefunden; denn nicht einmal ein Beil ist uns geblieben, mit welchem wir Bäume zu einem Floß hätten fällen können, um einen Versuch zu unserer Rettung zu wagen!«

»Wenn's nur zur rechten Zeit ist«, erwiderten lustig die Bootsleute, als sie Decken und Lebensmittel ans Ufer schafften, »zurück nach Mackinaw wollen wir bei diesem Winde schnell genug kommen, und wenn Ihr dann wieder fröhlich daheim bei den Eurigen sitzt, dann mögt Ihr an die mutige Eichenlaub denken, denn sie allein war die Veranlassung, daß der Schoner ausgesendet wurde, um auf den Inseln nach Euch zu forschen.«

»Brave Eichenlaub!« sagte Ben, indem er der Indianerin herzlich die Hand drückte, »ich danke Gume nicht weniger als dir; doch sage, wie hast du Warners verlassen?«

»Viele Nächte sind verflossen, seit ich die Farm verließ«, antwortete Eichenlaub, »doch ich weiß es, man weint dort um Euch, und Ihr müßt eilen, um die Tränen zu trocknen.«

»Ja, eilen werde ich«, sagte Ben mit einem Anflug von Traurigkeit, »aber unser nächstes Ziel ist Mackinaw, und ein langer Weg liegt zwischen dem Fort und der Farm.«

»Auf der Biberinsel befinden sich Rindenkanus«, versetzte Eichenlaub schnell, »ich werde mit den Potowatomes in einem derselben hinüberrudern und dem bleichen weinenden Mädchen Nachricht von Euch bringen; und dann«, fügte sie mit einem Seitenblick auf ihren Gatten hinzu, »muß ich auch nach meinem Knaben sehen.«

»Eichenlaub hat recht«, fiel Gume ein, »die Landreise ist zu lang für sie, Stürme sind nicht zu befürchten, und in einem Tage und einer halben Nacht kann sie die Green-Bay erreichen; die Potowatomes sind gute Ruderer.«

Nahrhafte Speisen und nächtliche Ruhe unter warmen Decken verfehlten nicht ihren wohltätigen Einfluß auf den Zustand der beiden Abenteurer, und fröhlichen Herzens begaben sie sich am folgenden Morgen in den Schoner, der dann vor dem günstigen Winde die klaren blauen Fluten des Michigan durchschnitt. Auf der Biberinsel verließ Eichenlaub mit den Potowatomes die Gesellschaft, um sich, wie verabredet, in einem Kanu der Holzfäller gegen Südwesten zu wenden. Der Schoner aber hielt nicht eher in seinem Laufe inne, als bis die Eismassen vor Mackinaw ihn zur Vorsicht zwangen. – –

Sechzehn Tage waren seit dem Bruch des Eises verstrichen und seit fast ebenso langer Zeit wurde die Indianerin von Warners Familie zurückerwartet. Man versuchte es, Hoffnungen an die lange Abwesenheit der jungen Frau zu knüpfen, doch scheute man sich auch wieder vor ihrem Erscheinen, mit welchem man der Bestätigung der schwärzesten Befürchtungen entgegensah. Es waren kummervolle Tage, und wenn Warner auf seine Tochter schaute, die wie eine geknickte Blume dahinwelkte, dann war es ihm, als ob dieselbe sich nie von dem schweren Schlage würde erholen können, und der Schmerz um den Liebling des Hauses übertäubte fast die Trauer über den Verlust des Freundes, an welchem alle mit so treuer, ungeheuchelter Zuneigung hingen.

Das nächtliche Kaminfeuer beleuchtete daher einen trüben Familienkreis; nur die Großmutter unterbrach hin und wieder das Schweigen, um durch fromme Worte die Ihrigen aufzurichten und das Vertrauen auf die Zeit, als die beste Trösterin, bei ihnen zu erwecken.

Alle lauschten ehrerbietig und niemand vernahm daher, daß die Tür sich leise öffnete. Erst als Eichenlaub, in ihrer sanften Weise grüßend, die Arme nach ihrem Knaben ausstreckte, schraken alle empor. Angstvoll richteten sich die Blicke nach den Lippen der jungen Frau, von welchen man die letzte Entscheidung erwartete, aber Mary schaute ihr in die Augen und durch die Augen ins Herz; kein Wort wurde gewechselt, die frohe Kunde aber verstanden, und mit einem unbeschreiblichen Ausdruck des Entzückens schloß das glückliche Mädchen die Indianerin in ihre Arme.

Tränen sind Kinder des Schmerzes; die Tränen aber, welche an jenem Abend geweint wurden und sogar die Augen des rauhen Farmers umflorten, kamen aus Herzen, die von höchster Wonne und innigster Dankbarkeit überströmten.

Als dann Ben nach einigen Tagen mit seinem treuen Gefährten wohlbehalten eintraf, und die letzten Spuren eines tödlichen Grames von den lieblichen Zügen seiner jungen Braut verscheuchte, als ihm Mary von seines Vaters Kummer und von ihrer bevorstehenden Vereinigung erzählte, der alte White aber herbeieilte und beide seine Kinder nannte und im Übermaß seiner Freude alle, von der Greisin bis herab zu dem indianischen Kind umarmte, da wiederholte sich jeder die frommen Worte der alten Frau, die ihnen durch das eigene Beispiel gelehrt hatte: sich auch im Unglück demutsvoll vor einem mächtigen, alles umfassenden Willen zu beugen. –

Jahre sind nun schon seit jener Zeit verflossen. Am Ufer

des Winebago-See, umgeben von wohlbestellten Feldern und Gärten und beschattet von hundertjährigen Eichen und Walnußbäumen, liegt des alten Whites Farm. Der alte White hat sich längst zur Ruhe gesetzt und sein Eigentum dem frühern Postläufer und dessen schöner Frau übergeben, unter deren fleißigen Händen alles doppelt zu gedeihen scheint. Er sieht sich gleichsam verjüngt in jedem neuen Enkel, der ihm zugeführt wird, und schwer würde es sein, zu entscheiden, an wem sein Herz mit größerer Liebe hängt, ob nun an Ben, oder Mary, oder jedem der kleinen kräftigen Nachkömmlinge.

Auch Warner hat sich allmählich in einen gewissen Wohlstand hineingearbeitet, und seine Söhne sind ein paar tüchtige Arbeitsgenossen für ihn geworden. Die alte Großmutter weilt nicht mehr unter den Lebenden, doch hatte sie, gerade so wie sie es wünschte, lange genug gelebt, um noch zwei von Marys Kindern auf ihren Knien zu wiegen.

Gume, Eichenlaub und deren Knabe wohnen abwechselnd am Winebago- und am Michigan-See und teilen ihre Zeit und ihre Aufmerksamkeit gleichmäßig zwischen beiden Familien. Auf beiden Farmen besitzen sie eine Heimat und auf beiden werden sie als mit zum Hausstande gehörig betrachtet.

Präriebilder

Wenn die nordamerikanischen Grasfluren zwischen dem Stromgebiet des Missouri und Mississippi und den Rocky-Mountains, zwischen dem beeisten Nordkanada und den reichbevölkerten Küsten von Texas sich auf Hunderten von Quadratmeilen in ewiger, nur dem Wechsel der Jahreszeiten unterworfener Einförmigkeit ausdehnen, so bergen sie auch wieder Landstriche, die an Üppigkeit und Anmut der Vegetation und deren Verteilung mit den gesegnetsten Waldregionen des Ostens wetteifern.

Oasenartig aus den endlosen Ebenen emportauchend, erhalten sie durch ihre Abgeschiedenheit erhöhten Reiz; sie gleichen kostbaren Perlen, spärlich verstreut im Wüstensande. Weithin sichtbar, bezeichnen sie seichte Seebetten oder den Lauf größerer Gewässer, deren Stand teils von nie versiegenden Quellen, teils von dem Niederschlag der Wolken abhängig ist.

Umfangreiche Schilf- und Binsenwaldungen, sumpfigem Erdreich in üppigster Fülle entsprossen, erschweren vielfach den Zutritt zu dem heißersehnten Ziel, und in vielen Fällen gehört der geübte Blick eines kundigen Wüstenjägers dazu, unter den zahlreichen Wildpfaden denjenigen zu entdecken, dem er furchtlos die eigene Last und die seiner Pferde anvertrauen darf. Einzelne Fährten sind von leichtfüßigen Wölfen und Füchsen gebrochen worden; andere endigen vor morastigen Pfuhlen, in welchen der wandernde Bison, zum Schutz gegen die lästigen Insekten, sein Schlammbad genommen, und nur wenige führen nach den von malerischen Baumgruppen anmutig geschmückten Inseln und höheren Uferstellen, die schon aus weiter Ferne das sorgsam spähende Auge begrüßten.

Hat man nach Überwindung der letzten Schwierigkeiten einen dieser friedlich lächelnden Haine erreicht, so gewährt es doppelten Genuß, sich in den lange und schmerzlich vermißten Schatten hinzustrecken; und gern dehnt man die Zeit der Rast so weit wie nur immer möglich aus. Wochen sind vielleicht schon verstrichen, seit man, sei es nun beim planlosen Umherstreifen oder in der Verfolgung einer bestimmten, nach der treuen Magnetnadel geregelten Richtung, keine andern Abwechslungen kennenlernte, als diejenigen, welche die wogenähnlichen Schwellungen und Senkungen der Steppe oder die gerade vorherrschenden Farben der nach einem streng vorgeschriebenen Gesetze blühenden Pflanzenfamilien boten, keine andere Veränderung der Szenerie als diejenige, welche die marternde Fata Morgana durch trügerische Vorspiegelung von duftigen Landschaften und silberklaren, wellenschlagenden Wasserflächen schuf.

Was durch die Berührung ungleich erwärmter Luftschichten flüchtig vor das Auge hingezaubert wurde, um bei der nächsten Bewegung geheimnisvoll zu zerrinnen und zu zerfließen, es liegt endlich vor dem Wanderer in Wirklichkeit da: hier der Wald, dort der Wasserspiegel. Im erquickenden Schatten lagern Reiter und Roß, und wie um alte Bekanntschaften zu erneuern, schweifen die Blicke von Punkt zu Punkt, von Gegenstand zu Gegenstand, jedes einzelne, bis zu einem gewissen Grade dem Reiz der Neuheit unterworfen, in allen seinen Formen mit erhöhter Teilnahme betrachtend und prüfend. Nur das Zittern der erhitzten Atmosphäre erinnert noch matt an das Gespenst der Wüste, an die Fata Morgana. Die Atmosphäre zittert, doch der Umgebung ihren äußern Charakter zu rauben vermag sie nicht mehr.

Felsenfest stehen sie da, die grauen, teilweise schön umrankten Baumstämme; wie mit unerschütterlichem Selbstbewußtsein drängen sich die stolzen Wipfel den glühenden Sonnenstrahlen entgegen; regungslos hängen von den geduldigen Zweigen wunderliche Parasitflechten nieder.

Bienen und Käfer erfüllen mit ihrem Summen die Luft, diese einfältig umherschwirrend und die Kraft ihrer goldglänzenden steifen Schwingen prüfend, jene süße Beute der hinter fester Holzrinde verborgenen Vorratskammer zutragend. Im Schilf, sich mutwillig auf einem Binsenhalm schaukelnd, zwitschert der zänkische Rohrsperling; verdrießlich schnarrt der blaue Häher im duftenden Sassafrasgebüsch; auf heißem Sande liegt lang ausgestreckt die schwarze Waldschlange, während nach allen Richtungen hin seltsam gezeichnete Eidechsen sich behaglich sonnen und listig den Zeitpunkt berechnen, in welchem sie die auf ihrem schuppigen Rücken umherspazierenden dummen Goldfliegen in dem weit geöffneten Rachen verschwinden lassen können.

Im Schatten dichtbelaubter Sumachstauden kauern familienweise beieinander mit farbigem Bronzeschiller geschmückte Truthühner; den kahlen Kopf in den runzeligen, drüsenbedeckten blauen Hals eingezogen, berührt der seitwärts vom Schnabel niederhängende und durch die Wärme lang ausgereckte Fleischbart beinahe die mit starrem Haarbüschel gezierte Brust. Sie scheinen zu schlafen, denn nur gelegentlich schieben sich die bläulich-weißen Lider träge von den runden Augen, wenigstens achten sie nicht auf die in ihrer Nähe großmütig geduldeten kleineren Präriehühner, noch weniger aber auf die ihnen an Größe fast gleichkommenden Geier, die nach langem ermüdendem Kreisen im klaren Äther sich auf die hervorragendsten abgestorbenen Äste der höchsten Bäume niedergelassen haben und mit ausgespannten Flügeln und geöffnetem Schnabel regungslos, wie aus Erz gebildet, sich wollüstig den sengenden Strahlen der Sonne preisgeben.

Einschläfernd wirkt das leise Summen und Schwirren auf den rastenden Wanderer; er empfindet die Wirkung des Anblicks der in Halbschlummer versenkten Natur, den Einfluß der scheinbar von allen größeren Geschöpfen gemiedenen Einsamkeit.

Scheinbar, denn wenn auf der unabsehbaren Grasebene sich fast beständig Bisonherden, wenn auch nur als schwarze Punkte am fernen Horizont verschwimmend, in seinem Gesichtskreise befanden, neugierige Antilopen ihn rastlos in weiten Schlangenlinien umspielten und diebische Wölfe unermüdlich seinen Spuren folgten, so dehnt sich im Binsendickicht auf feuchtem Lager behaglich der mächtig gehörnte Riesenhirsch, während weiter abwärts die knurrende Bärenmutter den ausgestreckten zottigen Körper ihren possierlichen Jungen zum Tummelplatz einräumt, und vom gabelförmig verzweigten Baume herab der selbst im Schlafe seine Raublust nicht vergessende

Mustangs in der Prairie.
Nach der Natur aufgenommen von Frdr. Kurz.

Luchs mit heuchlerisch gutmütigem Ausdruck auf den vorbeiführenden Wildpfad niederblinzelt.

Tiefer Friede ringsum; feierliche Stille charakterisiert die Waldeinsamkeit. Die Pferde grasen. Des Wanderers müde Blicke streifen sorglos eine ferne, nebelartige Wolkenschicht, die den Horizont in weitem Halbkreise einsäumt, und dann schläft er ein. –

Die Sonne senkt sich dem Westen zu. Sanfte Strömungen bewegen die Atmosphäre; geheimnisvoll lispelt es zwischen Schilf und Rohr, und bald hier, bald da beginnt in den Pappelweiden ein am langen federnden Stiel haftendes Blättchen pausenweise im raschen Takt gegen seinen Nachbar oder den es tragenden Zweig zu klopfen.

Kaum merklich dringt die aufspringende Brise in die Schlupfwinkel der Tiere; freier haucht sie über den rastenden Wanderer hin. Beide Teile fühlen sich erquickt; ihr Blut kreist ruhiger, die wirren Träume weichen von ihnen, und fester und kräftigender wird ihr Schlaf. –

Tiefer neigt sich die Sonne gegen Westen, stärker und anhaltender werden die Windstöße, bis sie endlich als ununterbrochene Luftströmung über die Prärie dahinfegen. Der schlafende Wanderer empfindet nicht die volle Wirkung des allmählich erwachenden Sturms; die ihn umgebenden Bäume brechen die Gewalt desselben. Allein die Tiere, begabt mit wunderbarem Instinkt, haben das Aufspringen des Unwetters erkannt, und ihre scharfen Organe belehren sie über das Herannahen einer Gefahr, die der Sturm allein für sie nicht im Gefolge haben könnte.

Vorsichtig tritt der mächtige Elkhirsch aus dem Binsendickicht ins offene Wasser, die gespreizten Nüstern nach allen Himmelsrichtungen mißtrauisch emporwerfend; besorgt trachtet die Bärenmutter, indem sie sich auf die Hintertatzen erhebt, eine freiere Aussicht zu gewinnen, und um sie herum schwanken, der Mutter nachahmend, in aufrechter Stellung ihre lieben, drolligen Kinder.

Zögernd windet sich die Schlange ihrer sichern Höhle zu, und eine nach der andern verschwinden die flinken Eidechsen zwischen Gras und Kraut.

Die Fleischbärte der Truthühner sind plötzlich zusammengeschrumpft, ängstlich drehen sie die vor Angst erbleichten Hälse, als wollten sie die kahlen Köpfe ausrenken. Sie möchten fliehen, doch es geht ihnen, wie den verwirrt glucksenden Präriehühnern: sie wissen noch nicht genau, wohin sie sich zu wenden haben. Die Geier dagegen, die von ihrem erhabenen Standpunkte aus eine weite Aussicht genießen, die wissen es um so genauer. Sie betrachten mit berechnender Ruhe die vom Sturm herangewälzten Wolken und den flackernden Feuerstreifen, der die entzündete Prärie von den wirbelnden Rauchsäulen trennt. Ihnen gehört das Reich der Lüfte, sie bauen darauf, daß die verzehrenden Flammen an den Erdboden gebannt sind.

Da schnauben entsetzt die an langer Leine gefesselten Pferde. Der Jäger schlägt die Augen auf. Nicht mehr der blaue Himmel lächelt zwischen Laub und Zweigen hindurch zu ihm nieder: ein beweglicher grauer Schleier, dicht über die rauschenden Baumwipfel hin abwärts getrieben, raubt ihm die Fernsicht.

Sein nächster Blick gilt dem heraneilenden Feuer und

dem breiten Wasserspiegel, der sich als unübersteigliche Schutzmauer zwischen ihm und der Gefahr ausdehnt. Die Bärenmutter, in Begleitung ihrer hoffnungsvollen Nachkommen, entsteigt gerade vor ihm den Fluten. Diesen nach folgen schwimmend mehrere Wölfe. Obwohl im kühlen Wasser befindlich, strecken sie die rote Zunge weit zwischen den furchtbar bewaffneten Kiefern hervor. Doch die wilden Bestien sind es nicht, was den Pferden Entsetzen einflößt; wie jene auf der Flucht vor dem entfesselten Elemente die Scheu vor dem Menschen verlieren, so haben letztere nur noch Sinn für die rot beleuchteten und chaotisch durcheinander wirbelnden Rauchsäulen. Unbändig zerren sie an den festen Leinen, ein Beweis, daß sie das letzte Vertrauen in die sonst so sichere Führung ihres Herrn verloren haben; und dennoch bietet sich ihnen kein gerechtfertigter Grund zum Mißtrauen.

Mit ruhigen Blicken prüft der Mensch den Umfang der ihn bedrohenden Gefahr, und schnell schreitet er ans Werk, dieselbe von sich abzuwenden. Das Feuer flößt ihm keine Besorgnis ein; selbst wenn die Wasserfläche ihm keinen sichern Schutz gewährte, bliebe ihm noch als Ausweg, ein Gegenfeuer anzuzünden. Dagegen können ihn die herdenweise zusammengedrängten Tiere, die sich vor dem unbarmherzigen Verfolger durch tolle Flucht zu retten suchen, im Vorbeistürmen um den unentbehrlichen Teil seiner Habe bringen. Aber auch hierfür weiß er Rat. Nach wenigen Minuten stehen, von vierfachen Schlingen gehalten, die Pferde hinter den nächsten und stärksten Bäumen; sein übriges Eigentum hat er in ähnlicher Weise gesichert. Er selbst aber kauert auf einem geeigneten Baumast, von wo aus er ebensowohl eine freie Aussicht genießt, wie er seine Büchse unbehindert zu handhaben vermag. –

Die Bärenfamilie ist unterdessen dicht an ihm vorbei davongeeilt; ebenso die Wölfe und einige Elkhirsche, die aber nur die Spitze eines ihnen nachfolgenden und aus allen Richtungen zusammengetriebenen Rudels bildeten. Denn wohin er seine Blicke wenden mag, überall auf der gekräuselten Wasserfläche gewahrt er stark bewehrte und unbewehrte Köpfe, die schnaubend und keuchend die Fluten zerteilen, während aus der Schilfwaldung immer neue der stolzesten Tiergestalten, selbst auf wilder Flucht die Anmut ihrer Bewegungen nicht einbüßend, hervorbrechen und sich mit Todesverachtung in das über morastigen Boden hinrieselnde Wasser stürzen.

Die Fäuste um die Büchse fest geschlossen und nach seiner Lieblingsbeute spähend, beobachtet der Jäger mit fieberhafter Spannung die wunderbarste aller Tierszenen.

Dumpf polternd wälzt der grausige Brand sich vor dem orkanartig angewachsenen Sturme heran; weit voraus dörrt die sengende Hitze die saftreiche Vegetation, sie gleichsam zum schnellen Verzehren herrichtend. Zu dem Poltern der Flammen gesellt sich ein Getöse, unter welchem der Erdboden zu zittern und zu beben scheint. Es rührt von Tausenden von schweren Hufen her, die mit wuchtiger Gewalt die Gräser unter sich zerstampfen. Als eine schwarze, unförmige Masse dringt es in die Schilffelder ein, alles vor sich zerknickend und zermalmend, und bald darauf werden einzelne Riesenleiber sichtbar, die, den flinkeren Antilopen auf dem Fuße nachfolgend, in Schlamm und Wasser versinken. Aber der Bison ist ein guter Schwimmer; hoch empor ragen der gewölbte Höcker und das zottige Haupt über die bewegte Flut, und mit unbegreiflicher Gewandtheit strebt er dem jenseitigen Ufer zu. Nur da, wo im dichten Gedränge das eine oder das andere Mitglied der Herde stürzt und schonungslos in den Morast getreten wird, entsteht eine kurze Verwirrung, und dahin geht es wieder mit letzter erlahmender Kraft über die Leiber der sich ohnmächtig windenden Gefallenen.

Knisternd schlägt die Lohe aus der üppigen Schilfwaldung und dichter wälzt der Sturm die mit Feuerflocken und Asche untermischten Rauchsäulen vor sich her.

Die Mehrzahl der fliehenden Geschöpfe hat das Rettung verheißende Ufer erreicht oder kämpft noch, mehr

Ein Prairiebrand.
Nach der Natur aufgenommen von Fred. Kurz

oder minder erfolgreich, gegen Strömung und Schlammbänke. Nur noch vereinzelt brechen Flüchtlinge aus dem schnell schwindenden grünen Dickicht hervor; aber das von dort herüberschallende dumpfe, halberstickte Brüllen verkündet das qualvolle Ende der im Morast halb versunkenen Nachzügler.

Über versengte Tierleichen hin tobt der wütende Brand. Noch einmal recken die Flammen ihre feurigen Arme weit über das Wasser, wie um das jenseitige Ufer zu erreichen, und dann sinken sie in sich zusammen.

Die Funken dagegen, die der tückische Sturm hinüberträgt, verglimmen harmlos zwischen der kräftigen Vegetation; es fehlt ihnen, um zünden zu können, die von dem Brande ausströmende und diesem vorauseilende dörrende Hitze.

Nur da, wo Ufervorsprünge tiefer in den Strom hineinragen oder dieser größere Biegungen beschreibt, ist das Feuer noch kurze Zeit mit seinem Vernichtungswerk beschäftigt – und einer der erhabensten und zugleich furchtbarsten Naturszenen folgt das traurige Bild des Todes. –

Mit einem Gefühl von Bangigkeit mag der beobachtende Wanderer dann wohl auf seine Umgebung schauen. Er hat erlebt, was in einem solchen Umfange zu erleben nur in seltenen Fällen dem Präriereisenden vergönnt ist; denn nicht immer vereinigen sich Wind, Feuer, Bodengestaltung, Vegetation und aus weiter Ferne herbeigewanderter Wildreichtum, um derartige Szenen zu vervollständigen. Es ist wie eine besondere Gunst, die ein bevorzugendes Geschick dem Menschen gewährt. –

Der Brand ist erloschen, die vom Feuer unberührt gebliebene bruchartige Niederung hat ihre grüne Farbe zwar behalten, doch ruht auf ihr eine beängstigende Einsamkeit. Alles Leben ist aus den lachenden Wiesenflächen und den schattigen Hainen verschwunden; geknickt, zerstampft sind Gras und Stauden, durch die schwankenden Baumwipfel braust der auf der weiten Ebene durch keinen Widerstand gehemmte Sturm.

Weit abwärts fliehen die noch immer von Todesangst gehetzten vernunftlosen Geschöpfe; zitternd und in Schweiß gebadet stehen die Pferde da; wie betäubt, denken sie nicht mehr daran, die sie haltenden Schlingen mit Gewalt zu lösen. -

Schwarz dehnt sich auf der andern Seite des Stromes die Ebene aus; gespenstisch ragen die ihres Blätterschmuckes beraubten Bäume über die dampfende Niederung empor. Weiße Rauchsäulchen entwinden sich der angebrannten Rinde und den Stoppelbüscheln, in welchen die verkohlten Halmenreste noch fortglimmen; einförmig spielt der Hurrikan mit Staub und warmer Asche.

Doch wie die Sonne wieder in ungetrübter Klarheit auf das Feld des Todes und der Zerstörung niederblickt, so regt sich im Schoße der Erde neues Leben; zarte Keime harren sehnsüchtig erquickender Feuchtigkeit entgegen, um im ewigen, unabänderlichen Kreislauf, aus befruchtender Asche sich entwickelnd, die Prärie in ein neues, in ein schöneres Grün zu kleiden.

Die warnenden Schatten.
Bilder aus den nordamerikanischen Prärien

Die sonnigen Tage, die den Übergang von der heißen Jahreszeit zum erbarmungslosen Winter gleichsam mildern, werden von uns, auf dieser Seite des Atlantischen Ozeans, »Alter Weiber-Sommer« genannt. Warum man gerade diesen Namen wählt, weiß ich nicht; ebensowenig, warum in Nordamerika die Bezeichnung »Indianer-Sommer« entstand, denn es liegt wohl kaum ein gerechtfertigter Grund vor, der zu der Annahme verleiten dürfte, daß die Sonne um diese Zeit allein der bejahrten Frauen wegen, und wenn sie es auch hundertmal verdienen, so hell von dem wolkenlosen Himmel niederscheine; oder daß die Schneestürme nur der Indianer wegen auf sich warten lassen, weil die Kälte ihnen vielleicht etwas empfindlicher auf die nackten Glieder fällt. So viel aber weiß ich, daß weder der belebende Frühling noch der blumenreiche Sommer oder der glitzernde und funkelnde Winter mit ihrem schönsten Schmuck einen, wenn auch ebenso tiefen, aber doch keinen tiefern Eindruck hervorzurufen vermögen, als der eigentliche Indianer-Sommer in der Prärie. Abgesehen davon, daß man während des Indianer-Sommers von übermäßiger Kälte wie von unwillkommener Hitze verschont bleibt, die in den endlosen, durch keine Gebirgszüge geschützten Grasfluren oft so schnell und so streng aufeinanderfolgen und dadurch dem Wanderer der Wüsten das Leben mitunter recht herzlich schwer machen, so wirkt auf das Gemüt doch wohl am meisten und eindringlichsten die unbeschreiblich erhabene Ruhe, die dann auf der Prärie, ähnlich wie auf dem ewigen Weltmeer, ruht, und jener wie diesem den gleichen Charakter großartiger, feierlicher Einsamkeit verleiht. Erhabene Ruhe und feierliche Stille zeichnen die Steppen, im Vergleich mit Wald- und Gebirgslandschaften, allerdings zu jeder Jahreszeit aus, doch anerkannt nie auffallender als gerade im Indianer-Sommer. –

Leichte Nachtfröste haben die Atmosphäre gereinigt; die schimmernden Eiskristalle, welche die schwanken Gräser tief herunterbiegen und die zahllosen Spinnengewebe bis zum Zerreißen beschweren, werden von den schrägen Strahlen der höher steigenden Sonne wieder in Tau verwandelt und aufgetrunken; und wie ein bläulicher Hauch schwimmt der durch die Berührung ungleich erwärmter Luftschichten erzeugte Nebel über der Erde, ohne indessen die Fernsicht zu hemmen. Allmählich beginnt eine sanfte Brise den letzten Tautröpfchen im schattigen Winkel nachzusuchen und sie wieder in feine Dunstbläschen aufzulösen; die der Lebenskraft beraubten Halme und die geknickten Blütenstengel mit den leise rasselnden, gefüllten Samenkapseln reiben sich aneinander und streifen die zarten, mit so viel Genauigkeit hergestellten Gewebe ab; der kaum wahrnehmbare Luftzug rollt die gelösten mühsamen Werke der fleißigen Spinnerinnen zum größten Ärger derselben in unregelmäßige, aber schneeweiße Knäuel, Flecken, Fäden und Bänder zusammen, nimmt sie mit sich hoch in die Luft hinauf und läßt die leichten Dinger dann fliegen, so lange und so viel sie nur immer wollen, bis endlich der Tau sie wieder beschwert und sie auf die Erde zurücksinken macht. Nur selten unternehmen diese luftigen Wanderer mehr als eine Reise; denn sind sie erst auf den Boden gefallen, so müssen sie auf derselben Stelle liegenbleiben. Einesteils werden sie von neidischen, feindlich gesinnten Gräsern festgehalten, andernteils drückt die aufgesogene Feuchtigkeit sie zu schwer nieder, als daß sie im Laufe des Tages wieder trocknen und sich den Armen des Windes anvertrauen könnten, und keine einzige der Millionen von Spinnen ist freundlich genug, das zerknitterte fremde Gewebe zu entwirren und zierlich auszuspannen, und wurde ihnen das eigene auch wirklich schon mehrfach entrissen, so kommen sie doch viel schneller und leichter dazu, wenn sie sich ein ganz neues Netz gründen, an welchem sie dann weder zu knüpfen noch zu knoten brauchen. Also nur eine einzige Tagereise legen die schneeweißen Sommerflocken durch den sonnigen Äther zurück. Was sie aber auf dieser Reise zu sehen bekommen, das ist oft viel mehr, als ein Wanderer in acht Tagen zu beobachten vermag, und gewiß viel, viel mehr, als sie selbst zu sehen erwarteten, oder ihre Begründerinnen in ihrem ganzen Leben kennenlernen. Vermöge der Höhe, in der sie lustig dahinsegeln, erfreuen sie sich beständig eines sehr weiten Gesichtskreises. Schauen sie dann niederwärts, so erblicken sie die stille, wellenförmige Ebene mit dem herbstlich gebleichten Rasen. Aber auch auf Indianer und weiße Jäger stoßen sie, oder auf Antilopen, Hirsche, Büffel und Wölfe, und auch mancherlei Vögel, die, vor dem herannahenden Winter flüchtend, wärmern Himmelsstrichen zueilen. Haben sie aber auch recht viel Glück, dann sehen sie auch wohl den wilden verheerenden Präriebrand, das prächtigste, aber auch das schrecklichste Schauspiel in den endlosen Grasfluren. –

Wir befanden uns auf der Wanderung nach dem Lager der Ponca-Indianer, wohin wir von dem Chef des Handelspostens in den *Council Bluffs* abgeschickt worden waren, um die bevorstehende Ankunft eines mit Tauschartikeln beladenen Trains anzumelden und zugleich die Jäger aufzufordern, sich mit ihrem vom vorigen Winter noch zurückgebliebenen Pelzwerk und Büffelhäuten in der Nähe zu halten. Unsere Gesellschaft bestand aus zwei jungen Omaha-Indianern, einem alten Biberfänger namens Chatillon, der als einer der besten Schützen und gutmütigsten Menschen am obern Missouri bekannt war, das heißt, wenn er nicht gerade dem Whisky etwas über das gewöhnliche Maß zugesprochen hatte, und endlich aus mir, der ich zu jener Zeit ebenfalls für die Pelzkompanie arbeitete, jagte, tauschte und, beiläufig bemerkt, mitunter auch Gefahr lief, meine Haare samt der Kopfhaut, der hier in üppigster Fülle entsproßten, höchst unfreiwillig in den Rauchfang irgendeines dergleichen Merkwürdigkeiten liebenden Kriegers zu liefern. Wir wanderten zu Fuß. Wir hätten auch zu Pferde reisen können; da wir aber zu schwach waren, uns gegen eine größere Anzahl von etwa umherschweifenden Dakotahs mit Aussicht auf Erfolg verteidigen zu können, die wir eigentlich nur unserer beiden Omaha-Gefährten wegen fürchteten, und da wir ferner auch keine Lust verspürten unsere Pferde stehlen zu lassen, mit einem Wort dieselben in jeder Beziehung für überflüssig und hinderlich hielten, so vertrauten wir einzig unsern eigenen Kräften und schritten so wohlgemut und rüstig über die wogenförmige Prärie dahin, wie nur je Männer zwischen dem Missouri und den Rocky Mountains ihre mit Mokassins bekleideten Füße ins Gras stellten. Unser nächtliches Obdach und Bett bildeten einige Decken und leicht gegerbte Büffelhäute, den Lebensbedarf verschafften wir uns durch die Büchsen, außerdem führten wir aber auch noch ein Säckchen mit gemahlenem Kaffee und ein anderes mit braunem Zucker bei uns, woraus wir in unsern Blechtassen jederzeit ein überaus wohlschmeckendes Getränk bereiten konnten, und erfreuten wir uns auf diese Weise eines gewissen Luxus, der, ich scheue mich nicht es zu gestehen, nicht ohne einigen Einfluß auf unsere Stimmung blieb. Was übrigens noch bedeutend dazu beitrug, die Reise zu einer sehr angenehmen zu machen, war, daß Freund Chatillon in den letzten vier Wochen keinen Whisky gesehen und infolgedessen nicht nur mit seiner alten Büchse Unglaubliches leistete, sondern auch merkwürdig gesprächig geworden war und uns vom Morgen bis zum Abend mit Erzählungen aus seinen jüngern Jahren unterhielt.

Fünf oder sechs Tage waren verflossen, seit wir unsere Reise angetreten, und ungefähr vier Tagereisen mochten uns noch von unserm Ziele trennen, – wir reisten nämlich mit aller Gemächlichkeit, den Tag nicht über vier bis fünf deutsche Meilen, als wir zur späten Nachmittagsstunde unser Lager in einer der breiten schluchtähnlichen Wasserrinnen aufschlugen, die schon seit undenklichen Zeiten die

Regen- und Schneewasser der Ebenen dem Missouri zutragen. Die Schlucht lief von Nordwest nach Südost und war so gleichmäßig ausgerundet und die schroffen Ufer wie der Boden waren mit so dichtem Rasen bedeckt, daß man dadurch nicht wenig an die halb verschütteten Festungsgräben erinnert wurde, wie man sie jetzt noch vielfach bei unsern guten alten, deutschen Städten findet. Jedenfalls war es ein reizendes Plätzchen zum Übernachten, es lag tief genug, um nicht von der Ebene aus bemerkt zu werden, und da wir gutes Trinkwasser in kleinen Schläuchen bei uns führten, mit frischem Wildfleisch ebenfalls gut versehen waren, und trockener Büffeldung, der sich trefflich zur Feuerung eignete, dicht gestreut umherlag, so zögerten wir nicht, uns so häuslich und gemächlich einzurichten, wie es unter solchen Umständen nur immer möglich war. Wir lagerten also dicht unter der westlichen Uferwand, wo uns die sinkende Sonne nicht mehr blendete, und keine halbe Stunde war nach unserm Eintreffen verstrichen, als wir auch schon heißen Kaffee schlürften und uns dazu geröstete Fleischschnitten vortrefflich munden ließen. »Ach *sacré tonnère*! es ist ein herrliches Dasein!« rief Chatillon mit dem Ausdruck größter Zufriedenheit aus, indem er sein fettiges Messer an seinem Mokassin abwischte und demnächst ans Werk ging, sein kurzes Tonpfeifchen mit Tabak und indianischem Kine-Kinick[1] zu füllen; »ein herrliches Dasein, wahrhaftig! bei der ewigen Verdammnis!« fuhr er fort, sich mit der brennenden Pfeife im linken Mundwinkel auf den Rücken werfend und beide Fäuste als Stütze unter sein Haupt schiebend. »Begreife nur gar nicht, daß die Menschen so dumm sein können, in Städten zu leben. Der einzige verständige Grund dafür dürfte wohl die Nähe der Brennereien und Trinkhallen sein, aber im ganzen bleibt es doch immer ein erbärmliches Leben in den Straßen, wo man aller zwei Schritte gezwungen ist, den Leuten auszuweichen, wenn man nicht den Rock auswerfen und ein paar gediegene Faustschläge wechseln will.« Während Chatillon diese Betrachtungen anstellte, hatten auch wir übrigen es uns bequem gemacht und rauchten schweigend aus einer schweren, schön geschnitzten steinernen Pfeife, die mit einer gewissen Regelmäßigkeit von Hand zu Hand, oder vielmehr von Mund zu Mund wanderte. Ich wußte nämlich, daß der alte Jäger nicht unterlassen würde, allmählich in seinen erzählenden Ton zu verfallen und demnächst die Beschreibung irgendeines Abenteuers vorzutragen. »Eine ganze Million Jahre möchte ich so auf dem Rücken liegen«, begann er endlich nach einer längeren Pause wieder; »ja, eine ganze Million Jahre, ohne Hunger und Durst zu empfinden, mit einem Pfeifchen, das nie ausginge, und bei einem Wetter wie heute abend, so daß ich weiter nichts zu tun hätte, als die Spinngewebe zu beobachten, die dort oben so langsam durch die Luft ziehen, oder auf die Wölfe zu lauschen, die uns ein so schönes Konzert geben. – Ja, es ist so verdammt schön hier!« Mit diesem Ausruf schloß Chatillon sein Selbstgespräch.

Wenn ich nun keine Neigung verspüre, mich derselben Eigenschaftsworte und Erläuterungen zu bedienen, wie mein alter Freund und Gefährte, so muß ich ihm in mancher Beziehung doch vollkommen recht geben; denn es war ein Abend, so schön und still, wie ihn der Indianer-Sommer kaum zum zweiten Male aufzuweisen hat. Auch ich lauschte auf das eigentümliche Gekläffe der Präriewölfe, das mitunter an das Bellen der Hunde auf einem Bauerndorfe in der fernen Heimat erinnerte, und schaute zu den Spinngeweben empor, die sich schon leise senkten und in dem hellen Sonnenschein wie frisch gefallener Schnee glänzten. »Ja, es ist in der Tat ein herrlicher Abend«, wendete ich mich an Chatillon, da er immer noch nicht mit der Sprache heraus wollte; »doppelt herrlich, weil wir sicher sind, von keinen feindlichen Indianern belästigt zu werden.« »Wo sind feindliche Indianer?« fragte der alte Jäger mit Geringschätzung im Ton seiner Stimme; »sie sind

1 Kine-Kinick: getrocknete Sumachblätter und Rinde der roten Weide.

überall und nirgends«, fuhr er fort; »wenn sie kommen, dann sind wir schon lange hier gewesen, und verdammt sollen sie sein, wenn sie mich veranlassen, meine schöne bequeme Lage aufzugeben. –

Es ist übrigens nicht mehr so schlimm wie früher, als man nur mit einem Auge schlafen durfte, und oft des Morgens aufwachte und vergeblich nach seinem Skalp suchte. Nein, es sind goldene Zeiten jetzt gegen früher; nein, *sacré bleu*, ich wollte sagen, sie waren früher golden gegen jetzt. Damals kostete ein guter Biber noch sieben bis zehn Dollars, und jetzt ist man froh, ihn für zwei und drei loszuwerden. War freilich nicht ganz geheuer unter den Rothäuten; dafür erlebte man auch hin und wieder einen kleinen lustigen Kampf, *tonnère*! ich sage Euch, Kämpfe, so reizend, wie sie nie wieder vorkommen. Nein, die Welt ist viel zu sehr verdorben zu dergleichen Aufregungen; kein Leben mehr da, und die Indianer sind schon ebensolche Nachtmützen geworden wie die Weißen! Hättet vor einigen zwanzig Jahren hier sein sollen, da waren noch Männer zu finden, *sacré bleu*! Männer, die noch kämpften, wenn sie nicht mehr so viel Haut auf dem Schädel hatten, wie nötig gewesen wäre, um den Nagel eines Fingers damit zu bedecken! Männer, die, wenn sie schon lange tot waren, ihren Feinden noch Gesichter schnitten! *tonnère*! das waren noch Zeiten! Ja denkt Euch nur: gar nicht weit von hier, wir werden morgen wahrscheinlich an der Stelle vorbeikommen, da liegt ein Haufen Steine, und unter demselben einer meiner besten Freunde. Derselbe war allgemein unter dem Namen der lustige Baptist bekannt, denn mit einem fröhlicheren Gesicht schoß noch nie ein weißer Jäger die Kugel dem Hirsch ins Auge oder dem Indianer auf die Stirn, als der lustige Baptist mit seinem Feuerschloßgewehr. Er mochte ein oder zwei Jahre älter sein als ich, also ungefähr sechs- oder siebenundzwanzig Jahre zählen, müßt aber nicht vergessen, daß schon nahe an fünfundzwanzig Jahre seit jener Zeit verstrichen sind. Nun gut, also: er und ich und noch ein halbes Dutzend gesunder Biberfänger standen im Begriff, an den Yellowstone River zu ziehen, um dort als Freitrapper mit den Dakotahs und Oglalas zu jagen, und lagerten in einer Schlucht nicht weit von dem Steinhaufen, an welchem wir, wie ich schon sagte, morgen wahrscheinlich vorbeikommen werden. Es war ein Abend, gerade so schön wie heute, die Spinngewebe segelten ebenso langsam durch die Luft und ebenso lieblich wie heute sangen auch die Präriewölfe. Hm, der arme Baptist! es war sein letzter Indianer-Sommer, sein letzter Abend! Goddam! gäbe Büchse und Pferd dafür hin, wenn er noch am Leben wäre! Aber schadet nicht, er starb wie ein Mann, wie ein Krieger.

Also, wir hatten unser Lager bezogen, rauchten Tabak und kauten gedörrtes Fleisch; waren nämlich in den letzten Tagen auf der Jagd nicht glücklich gewesen; sagt der lustige Baptist: »Will verdammt sein, wenn ich mir noch länger die Zähne an dem Zeug stumpf feile! Frisches Fleisch muß ich haben!« nimmt seine Büchse und steigt nach der Ebene hinauf. Wir waren alle zufrieden damit, wünschten ihm Glück und rieten ihm, nicht ohne Beute zurückzukehren. Wir dachten an nichts weniger als an Indianer, denn seit wenigstens zehn Tagen hatte sich kein frischer Abdruck eines Mokassins gezeigt. Kein Wunder also, daß wir ihn allein ausgehen ließen. Eine gute halbe Stunde mochte verstrichen sein, die Sonne stand ungefähr so niedrig wie jetzt, da vernahmen wir plötzlich aus der Ferne den Knall von Baptists Büchse. Ich kannte nämlich ihre Sprache so genau, wie die Stimme meiner eigenen Mutter, ich meine vor fünfzig Jahren, als sie noch lebte und ich noch ein Junge war. Wir errieten aus dem scharfen Knall, daß der Schuß auf der Ebene und nicht in einer Schlucht abgefeuert worden war, und stiegen, um den Erfolg der Jagd kennenzulernen, nach der Höhe hinauf. Was meint ihr nun wohl, das wir sahen? *Sacré mille tonnère*! fühlte das Blut in meinen Adern stocken, war nämlich noch ein ganz junger Mensch, dem dergleichen wohl widerfahren kann! Sehe also meinen Freund Baptist, im Kampf mit nicht weniger als vier verdammten schurkischen Pawnies. Einer der Hunde lag schon auf der Erde, Baptists Kugel war ihm durch den Schädel gefahren; aber drei derselben stürmten auch zu gleicher Zeit auf ihn ein, indem sie Pfeil auf Pfeil auf ihn abschossen. Dachte schon, es wäre zu viel für Baptist gewesen, denn in dem Augenblick, in welchem er uns sichtbar wurde, sank auch er auf den Rasen nieder. War aber nur seine Schlauheit, denn als wir zum zweitenmal auf der Höhe erschienen, um ihm zu Hilfe zu eilen, – waren nämlich hinabgesprungen und hatten unsere Waffen geholt –, da stand er schon wieder aufrecht. Hatte die Hunde nur näher herankommen lassen! Versäumte auch keine Zeit, der lustige Baptist; schwang die schwere Büchse ums Haupt, als wenn's ein Rohrhalm gewesen wäre, und ein zweiter seiner Feinde sank mit zerschmettertem Schädel auf den Boden. Jetzt aber waren die beiden letzten an ihn heran; wir sahen, daß sie eine kurze Zeit miteinander rangen und dann alle drei niederstürzten. Mehr vermochten wir nicht zu unterscheiden, denn wir liefen so schnell wir nur einen Fuß vor den andern zu setzen vermochten und schrien und baten ihn, nur noch eine einzige Minute auszuhalten; aber es war zu spät, der arme Baptist hatte ausgekämpft. Wir waren noch nicht auf Schußweite herangekommen, da richtete sich plötzlich einer der Indianer auf, stieß sein drohendes Kriegsgeheul aus und schüttelte uns den blutigen Skalp des lustigen Baptist entgegen. Ja, ich sehe ihn noch vor mir, *tonnère*! Hätte zehn Jahre von meinem Leben dafür gegeben, wenn ich auf Schußweite heran gewesen wäre! Aber was half's? Der Hund sprang wie eine Antilope davon, und ich vergoß Tränen vor Wut. –

Das Bild, das wir wahrnahmen, als wir den Kampfplatz erreichten, war, wenn auch blutig, doch wahrhaft tröstend. Da lag unser tapfrer Freund inmitten seiner erschlagenen Feinde; auf gute Schußweite der Erschossene, zwei Schritte vor ihm der, dem er mit dem Kolben seiner Büchse das Gehirn aus dem Kopf getrieben, und dicht neben ihm der andere, den er im vollen Sinne des Wortes mit der rechten

Hand erdrosselt hatte. *Tonnère*! hielt den Burschen verdammt fest, mußten demselben die Halssehnen losschneiden, um Baptists Faust zu lösen. Trotz der vier oder fünf Pfeile, die tief in seinem Körper hafteten, war es dem lustigen Baptist doch gelungen, zwei der Präriehunde zu erlegen; bei Gott! würde auch dem letzten seinen Lohn gegeben haben, wenn das Messer des Erwürgten nicht bis ans Heft in seiner Brust gesteckt und der Entflohene ihm nicht den Schädel mit seinem Tomahawk gespalten hätte. Ja, den Skalp hatte ihm der Hund auch noch abgestreift, und zwar mit einer Geschicklichkeit, daß auch nicht ein einziges Haar auf demselben zurückgeblieben war. Nur ein alter gediegener Krieger konnte einen so zirkelrunden Schnitt gezogen haben. Ist wenigstens ein Trost, daß er von keinem Jungen skalpiert wurde. –

Und der lustige Baptist, was meint Ihr, das er tat, nachdem er lautlos gestorben war? Hinter dem fliehenden Pawnie schaute er wild her und reckte ihm höhnisch die Zunge aus; ja ein solcher Mann war Baptist. Ein Doktor auf der Militärstation, dem ich diesen Umstand beschrieb, meinte, daß der Indianer dem Sterbenden auf der Gurgel gekniet haben müsse, was ihn dann zu einem so seltsamen Gebaren veranlaßt habe. Es ist das aber eine Lüge; ich laufe lange genug in der Prärie herum, um dergleichen beurteilen zu können; war reiner Trotz von ihm, daß er ihm Gesichter schnitt; würde auch noch mit der Faust gedroht haben, hätte er sich nicht gescheut, die Kehle seines Opfers fahrenzulassen. – Meinen guten, ich kann sagen, meinen besten Freund, den lustigen Baptist, begruben wir da, wo er gefallen war. Wir begruben ihn wie einen großen Krieger und trugen dann einen Haufen Steine auf sein Grab zusammen; doch Ihr werdet ja sehen, wenn wir morgen vorüberkommen.«

Hier schloß Chatillon seine Erzählung. Ich wollte eben eine Frage betreffs seines erschlagenen Freundes an ihn richten, als ein leises »Ssst« der beiden Omaha mein Ohr traf und ich gleichzeitig bemerkte, daß sie ihre Büffelhäute mit Gedankenschnelligkeit über das schwach rauchende Feuer breiteten und dasselbe dann durch die Schwere ihrer Körper erstickten. Ich war verwundert, wagte aber kein Wort zu sprechen, denn der Omaha Zeichen und Benehmen sagten deutlich, daß eine drohende Gefahr nahe sei. Auch Chatillon hatte sich aufgerichtet, drückte mechanisch sein dampfendes Pfeifchen mit der Öffnung auf den Boden und tötete dadurch die Glut schnell in demselben, während er mit der andern Hand leise seine Büchse näher zog und seine Blicke prüfend umherwandern ließ.

In der nächsten Minute entdeckten wir, was den wohlbegründeten Argwohn unserer indianischen Gefährten wachgerufen, und noch heute preise ich mich glücklich, daß wir, damals vom Zufall geleitet, unser Lager gerade an jener Stelle und nirgendwo anders aufgeschlagen hatten. – Der Schatten, den die westliche Uferwand auf die östliche warf, war nämlich allmählich immer höher hinaufgeglitten, bis endlich nur noch etwa der dritte Teil derselben von den fast horizontalen Strahlen der bald untergehenden Sonne beschienen wurde. Auf diesem Lichtstreifen nun, der sich zu beiden Seiten weithin ausdehnte, gewahrte ich eine große Anzahl von ungeschickten formlosen Schatten, die sich eilfertig aneinander vorbei bewegten, und doch auch wieder mit einer gewissen Ordnung ihre alten Plätze behaupteten. Anfangs wußte ich nicht, was ich aus denselben machen sollte, doch wurde es mir bald klar, daß sie von Pferden herrührten, die in einiger Entfernung von uns in langer Reihe über die Ebene zogen, von Pferden also, die Reiter trugen und von diesen fast parallel mit der Schlucht von Nordwesten nach Südosten gelenkt wurden.

Die Sonne stand schon so tief, daß nur die langgereckten Schatten der Bäume über uns fortreichten, und erst weiter abwärts, wo die Schlucht gegen Osten abbog, die Reiter dagegen sich mehr nach Süden wendeten, ließen sich auf dem gelben, noch immer hell beleuchteten Rasen die unbestimmten, schwer zu entziffernden Umrisse von Männern erkennen, die auf den Pferden saßen. Auf diese Stelle hielten auch die Omahas vorzugsweise ihre Blicke geheftet, und es mußte ihnen gelungen sein, dort einige ihnen vertraute Kennzeichen zu entdecken, denn mehrfach vernahm ich die von ihnen im flüsternden Ton gesprochenen Worte: »Dakotahs und Oglalas.« Chatillon ließ sich indessen nicht in seiner Ruhe stören; ihm schien es gleichgültig zu sein, welchem Stamme die vorüberziehenden Indianer angehörten; ihm war vorläufig nur darum zu tun, ihre Stärke kennenzulernen. Mit halblauter Stimme zählte er die Schatten, wie sie vor uns vorüberzogen und weiter abwärts ganz von der Uferwand heruntenglitten. Man konnte nämlich an der Größe der Schatten leicht berechnen, daß die zweideutige Gesellschaft weit genug entfernt war, seine Worte nicht zu vernehmen, und als dann der letzte der warnenden Schatten verschwand, da zählte Chatillon laut: »Achtzehn.« – »Achtzehn Stück, nicht mehr und nicht weniger«, begann er nach kurzem Sinnen, »wäre verdammt harte Arbeit geworden, *sacré bleu*! lebe sonst mit den Sioux-Nationen in Freundschaft, hätte aber doch nicht zusehen können, wenn sie sich über unsere Omaha hergemacht hätten. Ist eine alte Regel bei uns in der Wildnis, Gefährte bleibt Gefährte, ob nun rot, schwarz oder weiß, müssen einander beistehen auf Leben und Tod.« Ich pflichtete Chatillon von ganzem Herzen bei, freute mich aber doch im stillen, daß es nicht bis zum Äußersten gekommen war.

Die beiden Omaha waren unterdessen nach der Uferwand hinaufgekrochen und schauten zwischen den Grashalmen hindurch ihren Erbfeinden nach, die in der Entfernung von einer englischen Meile haltgemacht hatten, um sich und ihren Pferden Ruhe zu gönnen.

Eine halbe Stunde später war es so dunkel, wie es auf den Prärien unter einem sternenbesäten Himmel nur werden kann, und als die ersten Strahlen der Sonne dann wieder die Dunkelheit verdrängten, da befanden wir uns schon gegen sechzehn englische Meilen nördlich von dem Lager der Dakotahs. Wir waren die ganze Nacht hindurch gewandert. –

Die beiden Fähren

I.

Die Täler der Flüsse und Ströme, vielfach auch die größeren Wasserläufe selbst, bilden die ersten Wege, welchen auf dem nordamerikanischen Kontinente die stetig einherrollende Kolonisation westlich nachfolgt. Je nachdem fruchtbare Niederungen und Waldeslichtungen den Ansiedler locken, weicht sie bald südlich, bald nördlich von der ursprünglich eingeschlagenen Hauptrichtung ab, gleichsam vorbereitend den Boden zu den später anzulegenden Kunststraßen, das Feld ebnend für den schnell und mächtig anwachsenden Geschäftsverkehr und die vorsichtig einherschleichende, nicht immer segensreiche verfeinerte Zivilisation.

Wo beim Suchen nach einer den eigentümlichen Wünschen und Neigungen entsprechenden Landscholle jeder frei unter den sich vor ihm ausbreitenden Ländereien wählen darf, da werden häufig umfangreiche Wald- und Wiesenflächen umgangen, infolgedessen ungastliche, undurchdringlich erscheinende Urwildnisse mit verhältnismäßig dicht bevölkerten Landschaften seltsam kontrastierend abwechseln.

Oft erst nach geraumer Zeit wird durch diese Wildnisse hindurch die nächste bequeme und regelmäßige Verbindung zwischen den dem Weltverkehr geöffneten und bereits produzierenden Distrikten hergestellt, die bis dahin von Jägern, Postläufern und westlich wandernden Farmern, die sich überall, wo ihre Herden gegen Mangel geschützt sind, heimisch fühlen, notdürftig aufrechterhalten wurde.

Die Entdeckung der unerschöpflichen Goldlager in den kalifornischen Gefilden und Gebirgszügen blieb nicht ohne Einwirkung auf manche dieser vergessenen Länderstrecken. Der begüterte Emigrant, dem es leicht wurde, die Ausrüstung zur Reise durch die Prärien, über die Rocky-

Mountains und durch die starren, schreckenerregenden Wüsten des sogenannten »großen Beckens« an jedem beliebigen Handelsorte zu beschaffen, eilte zwar, jene umgehend, in den meisten Fällen auf Eisenschienen und Dampfbooten den westlichen Sammelplätzen zu; dagegen gab es auch viele, und sogar noch mehr, die sich, teils aus Sparsamkeitsrücksichten, teils um sich und ihre Zugtiere allmählich an das Wanderleben zu gewöhnen, in möglichst gerader, ihnen von der Magnetnadel bezeichneter Richtung nach dem oberen Missouri durchschlugen.

Es war eine gute Vorschule, durch welche letztere auf diesem kürzeren Teile ihrer Reise gingen, indem nicht nur von dichten Waldungen bedingte Schwierigkeiten zu beseitigen, sondern auch breite und reißende Ströme mit nur sehr geringen Mitteln zu überschreiten waren. Über den Mississippi gelangte man leicht genug, indem man nur eine der zahlreichen, auf seinen Ufern gegründeten Städte zu berühren brauchte, um sich des Vorteils einer sicheren Dampffähre zu erfreuen. Anders gestaltete es sich dagegen im Innern des zwischen Missouri und dem Mississippi gelegenen Staates Iowa, wo Territorien sich ausdehnten, die, außer von eingeborenen Jägern, weißen Trappern, Feldmessern, Kettenträgern und durchziehenden Militärkommandos, kaum von einem anderen menschlichen Fuße betreten worden waren. Auch dort gab es Flüsse zu überschreiten, Flüsse, zu breit, zu tief und reißend, um sie durchwaten zu können, und auf deren Ufer sich dem Reisenden keine anderen Hilfsmittel boten, als gestrandetes Treibholz, welches sich zum Bau schwer zu lenkender Flöße eignete.

Die ersten Karawanen hatten natürlich gegen die größten Schwierigkeiten zu kämpfen; später fielen dieselben zum Teil fort, indem an solchen Strömen, die nur mittels Flößen überschritten werden konnten, einzelne überlegendere Auswanderer zurückblieben und breite Flachboote und Prahme zimmerten, das ihnen von den Reisenden entrichtete hohe Fährgeld aber klüglich für ein sichereres

Einkommen hielten, als in dem ihnen noch unbekannten Goldlande so sehr bald zu finden sie erwarteten.

Der bedeutendste Fluß des Staates Iowa ist der »Des Moines.« Derselbe ergießt sich aus nordwestlicher Richtung in den Mississippi, so daß, von welchem Punkte des Mississippi aus Reisende den genannten Staat zu durchschneiden beabsichtigen, sie gezwungen sind, den Des Moines zu kreuzen. Je weiter nördlich, um so weniger Schwierigkeiten bietet der Strom selbst, um so zahlreicher sind dagegen seine eigenen Nebengewässer, wie die des Missouri, deren schluchtartige Täler im allgemeinen größere Hindernisse bieten, als breite, ebenmäßig einherrollende Wasserflächen.

Dies berücksichtigend haben denn auch wohl die ersten Kalifornia-Emigranten den unteren Des Moines als Übergangspunkt gewählt, wobei sie außerdem den Vorteil genossen, daß sie von Burlington auf dem Ufer des Mississippi aus nur genau westlich zu wandern brauchten, um auf kürzestem Wege an die Mündung des flachen Flusses, einen der Hauptsammelplätze der Emigration, zu gelangen.

Acht Jahre waren verstrichen, seit die ersten Karawanen, den Spuren des berühmten Pioniers Colonel Fremont folgend, die Überlandreise nach der Westküste des nordamerikanischen Kontinents angetreten hatten, acht Jahre seitdem zum ersten Male Wagenräder ihre Fährten von den Ufern des Mississippi in ununterbrochener Linie bis an den Stillen Ozean zogen. Die ersten Fährten hatten sich in Landstraßen verwandelt, dem weniger kundigen Wanderer als unfehlbare Führer bis an sein heißersehntes Ziel dienend. Niedergegraben waren die hohen Uferbänke und Schluchten, und wo breite Gewässer den Karawanen den Weg zu versperren drohten, da vermittelten Prahme und Fährboote, gelenkt und geschoben von nervigen Armen, den Übergang.

Mit heiterem Sonnenschein und lustigem Vögelgezwitscher hatte der Frühling wiederum seinen Einzug gehalten und reich belebten sich die alten Emigrantenstraßen, die sieben Monate hindurch in nur selten gestörter Einsamkeit dagelegen hatten. Namentlich an den Übergangsstellen der Flüsse, wo der Strom der Reisenden sich staute, entwickelte sich ein so geräuschvolles Leben, daß man sich in der bevölkertsten Landschaft hätte wähnen können, oder auf einem Jahrmarkte, zu welchem die Leute aus allen Himmelsgegenden zusammenströmten. Ganz genauso verhielt es sich auch am unteren Des Moines, wo zwei sehr breite, überaus fest und bequem gezimmerte Prahme in rascher Folge schwer beladene Wagen, fliegende Häuslichkeiten und zahlreiche Viehherden von dem östlichen Ufer nach dem westlichen hinüberschafften.

Die beiden Fährboote waren neu, funkelnagelneu; man sah es ihnen an, denn noch schimmerten die Bretter und Balken, aus welchen sie zusammengefügt waren, so gelb und frisch, als ob sie gestern erst die Sägemühle verlassen hätten; sie waren ebenso neu wie das Fährhaus auf dem westlichen Ufer, welches nur noch des Anstrichs bedurfte, um als vollkommen fertig gelten zu können.

Letzteres bestand aus Holzwerk, wie die Prahme, doch

konnte man ihm einen gewissen Grad des Wohnlichen nicht absprechen, was freilich kein Wunder, indem der Besitzer alle Zutaten und Materialien, zum Hause sowohl wie zu den Prahmen, mittels eines flachgehenden Dampfers vom Mississippi herauf an Ort und Stelle hatte schaffen lassen. Er war dabei von dem Grundsatze ausgegangen, daß man, um einen guten Erfolg zu erzielen, mit den zu einer Spekulation bestimmten Mitteln nicht geizen dürfe, zumal wenn es gelte, einen ärmeren Konkurrenten so schnell als möglich gänzlich zu unterdrücken.

Die Fähre war also gut, sicher und bequem; in dem Fährhause befand sich ein reichhaltiges Lager solcher Waren, wie sie Emigranten und Präriereisenden stets willkommen sind, und da auf beiden Seiten des Stromes dicht begraste Wiesenflächen anmutig mit lieblichen Hainen und ehrwürdigen Urwaldstreifen abwechselten, mithin für die Herden kein günstigerer Boden zu einigen Rasttagen hätte gedacht werden können, so durfte Herr Norris, der Besitzer der Fähre, wohl mit Recht behaupten, ein Geschäft eingeleitet zu haben, welches voraussichtlich in den nächsten drei Monaten mehr einbrachte, als den übrigen Teil des Jahres hindurch zu seinem Unterhalt gerade dringend notwendig war.

Doch Herr Norris, längst ein reicher Mann, hatte noch ganz andere Hilfsquellen, als die einfältige Fähre, und ganz andere Pläne, als sich hier einen dauernden Herd zu gründen und zeitlebens Fährmann zu bleiben. Er ging nämlich auf nichts Geringeres aus, als auf dem von ihm erstandenen Grund und Boden eine Stadt anzulegen, wodurch, wenn das Unternehmen gelang, sein Reichtum erheblich vergrößert, wohl gar verdoppelt werden mußte; glückte dies aber nicht, dann brauchte er ja nur die Fähre zu verpachten, um Zeit und Mühe nicht umsonst geopfert zu haben.

Herr Norris war also ein sehr umsichtiger Geschäftsmann, der seine Aufmerksamkeit nicht allein der näheren Umgebung zuwendete, sondern auch weit über die Grenzen seines Eigentums hinaus richtete.

So hatte er unter anderem auf der Ostseite des Stromes, etwa tausend Schritte weit vor der Fähre, eine große Tafel aufgeschlagen, auf welcher unter einer feuerroten, auf eine neu angelegte Nebenstraße zeigenden und mit einem mächtigen Siegelring geschmückten Hand folgende blaue und rote Worte zu lesen waren:

»Nach Norris' neuer Fähre. Zwei sehr schöne und sehr große Fährboote stehen zur schnellen Beförderung der Reisenden bereit. Der Überfahrtspreis ist von einem halben Dollar auf einen Vierteldollar pro Mann und Tier herabgesetzt worden. Ein reichhaltiges Warenlager, in welchem mangelhafte Reiseausrüstungen bequem und billig ergänzt werden können, befindet sich auf der andern Seite des Des Moines. Rinder und Pferde werden auf Wunsch in Zahlung genommen!«

Diese Tafel mit den prahlerischen Ankündigungen hatte vorzugsweise den Zweck, die eintreffenden Emigranten davor zu bewahren, daß sie der breiten und vielbefahrenen alten Straße weiter nachfolgten, in welchem Falle sie, ohne umzukehren, in ihrem ganzen Leben nicht an Norris' Fähre gekommen wären. Eine Fähre hätten sie zwar gefunden, das besagte schon eine andere, weit kleinere Tafel mit der bescheidenen Aufschrift: »Nach Eckard's Fähre«, und einem ebenso bescheidenen Pfeil darüber; doch was konnte man von einer Übergangsstelle über einen breiten Strom erwarten, die in so kurzer, gleichsam wegwerfender Weise bekannt gemacht und dem Reisenden empfohlen wurde? Die Tafel selbst war freilich neu – denn seit der Anlage der neuen Fähre hatte sich erst die Notwendigkeit einer solchen herausgestellt – allein etwas Geschmackloseres hätte man sich kaum denken können, als den roh behauenen Pfahl, das kleine Brettchen und endlich die einfache schwarze Schrift und den ebenso einfarbigen Pfeil, den man nicht einmal mit einigen Schnörkeln verziert hatte. Kein Wunder daher, daß die vor der Straßenabzweigung eintreffenden Wanderer beim Anblick der unscheinbaren Tafel mitleidig die Achseln zuckten und sich mit ihren Wagenzügen dahin wendeten, wo ihnen mittels blauer und roter Buchstaben alle nur erdenklichen Bequemlichkeiten und Erleichterungen versprochen wurden.

Von ihrem Standpunkte aus handelten sie dabei gewiß sehr verständig und lobenswert, und sie fanden dies jedesmal bestätigt, wenn sie nach Überschreitung des Flusses ihre Blicke stromaufwärts richteten und in der Entfernung von etwa tausend Schritten die Vorbereitungen gewahrten, die auf der alten Fährstelle zum Übersetzen der Karawanen getroffen worden waren.

Sie überzeugten sich dann leicht, daß dort nur ein einziger und zwar recht schmaler Prahm lag, dem im Falle der Not allerdings mehrere roh zusammengefügte Flöße zur Seite standen, doch wer hätte wohl Leben und Eigentum solch unsicheren Fahrzeugen, wenn auch nur auf Minuten, anvertrauen mögen, solange sich in fast unmittelbarer Nähe Gelegenheit bot, das natürliche Hindernis in glänzendster Weise zu besiegen? Daß die alte Fähre seit acht Jahren den an sie gestellten Anforderungen vollkommen entsprochen hatte, kümmerte da niemand, und daß die in der Blockhütte auf hohem Ufer lebende Familie das ganze Jahr hindurch fast ausschließlich auf das angewiesen war, was sie in den vier Frühlingsmonaten erwarb und daher an keine wesentliche Verbesserung ihrer Fähreinrichtungen denken durfte, kümmerte erst recht niemand; daß aber endlich eben derselben Familie durch den neuen reichen Konkurrenten im vollsten Sinne des Wortes das Brot vor dem Munde fortgenommen wurde, das konnte nicht im entferntesten von Bedeutung für Leute sein, die, ihre Blicke auf das westliche Eldorado gerichtet, im Geiste nur noch goldene Berge sahen, die bis in die Wolken hineinreichten, und goldene Schlösser, so groß und umfangreich, daß sie das Auge zuletzt gar nicht mehr von dem sie umgebenden Nichts zu unterscheiden vermochte. –

Lieblicher Frühlingssonnenschein lagerte auf der alten wie auf der neuen Fähre. Im heitersten, gleichsam transparenten Lichtgrün prangten Wiesen, Haine und Baumgruppen, und mit behaglichem, geheimnisvollem Gurgeln eilten die noch winterlich kühlen Fluten des hochgehenden Des Moines um Holzklippen und über Untiefen fort, dem Vater der Flüsse, dem Mississippi, zu. Es war ein Tag wie eigens zur frischen, fröhlichen Arbeit geschaffen; man hatte dies auf der neuen Fähre auch im vollsten Maße bewiesen, indem schon seit dem frühesten Morgen die beiden Prahme in steter Bewegung geblieben waren und man ihnen sogar nicht einmal eine kurze Mittagsruhe gegönnt hatte.

Um so stiller nahm sich dafür die alte Fähre aus. Alles schien daselbst zu schlafen: der einst so viel benutzte Prahm, wie die nahebei liegenden Flöße, die bemooste Blockhütte, wie die den Garten und den Vorhof umschließende Einfriedigung. Selbst die beiden jungen Männer, die unter dem schmalen Vorbau der Hütte saßen, riefen den Eindruck hervor, als hätten sie, von der sie umgebenden Stille beeinflußt, nur noch mit Mühe dem sich auf ihre Lider senkenden Schlafe Widerstand geleistet. Doch nichts lag ihnen ferner als Übermüdung oder Schlaf; es war in ihrem Wesen eben nur der bittere Verdruß ausgeprägt, den sie darüber empfanden, in rücksichtslosester Weise aus ihrem täglichen Brot gedrängt worden zu sein. Für sich selbst hätten die beiden Brüder das über sie hereingebrochene Mißgeschick kaum beachtet, denn sie waren gesunde kräftige Burschen, von zweiundzwanzig und sechsundzwanzig Jahren, denen die ganze Welt offenstand; allein bei ihnen lebte ihre betagte Mutter, der sie eine Ortsveränderung nicht mehr zuzumuten wagten, um so mehr, da auch dann noch immer in Frage gestellt blieb, ob sich bald die Gelegenheit bieten würde, eine den Jahren und dem Gesundheitszustande der schwächlichen Frau entsprechende Häuslichkeit zu begründen. Sie empfanden den traurigen Wechsel des Schicksals doppelt tief, weil sie bisher immer imstande gewesen waren, trotz der Abgeschiedenheit, in welcher sie lebten, sich bis zu einem gewissen Grade mit mancherlei Bequemlichkeiten und nicht streng gebotenen Erleichterungen zu umgeben.

Einer seltsamen Fügung verdankte es diese Familie, daß sie einst aus dem fernen deutschen Heimatlande auf die einsamen und romantisch wilden Ufer des Des Moines verschlagen wurde. Besorgt um die Zukunft seiner beiden Söhne, hatte der alte Eckard vor ungefähr neun Jahren der heimatlichen Scholle den Rücken gekehrt und mit dem Erlös für einen kleinen ländlichen Grundbesitz die Reise nach New-York, und von dort aus nach kurzer Rast nach dem vielversprechenden Kalifornien angetreten. Nachdem er sich im Staate Illinois mit vielem Bedacht zur Überlandsreise ausgerüstet, war er glücklich bis zur Übergangsstelle des Des Moines gelangt, als eine plötzlich eintretende Krankheit seiner Frau ihn zwang, die Weiterreise auf unbestimmte Zeit hinauszuschieben. Die ihm auf dem Fuße nachfolgenden Emigranten, die beim Hinüberflößen über den Strom seine Hilfe in Anspruch nahmen und reich vergalten, erweckten darauf in ihm den Gedanken, daselbst eine regelmäßige Fähre anzulegen.

Das Unternehmen gelang, seine Gattin genas, und das Sichere dem Ungewissen vorziehend beschloß er, fortan auf dem Ufer des Des Moines zu bleiben und das Näherrücken der Kolonisation abzuwarten.

Das Leben, welches er führte, war mit Ausnahme der vier Frühlingsmonate freilich ein sehr abgeschlossenes, zumal die nächsten größeren Ansiedlungen zu weit entfernt lagen, um jederzeit mit anderen Menschen in Verkehr treten zu können. Ein genügsamer Sinn half ihm und den Seinigen indessen leicht über diesen Übelstand hinweg, und da seine kräftig herangewachsenen Söhne nicht nur eine sorgfältige Erziehung genossen hatten, sondern auch leidenschaftliche und gute Jäger waren, so verflossen ihnen die acht Monate, in welchen sie nur auf sich allein angewiesen waren, stets in stiller häuslicher Zufriedenheit und Ruhe. Nur selten geschah es, daß die beiden jungen Leute oder der Vater in Begleitung eines Sohnes einen Teil des gewonnenen Korns stromabwärts flößten, um dafür andere Lebensmittel einzutauschen und auf dem Landwege zurückzukehren. Den größten Teil des Ertrages ihrer bestellten Felder wendeten sie auf die Viehzucht, und mit als Haupterwerbszweig betrachteten sie, ihre überflüssigen Pferde und Rinder gelegentlich an die vorüberziehenden Emigranten zu verkaufen.

Vier Jahre waren in dieser Weise verstrichen, als die kleine Familie durch den Tod des alten Eckard in tiefe Trauer versenkt wurde. Die beiden Söhne standen gerade im zweiundzwanzigsten und achtzehnten Jahre. Doch wenn sie früher schon mit treuer Opferwilligkeit ihrem Vater bei allen Arbeiten zur Hand gingen, so suchten sie jetzt mit rührendem Eifer der Mutter das Leben auf alle erdenkliche Art zu erleichtern und ihr die traurige Vereinsamung weniger fühlbar zu machen.

Wiederum verrannen vier Jahre, als ein neuer harter Schlag die drei mit treuester Liebe aneinander hängenden Menschen traf.

Norris, ein alle Ausländer hassender Amerikaner, kaufte von der Regierung die umliegenden Ländereien, und nur der Umstand, daß der verstorbene Eckard die hinter seiner Blockhütte sich ausdehnenden achtzig Morgen Waldland früher erstanden hatte, bewahrte seine Hinterbliebenen davor, von Haus und Hof vertrieben zu werden. Hindern konnten sie indessen nicht, daß Norris eine neue Fähre errichtete, seit deren glanzvoller Eröffnung denn auch wirklich kein Reiter oder Wagen mehr bei ihnen vorgesprochen hatte, um sich von ihnen über den Fluß setzen zu lassen.

Alle Gefühle, welche durch solche Vorgänge wachgerufen sein mußten, spiegelten sich also in den Zügen der jungen Leute, als sie unter dem vorspringenden Dache ihrer Hütte saßen und das rege Leben und Treiben bei der neuen Fähre beobachteten, an welchem sich so recht nach Herzenslust zu beteiligen ihnen fortan versagt bleiben sollte.

Wilhelm, der jüngere Bruder, ein stattlicher, braunlockiger Jüngling mit dunklen lebhaften Augen, schien sich das Drückende ihrer Lage weniger zu Herzen zu nehmen. Es war ersichtlich, die Ausarbeitung eines neuen Gewehrschaftes beschäftigte seinen Geist in weit höherem Grade, als alle Fährboote der Welt vermocht hätten, wenn er auch insoweit von seinen früheren Gewohnheiten abwich, daß er nicht, wie er so gern zu tun pflegte, von heiteren Scherzreden gleichsam übersprudelte.

Georg dagegen, der ältere, saß da, als wäre er unfähig gewesen, anderen Betrachtungen als denen über die erlittenen unersetzlichen Verluste nachzuhängen. Den kraftvollen Oberkörper hatte er an die Blockwand des Hauses gelehnt, die Arme über der breiten Brust verschränkt, und den ernsten dunkelblauen Augen, die er starr auf die neue Fähre gerichtet hielt, schienen Tränen des Zorns und der Enttäuschung entrinnen zu wollen. Er gedachte offenbar der Zeiten, in welchen er selbst mit Umsicht das Hinüberschiffen der Karawanen über den Strom leitete, die Umgebung der Blockhütte aber in derselben Weise belebt war, wie jetzt das auf dem jenseitigen Ufer erbaute zierliche und zugleich geräumige Bretterhaus.

Da legte sich eine Hand mit leichtem Druck auf seine Schulter, und wie aus tiefem Traume erwachend, sah er empor. Er blickte in die gütigen Augen der Mutter, die schwermütig lächelnd zu ihm niederschaute. Ihre Annäherung war ihm entgangen, so rücksichtslos hatte er sich den Besorgnissen um ihre Zukunft hingegeben.

»Wie sie sich drängen«, sagte Frau Eckard auf die stumme Frage ihres Sohnes; »es ist ihnen indessen nicht zu verargen; die Bequemlichkeiten, die sie dort drüben finden, hätten wir ihnen nie bieten können.«

»Schnell und sicher genug werden sie befördert«, entgegnete Georg bitter; »allein ob sie billiger hinüber gelangen, als wir bisher die Karawanen beförderten, ist eine andere Frage. Ha, auf der bunten Tafel steht: für's halbe Fährgeld; als ob wir jemals mit den Leuten gefeilscht oder die Pferde und Rinder gezählt hätten!«

»Lassen wir das, mein Sohn«, tröstete Frau Eckard freundlich; »der Mann ist in seinem Rechte, und würden noch zehn andere Fähren in unserer Nachbarschaft gegründet, könnten wir dagegen keine Einsprache erheben. Traurig bleibt es allerdings, daß unsere langjährige Erwerbsquelle so plötzlich versiegte, allein wir müssen uns in das Unabänderliche fügen und dürfen nicht zaudern, anderweitig nach einem sicheren Fortkommen zu suchen.«

»Du wolltest fort von hier?« fragten beide Brüder fast gleichzeitig.

»Und warum sollte ich nicht?« fragte die Mutter mit erkünstelter Heiterkeit zurück; »steht es doch kaum zu erwarten, daß sich jemals wieder ein Wagen nach unserer Fähre verirrt; und darauf harren, daß die Zivilisation nahe genug heranrückt, um unsere Bodenerzeugnisse wirklich lohnend verwerten zu können, möchte wohl etwas lange dauern; unsere kleinen Ersparnisse wären gewiß längst vergessen –«

»Nicht doch«, fiel Wilhelm der Mutter sorglos ins Wort, und zugleich prüfte er die Lage des entstehenden Büchsenschaftes; »den Ausfall in unseren Einnahmen werde ich durch die Jagd zu decken suchen; kaum zwei Tagereisen von hier spürte ich ein Biberdorf aus, welches so verborgen liegt, daß ich auf diesem Felde wenigstens keinen Fremden zu fürchten habe.«

»Und ich werde Schindeln spalten und stromabwärts flößen«, bemerkte Georg ebenso entschieden; »auf den neuen Ansiedlungen sind Schindeln eine gesuchte Ware – sie stehen hoch im Preise und gegen Not dürfen wir uns daher auf alle Fälle als gesichert betrachten.«

»Wenn dies auch wäre«, entgegnete Frau Eckard schnell, »so würde ich doch nie auf eure Vorschläge eingehen, ich bin zu fest entschlossen –«

»Einen Entschluß hast du gefaßt?« fragten die Brüder befremdet.

»Einen Entschluß, der nicht leicht erschüttert werden kann«, antwortete die Mutter, doch bebte ihre Stimme, als ob das bloße Aussprechen der erwähnten Absicht ihr schon schmerzlich gewesen wäre. »Ja, es treibt mich fort von hier, wo unser längeres Verweilen nutzlos sein würde. Die Zeit der hereinbrechenden Verlegenheiten oder gar der Not dürfen wir nicht abwarten; die Mittel, die wir besitzen, müssen zum Ankauf einer Farm verwendet werden, und zwar in einer Gegend, in welcher die Früchte eures Fleißes ohne Schwierigkeit zu verwerten sind.«

»Dein Vorschlag erscheint verlockend genug«, erwiderte Georg, der, gleich seinem Bruder, mit gespannter Aufmerksamkeit den Erklärungen der Mutter gefolgt war; »doch steht es außer allem Zweifel, daß du dabei mehr an uns als an deine eigene Wohlfahrt denkst. Erwäge, liebe Mutter, eine solche Veränderung ist, bei den uns zu Gebote stehenden geringen Hilfsmitteln, nicht ohne erhebliche Schwierigkeiten und sogar bittere Entbehrungen auszuführen, die zwar *uns* unberührt lassen würden, bei deiner nicht mehr ganz festen Gesundheit dagegen von größtem Nachteil für dich sein könnten. Nein, nein, gib diesen Plan auf; laß uns ruhig hier wohnen bleiben, wo wir zwar viele traurige Tage, aber auch manche Stunde stillen, ungetrübten Glückes genossen haben.«

»Gewiß trenne auch ich mich nur ungern von unserem alten Eigentum«, versetzte die Mutter schwermütig; »allein zöget ihr etwa vor, täglich von mir die unabsichtlich verratenen Beweise zu erhalten, daß ich mich unglücklich und bedrückt fühle? Glaubt mir, ich betrachte es gewissermaßen als einen Fingerzeig des Himmels, daß wir gezwungen werden, unseren häuslichen Herd aufzugeben, um anderweitig einen neuen zu gründen. Entspricht auch die Abgeschiedenheit, in welcher wir leben, in hohem Grade meinen eigenen Neigungen, so seid ihr, meine Kinder, nicht dazu berufen, euer Leben in dieser Einöde zu vertrauern. Ich gönne euch nicht nur, sondern ich wünsche euch sogar den Verkehr mit anderen Menschen; oder meint ihr etwa, ich sei selbstsüchtig genug, euch nur für mich allein besitzen zu wollen, nicht mit inniger Freude der Möglichkeit zu gedenken, von euch zwei liebe Schwiegertöchter zugeführt zu erhalten? Hört daher auf die Stimme eurer Mutter, die ihre eigene Zufriedenheit nur in eurem Glück findet; schützt nicht mein Alter oder meine schwankende Gesundheit vor, und traut meiner Versicherung, daß ich mich rüstig und stark genug fühle, selbst eine Reise nach Kalifornien, wenn es sein müßte, zu überstehen.«

Ein längeres Schweigen folgte auf diese Erklärung. Wilhelm hatte wieder zu Schnitzmesser und Büchsenschaft gegriffen, während Georg träumerisch nach der ihm sichtbaren Landungsstelle der neuen Fähre hinüber blickte. Erst als von einem der Prahme ein beladener Wagen mit lautem Jauchzen nach dem Ufer hinaufgeschoben und gezogen wurde, schien er sich zu entsinnen, daß die ihn trübe beobachtende Mutter auf eine Antwort harre.

»Wer möchte unser jetziges Besitztum kaufen?« fragte er endlich wiederum in seiner bitteren Weise; »wer möchte die schwerfälligen Fahrzeuge und abgenutzten Taue übernehmen, die seit unseres Nachbars Eintreffen erst recht allen und jeglichen Wert verloren haben?«

»Für Norris haben diese Gegenstände gewiß noch einigen Wert«, erwiderte die Mutter ermutigend; »und ich zweifle nicht, daß er auch für unsere achtzig Morgen Land und das Blockhaus der Käufer, und zwar ein guter Käufer ist. Liegt unser Eigentum doch mitten in dem seinigen; es kann ihm daher nur erwünscht sein, sich mit uns auf die eine oder andere Art auseinanderzusetzen.«

Georg schüttelte zweifelnd den Kopf.

»Ich fürchte, wir besitzen in Norris keinen sehr gefälligen Nachbar«, bemerkte er sodann zögernd; »denn das Geringste, was wir von ihm hätten erwarten können, nachdem er uns aus Arbeit und Brot drängte, wäre doch wohl ein kurzer Besuch gewesen. Daß er uns förmlich meidet, erscheint mir dagegen als der sicherste Beweis, daß eine Einigung mit ihm auf ernstere Schwierigkeiten stößt, als du vielleicht ahnst.«

»Und dennoch bitte ich dich, zu ihm hinüberzugehen und ihm unser Besitztum zum Kauf anzubieten«, bemerkte Frau Eckard jetzt wieder in dringender Weise; »ich bitte dich sogar, recht bald, ja, sogleich zu gehen. Jede weitere

Zögerung ist ein unersetzlicher Verlust, denn wie ein längeres Hinziehen unserer eben nicht freundlichen Lage euch den jugendlichen Frohsinn raubt, so darf ich nicht leugnen, daß die anhaltende Ungewißheit und dann – ja – der Anblick meiner trauernden Söhne, schmerzlich und aufreibend an meinem Leben nagt.«

Bei den letzten Worten richteten die jungen Leute ihre Blicke mit ängstlicher Teilnahme auf die Mutter. Welcher Art ihre Vorsätze bisher gewesen sein mochten, die an sie mit dem Ausdrucke zärtlichster Besorgnis gestellte Bitte führte eine schnelle Entscheidung herbei. Nur flüchtig sah Georg zu seinem Bruder hinüber, und als dieser auf die stumme Frage ein kaum bemerkbares zustimmendes Zeichen gab, erhob er sich.

»Wohlan denn«, sagte er, indem er der Mutter die Hand reichte, »so will ich den Versuch noch in dieser Stunde wagen, obwohl ich bezweifle, daß Norris, der die Gründe, die uns zum Verkauf treiben, kennt und berechnet, ein annehmbares Gebot machen wird.«

»Feilsche und handle nicht mit ihm, mein liebes Kind«, bat Frau Eckard wieder ängstlich; »gehe auf sein Gebot ein, und sei es noch so gering; das, was wir auf diese Art retten, zusammen mit unseren Ersparnissen und dem kleinen Viehstande, reicht gewiß zur Gründung einer neuen Häuslichkeit aus, von welcher wir nicht mehr verdrängt und vertrieben werden können.«

»Ich werde dir seine Antwort bringen«, versetzte Georg mit einem trüben, ungläubigen Lächeln; dann schritt er gesenkten Hauptes zum Flusse hinab.

Einige Minuten blieb er hart am Rande der munter einherrieselnden Fluten stehen; dann, wie plötzlich zu einem endgültigen Entschlusse gelangend, kehrte er an den Uferabhang zurück, wo er zwischen schützendem Gestrüpp ein Rindenkanu hervorzog. Mit leichter Mühe schob er es ins Wasser, und ein schaufelförmiges kurzes Ruder ergreifend und einige Male tief in die Fluten tauchend, schoß er weit in die starke Strömung hinaus, wo sich der seltsam ausgeschweifte Schnabel des schwankenden Fahrzeugs sogleich der neuen Fähre zukehrte.

Zwei Stunden hatte die Sonne wohl noch zu scheinen, nur stellenweise fanden ihre Strahlen zwischen den hohen Baumgruppen hindurch ihren Weg auf den beweglichen Wasserspiegel des Des Moines, zugleich die im lichtgrünen Frühlingsschmuck prangenden Baumwipfel lieblich vergoldend. Im heiseren Chor sangen die Frösche, zum dumpfen Ruf der Unken gesellten sich der diesem fast ähnliche Klageton des amerikanischen Kuckucks und das behagliche Gurren rastender Wandertauben. Eine einsame Spottdrossel streute, wie kostbare Perlen, ihre sanften metallreinen Noten in dieses eigentümliche Frühlingskonzert. Stromaufwärts lagerte tiefer Friede auf der stillen Landschaft. Das Wasser rauschte und gurgelte unwillig um die hindernden Holzklippen herum; vor dem Bug des Kanus murmelte es leise. Dem ernsten Ruderer folgten die Segenswünsche einer besorgten Mutter nach, deren zärtliche Blicke, so lange sie ihn zu erreichen vermochten, nicht von ihm wichen.

Stromabwärts ertönte Singen und Rufen, indem die beiden Prahme wechselweise den Fluß kreuzten und Menschen, Wagen und Tiere von Ufer zu Ufer trugen.

II.

Herr Norris, ein echt amerikanischer Geschäftsmann, mit glatt rasiertem Gesicht, halblangem, dunklem, schlichtem Haar, kalten, ruhigen Zügen und in ihrem Ausdruck nur wenig wechselnden schwarzen Augen, saß vor seinem neu errichteten Hause auf einer leeren Warenkiste und beobachtete mit innerer Zufriedenheit die Pünktlichkeit, mit welcher die von ihm ins Leben gerufene doppelte Fähre arbeitete. Die warmen Sonnenstrahlen trafen ihn von der Seite; sie ließen die eine Hälfte seines Gesichtes im frischen Rot der Gesundheit prangen, während die andere ihre gewöhnliche gallige Farbe zur Schau trug. Trotz der gelben Farbe und trotz der auffallenden Hagerkeit seiner Glieder bot er indessen eine imponierende Erscheinung, die durch die ausgesucht feine Wäsche, den zwar eingedrückten, jedoch offenbar noch neuen Zylinderhut, den schwarzen Leibrock und die modischen Lackstiefel einen gewissen eleganten Ausdruck erhielt. Ein Kalifornia-Emigrant, der Eigentümer der eben über den Fluß setzenden Wagen, stand neben ihm, und während er mit diesem eine scheinbar höchst gleichgültige Unterhaltung führte, beobachtete er mit ruhigen Blicken das sich vor ihm entwickelnde Leben. Zugleich lauschte er aber auch rückwärts in die Warenräume des Hauses hinein, wo lebhaftes Sprechen vieler Menschen ihn belehrte, daß auch dort unter der Aufsicht zuverlässiger Gehilfen die Geschäfte ganz nach Wunsch gingen.

Er hatte eben die Versicherung ausgesprochen, daß mit Sonnenuntergang das letzte zu der Karawane gehörende Pferd hinübergeschafft sein würde, als er, zufällig stromaufwärts schauend, das Rindenkanu gewahrte, in welchem Georg Eckard, ohne dessen Fahrt zu beschleunigen, der neuen Fähre zutrieb.

Ein schadenfrohes, fast feindseliges Lächeln erhellte kaum wahrnehmbar seine Züge, doch zögerte er vorsichtig, bevor er seinen Gedanken Worte verlieh.

»'s soll mich wundern, was den dort hierherführt«, bemerkte er endlich, seine schmalen Lippen höhnisch emporwerfend.

Der Emigrant sah nach der angedeuteten Richtung hinüber und versetzte nachlässig:

»Nun, Wichtiges kann es kaum sein, denn er hat keine Eile. Kennt ihr ihn etwa?«

»Genau kenne ich ihn nicht«, lautete Norris' Antwort; »'s wird wohl einer von der alten Fähre sein.«

»Euer Nachbar?« fragte der Emigrant verwundert, »Ihr solltet nicht einmal Eure Nachbarn kennen?«

»Bis jetzt habe ich mich nicht um sie gekümmert«, erwiderte Norris, und wie sich entschuldigend, fügte er hinzu:

»'s sind nur Deutsche, die dort drüben ihr ärmliches Dasein fristen.«

Sein Genosse machte eine zustimmende Bewegung, und dann beobachteten beide den jungen Mann, der nunmehr gerade auf das Ufer zusteuerte und unterhalb des Fährhauses anlegte.

»Er wird mich wahrscheinlich ohne Zeugen sprechen wollen«, bemerkte Norris halb zu dem Emigranten gewendet, und dieser, den Wink beachtend, entfernte sich, noch bevor Georg vor seinen neuen Nachbar hingetreten war.

»Herr Eckard, wenn ich nicht irre?« redete Norris den Ankommenden mit dem Ausdruck freudiger Überraschung an, indem er ihm die Hand entgegenhielt.

»Mein Name ist Eckard«, antwortete Georg höflich, und auf die einladende Bewegung neben Norris auf der Kiste Platz nehmend, fuhr er fort: »ich komme, um mir Euren Rat in einer Sache zu erbitten, die auch für Euch selbst nicht ohne einige Wichtigkeit sein dürfte.«

»Das freut mich doppelt, mein teurer Nachbar«, nahm Norris alsbald verbindlich das Wort, seinen Ausspruch wiederum mit einem warmen Händedruck begleitend; »einmal weil Ihr mir durch Euren Besuch Gelegenheit bietet, eine scheinbare Vernachlässigung der Pflichten der Höflichkeit auszugleichen, welche ich dadurch beging, daß ich nicht längst bei Euch vorsprach, um Euch und Eure ehrenwerte Mutter zu begrüßen, und dann, weil es mir eine hohe Genugtuung gewähren soll, wenn es mir gelingt, meinen Nachbarn einen wirklich guten Rat zu erteilen.«

»Ich danke Euch aufrichtig«, versetzte Georg, welchen des Amerikaners Zuvorkommenheit mit schwer zu besiegendem Mißtrauen erfüllte; »zugleich aber erlaube ich mir, darauf hinzuweisen, daß durch freundliche Berücksichtigung meines Anliegens –«

»Sprecht es aus, junger Mann, sprecht es nur gerade und ohne Umschweife aus, mein teurer Nachbar!« fiel ihm Norris wohlmeinend in die Rede, »und steht es in meiner

Macht, Euch einen wenn auch nur kleinen Dienst zu leisten, so wird mich das sehr beglücken.«

»Wohlan denn, Herr Norris«, hob Georg ohne Säumen an, »eins wird Euch schwerlich entgangen sein: daß seitdem Ihr diese Fähre errichtetet, kein Reisender mehr unsere Hilfe in Anspruch nimmt, unser Broterwerb daher gänzlich abgeschnitten wurde.«

»Das wird sich ändern, mein teurer Nachbar«, tröstete Norris schnell, und seine Stimme klang so aufrichtig und innig, als ob er zu seinem Sohne gesprochen hätte, »gewiß, es ändert sich dies sehr bald – ich sage es offen – nur zu bald für mich und meine Spekulationen; denn die Auswanderer sind ein sonderbares Volk, wo's was Neues gibt, da müssen sie hin, und haben sie's erst kennengelernt, kehren sie schnell wieder zu ihren alten Gewohnheiten und Einrichtungen zurück. Nur etwas Geduld müßt Ihr haben, lieber Nachbar, und nicht gleich alles von der unfreundlichsten Seite auffassen.«

»Wenn Ihr voraussetzt, daß sich ein Teil des Verkehrs wieder der alten Fähre zuwendet, würdet Ihr dann nicht um so geneigter sein, die beiden Fähren miteinander zu vereinigen?« fragte Georg jetzt zögernd, beinahe schüchtern.

»Wie meint Ihr das?« hieß es mit vortrefflich erheucheltem Erstaunen zurück.

»Nun, Herr Norris, ich meine, daß wenn Ihr meiner Mutter die achtzig Morgen Land nebst Hütte, Fährboot und dazugehörigen Gerätschaften abkauftet, uns ein großer Dienst geleistet, Euer Besitztum dagegen mehr abgerundet würde.«

Norris sann eine Weile nach; ein solcher Ausweg schien ihm so neu zu sein, daß er ihn kaum zu fassen vermochte. Endlich ergriff er Georgs Hand wieder mit großer Herzlichkeit.

»Herr Eckard!« rief er wie entrüstet aus, »Ihr glaubt also wirklich, ich sei imstande, Eure augenblicklich vielleicht etwas bedrängte Lage zu meinen eigenen Gunsten auszubeuten? Es kann Euer Ernst nicht sein! Und wäre es Euer

Ernst, so hielte ich es doch für meine Pflicht, Euer großmütiges Anerbieten zurückzuweisen. Mich auf Eure Kosten bereichern? Nein, nun und nimmermehr! Und dann, was würde Eure Fähre gegenwärtig wert sein? Nichts, gar nichts, wogegen Ihr nur noch einige Jahre zu warten braucht, um den Wert Eures Grundstücks mindestens verzehnfacht zu sehen!«

»Wir würden nicht mehr verlangen, als die Regierung von uns für den ungelichteten Wald erhielt, und über das Haus und die zum Übersetzen getroffenen Einrichtungen einigen wir uns ganz gewiß«, versetzte Georg kaum noch fähig, seinen Unwillen über die nichtswürdige Berechnung des listigen Amerikaners zu verbergen.

»Nein, nein, und tausendmal nein!« rief letzterer mit wohlwollendem Lachen zurück, und klopfte dem jungen Mann zutraulich auf die Schulter; »oder wollt Ihr mich mit Gewalt zwingen, Euch zu übervorteilen? Und ein Übervorteilen wär's, denn, wie ich schon erwähnte, Eure Besitzung ist heute nicht den zehnten Teil des Preises wert, welchen ihr der Regierung vor soundsoviel Jahren zahltet; und Euere Fähreinrichtungen? Blickt nur einmal hinüber, wie meine Prahme arbeiten, und sagt dann selbst, ob die Eurigen in Anrechnung gebracht werden könnten. Nein, nein, um mit mir in Handelsverbindungen zu treten, müßt Ihr bessere Zeiten abwarten, und auch dann dürftet Ihr mich noch etwas störrisch finden – denn offen gestanden, eine gute und ehrenwerte Nachbarschaft verliert man nicht gern.«

»Bessere Zeiten abwarten?« versetzte Eckard zähneknirschend, und aufflammender Zorn schien seine Stimme zu ersticken; »bessere Zeiten, bis wir, aus Mangel an Erwerb, gezwungen sind mit leeren Händen von dannen zu ziehen?«

»Nicht doch, nicht doch«, tröstete Norris wieder; »Ihr urteilt zu ängstlich und vorschnell; sprecht Ihr doch vom Mangel an Erwerbsquellen, während nur wenige hundert Schritte von Eurem Hause sich täglich Gelegenheit zu gutem Verdienst bietet. Mir fehlen gerade noch einige kundige Hände, und wenn Ihr geneigt wäret, bei mir in Arbeit zu treten, solltet Ihr mir willkommen sein; nur eine kleine Bedingung hätte ich zu stellen –«

»Eine Bedingung?« fragte der junge Mann stolz, indem er sich erhob; »so laßt sie denn hören; vielleicht trägt sie zu einer schnelleren Entscheidung von meiner Seite bei.«

»Bedingungen, die nur zu Eurer Erleichterung dienen«, schmunzelte Norris freundschaftlich; »ich würde nämlich darauf bestehen, daß Ihr zwei Dritteile Eures Verdienstes nicht in klingender Münze, sondern in Waren aus meiner Niederlage bezöget. Durch ein solches Übereinkommen fesseln wir uns einen an den anderen in bindender Weise; außerdem genießt Ihr den Vorteil, Euch ohne große Mühe mit Vorräten für's ganze Jahr versehen zu können.«

»Bei welcher Gelegenheit ich allmählich in das Verhältnis eines Leibeigenen zu Euch träte«, bemerkte Georg mit einem Blick tiefster Verachtung, der selbst dem herzlosen Geschäftsmann das Blut in die gelben Wangen trieb; »oh, ich danke Euch für das großmütige Anerbieten, und bereue nur, Euch durch meinen Besuch um soviel kostbare Zeit gebracht zu haben.«

Mit diesen Worten wendete er sich ab und schritt langsam zwischen den landenden Emigranten hindurch zum Flusse hinab, wo er sein Kanu nach dem Ufersande hinaufgezogen hatte.

»Keine Ursache zum Danken«, rief Norris ihm mit einem wunderbaren Ausdruck von Biederkeit nach, »und vergeßt nicht, daß Ihr im Falle der Not immer auf mich zählen dürft!«

Dann aber verfinsterte sich sein Gesicht zu einem häßlichen schadenfrohen Grinsen.

»'s möchte Euch wohl gefallen, wenn ich für die achtzig Morgen Land eine gute runde Summe in Euren Schoß würfe«, murmelte er zwischen den zusammengebissenen Zähnen hindurch. »Mein sollen sie zwar werden, dafür keine Not; wenn ich aber viel mehr als nichts dafür zahle, will ich nicht Norris heißen. Pah, diese deutsche Brut! Steht der Bursche nicht in seinem Kanu, als ob er der Gouverneur des Staates Iowa wäre? Und sein Lederhemde trägt er stolzer, als der verdammteste mexikanische Hidalgo jemals einen zerfetzten Serape um seine Schultern warf.«

Und er hatte recht dies zu behaupten, denn indem der junge Mann mit schnellen Ruderschlägen sein leichtes Fahrzeug stromaufwärts trieb, äußerte sich in seiner Haltung nicht nur der aus einer sorgfältigen Jugenderziehung hervorgegangene äußere Anstand, sondern auch ein Unabhängigkeitssinn, der in der Wildnis im Laufe der Jahre fast bis zur Störrigkeit angewachsen war. –

Als Georg eine Viertelstunde später vor seine Mutter hintrat, erriet diese leicht, daß der abschlägigen Antwort eine tiefe Demütigung beigefügt worden war. Was sie aber erriet, das bestätigte Georg mit kurzen bitteren Worten, als er sich vor der Türe auf den frisch grünenden Rasen warf und finster nach dem im letzten Abendsonnenschein dunkelrot erglühenden neuen Fährhause hinüberstierte.

Plötzlich sprang er, wie von einer Bogensehne geschnellt, wieder empor. »Mutter!« rief er und er ergriff der Angeredeten Hand mit Ungestüm; »er braucht unser Land, will aber so lange warten, bis wir gezwungen sind, davonzugehen, nachdem wir uns überzeugten, daß unter den obwaltenden Verhältnissen sich nie ein Käufer findet! Er will uns in die Lage der Abhängigkeit von sich bringen, allein dies soll nicht geschehen, und müßte ich sein Herzblut –«

»Halt ein!« rief Frau Eckard erschreckt aus, und sie erhob wie abwehrend die Hand. Sie wollte fortfahren, den wild Aufgeregten zu beruhigen, ihn zu warnen vor den Gefahren, entspringend aus unüberlegten, übereilten Handlungen, als ihre Aufmerksamkeit nach der Rückseite der Blockhütte hinübergelenkt wurde, von woher sie das leicht zu unterscheidende Geräusch vernahm, mit welchem auf der Landstraße mehrere Reiter im scharfen Trabe herbeieilten.

»Emigranten, die sich verirrt haben«, bemerkte Georg spöttisch, indem er bis an die Umzäunung des Hofes vorschritt, »denn ohne sich zu verirren möchte schwerlich jemand den Weg hierher finden.«

An weiteren höhnischen Bemerkungen wurde er durch den Anblick einer jungen Reiterin gehindert, die, gefolgt von einem schwarzen Dienerpaar, um die nächste Waldecke herumbog und gerade auf die Toröffnung der Einfriedigung zulenkte.

»Ist dies die alte Fähre?« rief die Fremde mit heller Stimme, bevor sie noch ihr Pferd angehalten hatte.

»Die alte Fähre, Madame«, antwortete Georg, sich leicht, jedoch höflich verneigend; dann betrachtete er mit sichtbarem Erstaunen die Reiterin, die nunmehr dicht vor ihm angekommen war und die alte Frau und den noch immer mit dem Gewehr beschäftigten jungen Mann flüchtig und vornehm begrüßte.

Offenbar entging ihr die Bewunderung nicht, welche sie erregte, und wie um dieselbe noch zu steigern, richtete sie mit der verzeihlichen Eitelkeit eines achtzehnjährigen Mädchens ihren schlanken Oberkörper etwas höher empor, während sie durch einen leichten Druck in die Zügel ihr Pferd zu einigen ungeduldigen Bewegungen zwang. Ihre dunkelglühenden Augen hielt sie dabei fest auf Georg geheftet, und wenn aus denselben ein gewisser Grad von Stolz, sogar Hochmut hervorleuchtete, so war doch auch wieder das Wohlgefallen unverkennbar, welches sie angesichts des jungen Mannes empfand, der mit dem freien furchtlosen Blick und der rauhen, äußeren Hülle ein so anstandsvolles Wesen verband. Der Ausdruck des bewundernden Erstaunens in seinen sonnenverbrannten Zügen aber erfüllte sie mit so hoher Freude, daß eine flüchtige Verwirrung ihr das leicht erregbare Blut bis unter das schwarze üppige Haar in die weißen Schläfen hinauftrieb. Es gereichte ihr augenscheinlich zur Befriedigung, hier in der Wildnis von jemand bewundert zu werden, der sie selbst nicht und noch weniger ihre Verhältnisse kannte, nachdem ihr in den heimatlichen Kreisen so lange von allen Seiten unerschöpfliche Huldigungen dargebracht worden waren, von denen sie nie genau wußte, ob sie nur ihrer Person, oder ihrer durch Reichtum bedingten, unabhängigen Lebensstellung galten. Zwar deuteten ihr prächtiges Reitpferd, die reiche Ausrüstung und die Begleitung zweier schwarzer Diener auf mehr als gewöhnlichen Wohlstand; doch was kümmerte dies den Fremdling, der vor ihr stand, und der, wie sie bemerkte, seit ihrem plötzlichen Auftreten noch keinen Blick von ihrem Antlitz gewendet hatte? Ein gewisses Siegesbewußtsein lag daher auch im Tone ihrer Stimme, als sie nach der ersten Begrüßung fragte, ob sie noch an diesem Abend mit ihren Dienern und Pferden gut und sicher über den Strom befördert werden könne; dasselbe schwand indessen schnell wieder, sobald Georg, anstatt zustimmend zu antworten, einen Blick über den Strom sandte und sich dann erst ihr wieder zukehrte.

»Ich bin allerdings bereit, Euch überzusetzen«, erwiderte er endlich zögernd, »doch erlaube ich mir zuvor die Frage: Warum seid Ihr nicht zu der neuen und bequemeren Fähre hinabgeritten, wo Ihr Euch vielleicht mehr überzeugt halten dürftet, *gut* und *sicher* befördert zu werden?«

Bei dieser unerwarteten Einwendung breitete sich die Röte des Unwillens über das Antlitz der jungen Fremden aus, und indem sie die Lippen spöttisch emporwarf, bekundete sie die Absicht, den ihr entgegengestellten Stolz durch wohlüberlegten und verletzenden Hochmut zu strafen.

»Wen kümmert's«, fragte sie scharf, »ob ich den Fluß hier oder dort überschreite? Es handelt sich nur darum, ob Ihr mir den geforderten Dienst leistet oder nicht, und daß ich bereit bin, Euch für Eure Mühe reich zu entschädigen, werdet Ihr hoffentlich nicht bezweifeln.«

Georg betrachtete seine schöne Gegnerin eine Weile mit einem gewissen Gemisch von freundlicher Teilnahme und Trotz, bevor er antwortete.

»Wenn ich nunmehr erkläre«, sagte er sodann lächelnd, »daß ich recht gern zu Euren Befehlen stehe, so ist das gänzlich unabhängig von Eurer Bereitwilligkeit, das übliche Fährgeld zu entrichten; ja, noch mehr, ich werde sogar jede Bezahlung für meine Mühewaltung zurückweisen. Widerstrebt es Euch dagegen, eine Gefälligkeit von mir anzunehmen, so steht es ja noch immer in Eurem Belieben, zur neuen Fähre hinabzureiten. Hier auf dem Ufer schlängelt sich ein Pfad hin, auf welchem Ihr binnen wenigen Minuten an Ort und Stelle sein könnt; man wird Eure Freigebigkeit dort unten gewiß freudiger begrüßen als hier.«

Über das Antlitz der Fremden flog ein spöttisches Lächeln.

»Ihr seid sehr hochfahrend, Herr Deutscher«, bemerkte sie alsbald mitleidig, »und scheint die Leute dort unten genau zu kennen. Man täuscht sich indessen zuweilen – doch darin täusche ich selbst mich schwerlich: daß Ihr es Eurem Konkurrenten auffallend erleichtert, Euch jedes einträgliche Geschäft aus den Händen zu winden. Ihr seid entweder noch nicht lange in diesem Lande, oder auch bereits so reich geworden, daß Ihr höchstens noch zu Eurem Vergnügen arbeitet.«

»Gut, meine schöne junge Dame«, erwiderte Eckard, den das eigentümliche Wesen der Fremden und deren unverkennbare Absicht, ihn einzuschüchtern, hoch ergötzte; »nehmen wir also an, daß Euer Scharfsinn Euch auf die richtige Spur führte und ich mich in einer Lage befinde, die mir das Arbeiten nicht mehr zur strengen Notwendigkeit macht; vergeblich bemühe ich mich indessen, zu ergründen, wodurch ich Eure gütige Teilnahme an meinem Geschick verdiene, oder was meine Lage mit der Euch zu erweisenden Gefälligkeit gemein haben könnte; die Ursache ist vielleicht darin zu suchen, daß ich *nur* ein Deutscher bin.«

»Geht, mit Euch werde ich mich nie verständigen«, versetzte die Fremde mit aufflammendem Zorn; »und hätte ich nicht meine besonderen und sehr triftigen Gründe, den Fluß gerade *hier* zu überschreiten, würde ich als einzige

Gefälligkeit von Euch erbitten, daß Ihr mir den nächsten Weg zur anderen Fähre zeigtet. Aber kommt, helft mir vom Pferde! Die würdige Dame dort, gewiß Eure Mutter, wird meinen Wünschen und Bedingungen wohl zugänglicher sein.«

Georg trat bereitwillig neben das Pferd hin, und den in seine offene Hand gestellten zierlichen Fuß fest umspannend, hob er die junge Reiterin leicht aus dem Sattel. Die Neger waren ebenfalls abgestiegen und nahmen das leere Pferd in Empfang, während Georg sich noch einmal schnell der stolz Davonschreitenden zuwendete.

»Meine Mutter«, sagte er, mit einer etwas übertriebenen höflichen Verbeugung auf jene hinweisend; »ich erlaube mir indessen zu bemerken, daß das von Euch beliebte Wort ›Bedingung‹ auch für sie wenig wohlklingend sein dürfte.«

Die Fremde zuckte als Antwort geringschätzig die Achseln, worauf sie sich mit zuversichtlichem Wesen Frau Eckard näherte, in ihrer heftigen Erregung den andern jungen Mann kaum beachtend.

»Da Ihr eine Fähre errichtet habt, zu welcher eine Tafel sogar den Reisenden den Weg zeigt, meine liebe Frau«, hob sie zwar freundlich, jedoch mit zornbebenden Lippen an, »so darf ich wohl erwarten, daß Ihr für meine baldige Weiterbeförderung sorgt.«

»Meine Söhne werden gewiß bereit sein, Eure Wünsche zu erfüllen«, entgegnete die Angeredete befangen, »und wenn sie sich eines unfreundlichen Benehmens schuldig machten, so verzeiht ihnen – man kann in Lagen geraten, die niederdrückend selbst auf das heiterste Gemüt einwirken.« Hier spähte sie verstohlen nach der unteren Fähre hinüber, doch bevor sie weiterzusprechen vermochte, stand Georg wieder vor der Fremden, sichtbar gereizt und mit einem Anflug von Spott die Rede der Mutter aufnehmend.

»Wie ich bereits erwähnte, meine schöne junge Dame«, begann er, seine Blicke herausfordernd in die funkelnden braunen Augen seiner Gegnerin senkend, »meine Mutter wollte sagen: Man kann in so glückliche und sorgenfreie

Lagen geraten, daß man sich höchstens aus Gefälligkeit noch zu Dienstleistungen bequemt. Doch unsere Familienverhältnisse können für Euch nur ebensoviel Interesse haben, als die Eurigen oder die des Herrn Norris drüben für mich; ich sehe mich daher veranlaßt Euch darauf aufmerksam zu machen, daß ich zu Eurer Verfügung stehe. Bevor wir hinabsteigen, gestattet mir indessen eine Frage: Wo gedenkt Ihr zu übernachten?«

»Im neuen Fährhause«, lautete die mit einem schadenfrohen Lächeln erteilte Antwort.

»Folgen Euch Wagen nach, oder beschränkt sich Eure Reiseausrüstung auf das, was Eure Diener mit sich führen?«

»Allerdings folgen mir Wagen nach, dieselben dürften aber wohl zu spät eintreffen, um heute abend noch über den Fluß gesetzt zu werden.«

»So hört denn meinen Entschluß. Ihr und Eure Diener sollt Euch binnen kürzester Frist auf dem jenseitigen Ufer befinden; dagegen bin ich weniger geneigt, Euren Wagen dieselbe Gefälligkeit zu erweisen. Sie mögen sich nach der neuen Fähre hinbegeben, wo ihr Eintreffen vielleicht willkommener ist als hier.«

»Seid unbesorgt«, versetzte die Fremde schnell und hoheitsvoll; »sie erhielten bereits Befehl, den anderen Weg einzuschlagen; auch ich würde Euch nicht belästigen, wäre mir nicht daran gelegen, unbeobachtet hinüberzugelangen. Lebt wohl, gute Frau!« wendete sie sich darauf mit fast zärtlich klingender Freundlichkeit an die Mutter, indem sie ihr zutraulich die Hand reichte; »ich möchte Eure Söhne gern möglichst bald einer Arbeit überheben, die ihnen recht, recht schwer zu werden scheint.«

Ohne eine Erwiderung abzuwarten, begab sie sich auf dem gewöhnlichen Fahrwege an den Fluß hinab, wohin ihr die Diener mit den Pferden und endlich auch die beiden Brüder schweigend nachfolgten. –

Die umliegende Landschaft begann sich in schnell zunehmende Dämmerung zu hüllen, als der alte, langgediente Prahm unter den kundigen Händen der jungen

Leute sich vom Ufer trennte und, gehalten durch das quer durch den Fluß laufende Tau, langsam in die Strömung hineinglitt.

Seit ihrem Abschied von der Blockhütte hatte die Fremde die beiden Brüder keines Blickes mehr gewürdigt. Sie war gleich nach dem anderen Ende des Fahrzeuges hinübergeschritten, wo sie sich auf den Rand der Seiteneinfassung niedersetzte. Träumerisch schaute sie vor sich auf die wirbelnden Fluten. Sie war unzufrieden mit sich selbst, und dennoch wußte sie nicht, wie anders sie hätte auftreten sollen. Es gewährte ihr eine gewisse Wollust, den übermütigen jungen Fährmann zu kränken, und dennoch hätte sie – sie gestand es sich ja ein – lieber freundschaftlich mit ihm verkehrt und ihn nach dem Grunde der Bitterkeit gefragt, die sich so deutlich in seinem Wesen ausprägte. Die Blicke und Worte der Mutter hatten ihr zwar manches verraten, allein der Sohn hätte ja ebenfalls das Traurige seiner Lage offen einräumen können, anstatt ihr mit einem so maßlosen, fast wegwerfenden Stolze zu begegnen. Sie wäre dann berechtigt gewesen, ihr aufrichtiges Bedauern auszusprechen, sich so zu zeigen, wie sie im Grunde ihres Herzens war, wogegen sie jetzt unzweifelhaft für eine eigenwillige, hochfahrende Abenteuerin gehalten wurde. Und dennoch, was konnte ihr daran liegen, wie oder was er von ihr dachte? Und war er abstoßend gegen sie gewesen, so hatte sie gerechten Grund, ihn zu kränken und tief zu verletzen, zumal er mutwillig und ohne erste Veranlassung von ihrer Seite ihre heitere Stimmung trübte. Welches Recht besaß er überhaupt, ihre Gedanken länger zu beschäftigen, als sie gerade mit ihm sprach?

Von neuem fühlte sie ihren Unwillen aufsteigen, und um denjenigen, der es wagte, sie in solcher Weise zu beunruhigen, wenn auch nur durch Blicke und Gebärden bis in die Seele hinein zu verwunden, kehrte sie das Haupt kurz nach ihm um.

Ihr Zorn wuchs; sie hätte in Tränen ausbrechen mögen, denn er, dem sie ihre feindliche Gesinnungen zu offenbaren gedachte, – er, der sich in seiner rauhen westlichen Hülle gebärdete, als sei er der Beherrscher der Wildnis gewesen, beachtete sie nicht. Langsam wanderte er in dem schwerfälligen Prahm an den Negern und den Pferden vorbei hin und her, her mit leeren Händen, hin, das nasse Tau in den nervigen Fäusten, die Füße fest gegen die hohl liegenden Planken stemmend, den Oberkörper in entgegengesetzte Richtung gelehnt. Seine Blicke schweiften gleichgültig stromaufwärts und abwärts; auf ihr blieben sie kein einziges Mal haften, noch weniger auf den Pferden oder den Negern. Ein tiefer Ernst, ein unerschütterliches Selbstbewußtsein ruhte auf seinen in der Dämmerung nur noch notdürftig zu unterscheidenden Zügen und in seinen ruhigen und gemessenen Bewegungen. Wäre er das einzige lebende Wesen in dem Fahrzeug gewesen, er hätte nicht schweigsamer sein, nicht gleichgültiger erscheinen können.

Seine Verschlossenheit blieb nicht ohne Wirkung auf alle in dem Prahm Anwesenden. Schweigend unterzog sich sein Bruder der ihm obliegenden Arbeit; selbst die beiden sonst so gesprächigen Neger wagten nicht, ihren phantastischen Gedanken lauten Ausdruck zu geben. Die lange Laufleine plätscherte lustig, indem sie vorn die Fluten verließ und hinter dem Prahm sich wieder in dieselben senkte; vor dem breiten Bug gurgelte und murmelte es geheimnisvoll. Der jungen Fremden klang es wie Hohnlachen, wie Spott, daß sie, sonst gewohnt, mit äußerster Zuvorkommenheit behandelt zu werden, von dem einfachen Fährmann der Beachtung nicht wert gehalten wurde.

Von Georg wanderten die Blicke schnell wieder zurück, und wie um in den flüchtig entstehenden Strudeln zu lesen, starrte sie auf dieselben hin. Sie wollte ebenfalls gleichgültig erscheinen, und tändelnd peitschte sie mit ihrer Reitgerte den Wasserspiegel. Nur etwas zu hart traf sie ihn und zu fest schloß sich die kleine Hand um das schwanke Reis; es lag daher ein gewisser feindseliger Ausdruck in ihrer Bewegung, gerade als ob sie darüber nachgedacht hätte, wie sie beim Scheiden dem Fährmann am eindringlichsten ihre vollständige Nichtachtung seiner Person begreiflich machen könne.

Da knirschte der Sand unter dem Vorderteil des Prahms, einige Fuß weit wurde er von der Wucht des durch die eigene Schwere bedingten Stoßes nach dem zweckmäßig niedergestochenen Ufer hinaufgedrängt und dann stand er still.

Die Reisende sprang empor. Ihr war, als habe sie sich eine Ewigkeit auf dem Wasser befunden und als sei sie dennoch eben erst eingestiegen. Gleichsam mechanisch beobachtete sie die Brüder, wie sie die das Fahrzeug sichernde Kette um den am Rande des Wassers eingerammten Pfahl befestigten. Schweigend, in sich gekehrt, trat sie auf's Ufer hinaus. Ihr nach folgten die Neger mit den Pferden.

»Ich werde oben aufsteigen«, bemerkte sie zu ihren Dienern, indem sie mit der Gerte nach dem etwa zwanzig Fuß hohen Abhange hinaufwies, und sobald die Pferde sich entfernt hatten, wendete sie sich Georg zu.

»Ihr habt zwar die Absicht ausgesprochen, mich nur aus Gefälligkeit über den Fluß zu setzen«, hob sie mit vornehm herablassendem Wesen an, und zugleich öffnete sie die an ihrer Seite hängende kleine Reisetasche; »da ich aber nicht gewöhnt bin, von fremden Leuten, denen ich mich ungern verpflichtet fühlen möchte, Gefälligkeiten entgegenzunehmen, so fordere ich Euch auf, Euren Preis zu stellen.«

»Auf diese Art zwingt Ihr mich allerdings, von meinem einmal gefaßten Entschlusse abzuweichen«, antwortete Georg, ganz gegen der Fremden Erwarten, mit ruhiger Gleichgültigkeit, wobei er kaum von der um den Pfahl geschlungenen Kette emporblickte; »damit Ihr also der lästigen Zeremonie des Dankens überhoben seid, mögt Ihr ein Fünfcentstück auf den Stein dort legen.«

»Ihr meint fünf Dollars?«

»Ein Fünfcentstück«, wiederholte Georg gelassen, indem er die Kette von dem Pfahl löste und Anstalt traf heimzukehren; »erscheint Euch der Preis zu billig, so erwägt, daß ich eben nur ein Deutscher bin, der seine Vorteile nicht recht zu verfolgen versteht, wie – nun – wie zum Beispiel mein Nachbar dort unten.«

»Was hat Herr Norris mit Euch oder Euren Fährpreisen zu schaffen?« fragte die Fremde jetzt zornig, und eine Münze, hellklingend wie Gold, fiel hart auf den neben der Auffahrt liegenden Felsblock.

»Ah, Ihr kennt den neuen Nachbar bereits?« fragte Georg überrascht, jedoch höflich.

»Ich kenne ihn«, lautete die kurze Antwort, »und ich glaube schwerlich, daß es seine Billigung fände, Euch in so seltsamer Weise über ihn urteilen zu hören.«

»Nun, nun, meine schöne junge Dame«, begütigte Georg lächelnd, »ereifert Euch nicht um Norris, sondern bedenkt, daß ich vielleicht Ursache habe, wenigstens nicht günstig über ihn zu urteilen.«

Die Fremde war im Begriff davonzuschreiten, doch blieb sie auf Georgs Erklärung plötzlich wieder stehen.

»Ich ahne, was Herrn Norris in Eurer Meinung herabsetzt«, erwiderte sie vorwurfsvoll; »es ist der Umstand, daß durch die Gründung einer neuen Fähre Euch Abbruch an Eurem Einkommen getan wurde.«

»Oh, wer könnte ihm verargen oder verwehren, sich an irgendeiner Stelle auf den Ufern des Des Moines anzusiedeln?« lachte Georg spöttisch zurück; »würde ich ihn doch ebensowenig um seine Erlaubnis bitten, wenn ich hier eine Dampffähre anzulegen gedächte. Nein, nein, mein Urteil wird durch andere Verhältnisse bestimmt – doch irre ich nicht, so spracht Ihr die Absicht aus, auf der neuen Fähre zu übernachten?«

»Es ist dies meine Absicht.«

»Wohlan, so habt Ihr vielleicht die Güte, Herrn Norris meine Empfehlung zu überbringen und ihm mitzuteilen, daß Umstände wichtiger Art mich hinderten, als Arbeiter in seine Dienste zu treten, daß ich dagegen nicht abgeneigt wäre, ihn selbst in Lohn und Brot zu nehmen?«

»Ein derartiger Vorschlag ist Euch gemacht worden?« fragte die Fremde erstaunt.

»Herr Norris kann Euch am besten selbst Auskunft darüber erteilen, wendet Euch nur an ihn«, erwiderte Georg, und wäre es noch hell genug gewesen, würde die junge Reisende einen Ausdruck bitteren Spottes entdeckt haben, der sich bei diesen Worten über sein Gesicht ausbreitete.

Einige Sekunden stand die Fremde wie zweifelnd da, dann nahm sie das auf dem Felsblock liegende Goldstück wieder an sich, worauf sie den Abhang langsam zu ersteigen begann. Auf halber Höhe wendete sie sich noch einmal zurück.

»Für Eure Gefälligkeit sage ich Euch meinen Dank«, rief sie hinab; »noch mehr aber würdet Ihr mich zu Dank verpflichten, wenn Ihr mir beim Besteigen des Pferdes behilflich sein wolltet!«

In der nächsten Minute stand Georg an ihrer Seite neben dem von einem der Neger gehaltenen Pferde. Ihren Fuß stellte sie schnell in die offene Hand des jungen Mannes, und von diesem gehoben, schwang sie sich leicht in den Sattel.

»Euren Gruß werde ich meinem Vater pünktlich ausrichten, mein Herr«, sagte sie, die Zügel ordnend; »und ich bezweifle nicht, daß die zwischen ihm und Euch obwaltenden Mißverständnisse zu allseitiger Zufriedenheit gelöst werden.«

»Herr Norris Euer Vater?« fragte Georg hastig, und er rief sich unwillkürlich seine jüngsten Äußerungen ins Gedächtnis zurück.

Doch die Fremde antwortete nicht mehr. Durch einen leichten Schlag mit der Gerte hatte sie ihr Pferd in Galopp gesetzt, und gefolgt von ihren Dienern eilte sie auf die zahlreichen Kochfeuer der Emigranten zu, die ihr die Lage des neuen Fährhauses bezeichneten.

Eine Weile blickte Georg ihr mit einem Gefühl der Beschämung und Unzufriedenheit über sich selbst nach.

»So schön und doch so herzlos«, sprach er sinnend vor sich hin; »sie wird nicht anders über mich denken, als ihr habgieriger Vater. Pah! Was schadet's? Ich sehe sie wahrscheinlich nicht wieder, und führt der Zufall mich dennoch mit ihr zusammen, so bin ich der letzte, der ihr Gelegenheit böte, über mich zu triumphieren.«

Er lachte. Es war ein Lachen der Selbstverspottung. Dann stieg er zur Fähre nieder.

Nur wenige Worte wechselte er mit seinem Bruder; die von ihnen benutzten Gerätschaften klapperten, und bald darauf glitt unter ihren vereinten Bemühungen der Prahm schwerfällig in die Strömung.

Die Nacht war vollständig hereingebrochen. Die Sterne funkelten am Himmel und spiegelten sich geheimnisvoll in den wirbelnden Fluten des Des Moines. Aus den Emigrantenlagern bei der neuen Fähre erschallte wild verworrenes Getöse; man feierte geräuschvoll die kühnen, phantastischen Hoffnungen, die sich mit der Reise nach dem Goldlande verbanden. Hoch auflodernde Flammen beleuchteten die einzelnen Gruppen; auf der alten Fähre war es still. Ein schmaler Lichtstreifen fiel aus der geöffneten Türe der Blockhütte ins Freie hinaus. Er rührte von dem Feuer in dem Kamin her, vor welchem die ängstlich besorgte Mutter die Mahlzeit für ihre Söhne bereitete. Die Mutter betete aus tief bekümmerten Herzen. Auf dem zum Flusse hinabführenden Abhange zirpten zahllose Heimchen.

»Es läßt sich nicht verhehlen, wir sind ruiniert«, bemerkte Wilhelm zu seinem Bruder gewendet, kurz bevor sie die Hütte erreichten.

»Hier? Ja«, antwortete dieser mit vorsichtig gedämpfter Stimme; »aber die Welt ist groß, und lieber verkommen im Elend, als für ihren Vater und gar unter ihren Augen Knechtesdienste verrichten.«

Äußerlich heiter traten sie zu ihrer Mutter ein, zu deren Freude die herzlichsten Grüße von der jungen Fremden, der Tochter ihres Nachbarn Norris, überbringend.

III.

Genau vierundzwanzig Stunden hatte Sarah Norris sich bei ihrem Vater befunden und wiederum senkte sich eine liebliche Frühlingsnacht auf die stille Landschaft und den Strom mit seinen zahlreichen Inselchen und Treibholzklippen.

Beide saßen vor dem Hause auf einer Stelle, von welcher aus sich ihnen eine weite Aussicht über das Flußtal bot. Auch die öde alte Fähre erreichten ihre Blicke. Ein matter Lichtschimmer bezeichnete die Lage der Blockhütte; die zu derselben gehörigen Fahrzeuge waren dagegen im Schatten des Ufers verborgen; sie fielen mit dem dunkeln Hintergrunde in eine einzige unentwirrbare Masse zusammen.

Die letzten für diesen Tag bestimmten Frachten waren eben gelandet worden, und vorsichtig schob man die Prahme an ihren entsprechenden Laufleinen einige Schritte weit vom Ufer ab, wo man sie befestigte. Man wollte dadurch dem Festsaugen der breiten Böden auf dem sandigen Grunde vorbeugen und das Flottmachen am folgenden Morgen erleichtern. Mit innerer Befriedigung übersah Norris die belebte Umgebung seines Hauses. Auch in den Warenräumen herrschte zu seiner Freude noch reges, geräuschvolles Treiben; in denselben drängten sich durcheinander vorzugsweise solche Emigranten, die gleich nach Tagesanbruch ihre Reise nach dem Westen fortzusetzen gedachten.

»Sehr unlieb ist es mir«, bemerkte er im Verlauf der Unterhaltung, als seine Blicke zufällig das matte Licht der alten Fähre streiften; »sehr unlieb in der Tat, meine teure Sarah, daß du nur um der Überraschung willen dich von den Eckards über den Fluß setzen ließest, was du hier auf unserer eigenen Fähre weit bequemer gehabt hättest.«

Sarah spähte eine Weile aufmerksam nach dem fernen Licht hinüber, bevor sie antwortete.

»Ich glaubte wirklich, durch mein unverhofftes Erscheinen dir eine Freude zu bereiten«, sagte sie endlich mit einem Anflug von Trauer; »und unbillig kann es unmöglich sein, wenn man den armen Leuten einen geringen Vorteil zuwendet.«

Sie scheute sich, ohne selbst zu wissen warum, einzugestehen, daß sie die Hilfe der beiden Brüder nur als eine Gefälligkeit entgegengenommen hatte.

»An die paar Cent denke ich nicht«, bemerkte Norris mißmutig; »ich hätte sogar lieber hundert Dollars verloren, wenn du dafür nicht auf die wunderliche Idee der Überraschung geraten wärest. Oder glaubst du etwa, es spräche sich nicht in den Karawanen herum, daß meine eigene Tochter die alte Fähre der neuen vorgezogen habe, infolgedessen ohne Zweifel einzelne Reisende deinem Beispiel folgen werden?«

»Und ist das ein Unglück?« fragte Sarah vorwurfsvoll; »die Eckards scheinen ehrenhafte Leute zu sein, denen ein besserer Erfolg wohl zu gönnen wäre.«

»Sie sind und bleiben immer nur Deutsche«, wendete Norris gleichgültig ein.

»Gewiß bleiben sie das«, warf das junge Mädchen sich mit Wärme zur Verteidigerin der bedrängten Familie auf; »aber Deutsche, die, augenscheinlich den besseren Ständen entsprossen, einen bei Arbeitern sonst nicht gewöhnlichen Grad von Bildung besitzen und daher auch wohl doppelt tief empfinden, wenn man ihnen mit beleidigender Geringschätzung begegnet.«

»Ja, ja, meine Tochter«, erklärte Norris spöttisch; »sie sind stolz wie indianische Häuptlinge, die außer ein paar Lot Farbe und einigen Federn kaum etwas ihr eigen nennen, um ihre Blöße damit zu decken. Hahaha! Aber ihr Stolz soll bald genug gebrochen werden! Hunger tut weh und tötet langsam, hahaha!«

»Müssen die armen Leute denn durchaus unglücklich gemacht werden?« fragte Sarah jetzt in klagendem Tone, denn die Herzlosigkeit ihres Vaters hatte sie bis in die Seele hinein schmerzlich berührt.

»Gerade das Gegenteil von unglücklich«, antwortete

Norris leichthin, »denn dadurch, daß ich sie zwinge, von hier fortzuziehen, biete ich ihnen nur Gelegenheit, sich anderweitig mit besserem und schnellerem Erfolge emporzuarbeiten. Ja, sie müssen fort, denn es läßt sich nicht leugnen, daß sie auf viele Meilen stromaufwärts und abwärts die zur Anlage einer Stadt geeignetste Stelle in ihrem Besitze halten. Blieben sie so lange hier, bis sie dies selbst einsähen, möchten sie mir die lumpigen achtzig Morgen über die Maßen verteuern, wogegen sie jetzt, bevor noch die Reisesaison vorüber, mir die Scholle zum halben Regierungspreise anbieten und es mir danken, wenn ich auf ihr Anerbieten eingehe. Ja, ja, meine Tochter, es ist keine schlechte Spekulation, in welche ich mich eingelassen habe, denn du wirst sehr bald erleben, daß hier eine Stadt aus der Erde wächst, welche dir zu Ehren als Sarahville oder Sarahtown auf den Karten verzeichnet werden soll.«

»Ich sehne mich nicht nach dieser Ehre.«

»Gut, meine Tochter, so nennen wir sie Norrisville, was vielleicht noch stattlicher klingt.«

»Die armen Leute sollen also unwiderruflich und unbarmherzig aus ihrem Besitztum, auf welchem sie wohlhabend werden könnten, vertrieben werden?« fragte Sarah nach einer längeren Pause tiefen Sinnens.

»Unwiderruflich, aber nicht unbarmherzig«, entgegnete Norris entschieden; »denn wäre ich unbarmherzig, würde ich schwerlich dem übermütigen Burschen angeboten haben, in meinen Diensten sein tägliches und reichliches Brot zu essen.«

»Was würdest du antworten, wenn Herr Eckard dir anböte, in seine Dienste zu treten?«

»Verdammt! Ich würde ihm mit klaren Worten begreiflich machen, daß er wahnsinnig sei.«

»Wie aber würde es dir gefallen, wenn er dich dennoch überflügelte, wenn er auf seinem Grund und Boden wohnen bliebe, und endlich, wenn du im nächsten Jahr eine Dampffähre hier vorfändest, welche in einem Tage so viel leistete, wie deine beiden Prahme nicht in einer Woche?«

»Die Idee ist nicht schlecht, meine Tochter«, versetzte Norris, indem er billigend das Haupt wiegte: »ich dachte bereits daran, allein es erschien mir sicherer, vorher einen Versuch mit Prahmen zu machen. Übrigens, wenn die Eckards Lust haben, eine Dampffähre einzurichten, so bleibt es ihnen unbenommen; ich würde mich sogar sehr freuen«, fügte er höhnisch hinzu, »wenn ich sie plötzlich so großartig auftreten sähe, hahaha! Besitzen sie außer den erforderlichen Geldmitteln doch alles, was zu einem derartigen Unternehmen gehört.«

»Oh, das Geld möchte sich vielleicht herbeischaffen lassen«, bemerkte Sarah halblaut, wie zu sich selbst sprechend.

Norris wendete sich mit einer heftigen Bewegung seiner Tochter zu und betrachtete argwöhnisch das liebliche, kaum noch erkennbare Profil, welches so ruhig, so nachdenkend in die Nacht hinausschaute.

»Klingt es doch fast, als hättest du nicht übel Lust, dem Bettelvolk Mittel vorzustrecken und es in den Stand zu setzen, deinem Vater gefährliche Konkurrenz zu machen!« sagte er endlich langsam und jedes einzelne Wort besonders betonend.

»Wäre ich etwa zu tadeln, wenn ich der würdigen Frau und ihren Söhnen meinen Schutz angedeihen ließe?« fragte Sarah mit wunderbar innigem Ausdruck zurück; – »wäre ich zu tadeln, wenn ich ihnen den Schaden einigermaßen zu vergüten trachtete, welchen sie durch dein Unternehmen notwendigerweise erleiden müssen?«

»Und du fragst noch?« fuhr Norris bitter auf; »freilich, durch die letztwillige Verfügung deiner verstorbenen Mutter kann dich leider niemand mehr hindern, das dir von ihr überkommene Vermögen deinen tollen Launen zu opfern; allein erwägst du auch wohl, daß du mich durch einen derartigen Schritt verleiten könntest, über mein eigenes Vermögen derartige Bestimmungen zu treffen, daß dir nie ein Cent davon zugute käme?«

»Letzteres, Vater, steht ganz in deinem Belieben und verursacht mir nicht die Sorge einer Minute«, antwortete

Sarah traurig; »aber glaube mir, alle Schätze der Erde vermöchten mich nicht dafür zu entschädigen, trüge ich das Bewußtsein mit mir herum: unterlassen zu haben, ein Unrecht zu sühnen, welches zu sühnen in meiner Macht lag.«

»Das sind Ansichten, wie sie dir vielleicht in der Pension gepredigt wurden«, wendete Norris zornig ein, indem er sich erhob; »allein hier, auf der äußersten Grenze der Zivilisation, halten sie die Probe nicht aus. Du bist volljährig, ich erkenne es an, du kannst mit deinem Vermögen nach Willkür schalten und walten; allein dich in meine Geschäfte zu mischen? Sarah, Sarah, ich rate dir, treibe mich nicht zum Äußersten, erwecke nicht den Wunsch in mir: daß du den Weg nicht hier herausgefunden haben mögest!«

So sprechend begab er sich ins Haus, seine Tochter in einer schwer zu schildernden Stimmung zurücklassend.

Ein schmerzlicher Seufzer war die einzige Antwort auf die herzlose Erklärung ihres Vaters, der dadurch, daß er sie seit ihrer frühesten Kindheit stets fern von sich hielt, sich ihr gänzlich entfremdet hatte. Einen Augenblick schien die ihr innewohnende Leidenschaftlichkeit die Oberhand zu gewinnen; dann aber erfüllte sie nur noch das Gefühl einer unendlichen Vereinsamung. Ihr war, als ob das Blut aus ihren Wangen plötzlich zum Herzen zurückgewichen wäre, um in demselben zu stocken und zu erstarren. Ihre Augen brannten, allein keine Träne drängte sich in dieselben, ihren Schmerz zu lindern, ihre Brust zu erleichtern. Wie ganz anders hatte sie sich den Empfang bei ihrem Vater vorgestellt, und wie ganz anders hatte sie bisher die vollständige Vernachlässigung seiner väterlichen Pflichten, sein Verleugnen jeder väterlichen Zuneigung, diese traurige Folge einer unersättlichen Habgier, eines blinden, ihn gleichsam berauschenden Spekulationsgeistes gedeutet! Sie hatte gehofft, einen treuen zärtlichen Vater zu finden, dem sie in seinen müßigen Stunden und selbst bei seinen nach ihrer Überzeugung anstrengenden Geschäften eine ebenso treue Tochter wie Gefährtin zu sein gedachte, und nun sah sie sich plötzlich von ihm, wie eine Art Hindernis, mit kalter Berechnung zurückgewiesen.

Ihre Blicke hafteten unverwandt an dem von der fernen Blockhütte ausgehenden Lichtschimmer. Der junge Fährmann, der ihr trotz seiner bedrängten Lage mit so viel Stolz begegnete, trat ihr lebhaft vor die Seele. Sie glaubte in seine ernsten Augen zu blicken, die einen so hohen Grad von Rechtschaffenheit, so viel festen Willen und dabei doch eine so unbegrenzte Ehrerbietung ausstrahlten, wenn sie sich auf die Mutter richteten. Und dann die alte Frau selber, mit welcher Zärtlichkeit, mit welcher bangen Besorgnis sie zu ihren Söhnen sprach, während sie, um dieselben nicht zu betrüben, den eigenen Kummer zurückzudrängen suchte! Erst nachdem sie ihren Vater gesprochen, erst nachdem er ihr die Verhältnisse der Bewohner der alten Fähre ausführlicher geschildert hatte, waren ihr die zwischen den einzelnen Mitgliedern jener Familie gewechselten Worte und Andeutungen verständlich geworden, vermochte sie den Zusammenhang zu ahnen, den ihr entgegengetragenen unbändigen Stolz richtig und in vollem Maße zu würdigen.

»Daß ich den Weg nicht hier herausgefunden hätte!« wiederholte sie, wie unbewußt, die letzten Worte ihres Vaters. Das Licht in der Blockhütte schien sie zu grüßen, sich nach ihr zu sehnen; es spiegelte sich in den verdunkelten Fluten des Stromes, wo der milde Schein sich verlängerte, immer weiter und weiter auf die neue Fähre zu, als hätte er zwischen dieser und der Blockhütte vermitteln wollen.–

Die Nacht schritt vor; Sarah saß noch immer auf derselben Stelle; niemand kümmerte sich um sie. Erst als in den verschiedenen Lagern ringsum allmählich der Lärm verstummte und nach harter Tagesarbeit die Ermüdung ihr Recht geltend machte, zog sie sich in ihr Gemach auf der nach dem Flusse hinaus liegenden Seite des Hauses zurück.

Überwältigt von den in ihrer Seele wogenden Zweifeln warf sie sich angekleidet aufs Lager, allein der Schlaf blieb ihr fern. Stunden verrannen, sie merkte nicht das Enteilen der Zeit; schmerzlich sinnend und grübelnd lag sie da. Wie mit unwiderstehlicher Gewalt zog es sie endlich nach dem Fenster hin, von welchem aus ihr die Aussicht auf die stille Blockhütte offenstand.

Das Licht schimmerte ihr noch immer, wenn auch matter, entgegen; es strömte von dem Kamin aus, in welchem die letzten brennenden Holzkohlen gleichsam einschlummerten.

Da glitt der Schatten eines Mannes zwischen sie und das ferne Licht, und deutlich gewahrte sie, daß er auf sie zuschlich.

Es war eine liebliche Sternennacht; demjenigen, der sich selbst am dunklen Orte befand und dessen Augen sich an die nächtliche Beleuchtung durch langes Hineinstarren in dieselbe gewöhnt hatten, wurde es nicht schwer, einzelne Gegenstände selbst in der weiteren Umgebung zu unterscheiden. So erkannte auch Sarah ihren Vater, und seine geheimnisvolle Annäherung mit freudigem Herzklopfen einem unwiderstehlichen Triebe zärtlicher Besorgnis für sie zuschreibend, harrte sie gespannt darauf, daß er dicht vor das Fenster hintreten und lauschend sich von ihrem ruhigen Schlummer überzeugen würde. Vorsichtig lehnte sie sich zurück; sie wollte unentdeckt bleiben, wollte ihm die Freude nicht verderben, sie unter dem Dache seines neu gegründeten Hauses in sorgloser Ruhe angetroffen zu haben.

Und er trat wirklich vor das Fenster hin, und er lauschte auch; allein während sein Ohr dem verfinsterten Gemach zugekehrt war, spähte er ängstlich umher, als hätte er befürchtet, selbst bemerkt zu werden.

Nach wenigen Minuten schlich er wieder davon, augenscheinlich zufrieden mit dem Erfolge seiner Beobachtung, dagegen beibehaltend das geheimnisvolle mißtrauische Wesen, welches sich deutlich in seinen Bewegungen bekundete.

Befremdet blickte Sarah ihm nach, als er, anstatt ins Haus zurückzukehren, auf den nur wenige Schritte entfernten

Fluß zuschritt und dann plötzlich im Niedersteigen hinter dem Uferrande verschwand. Mit Besorgnis erfüllte es sie dabei, daß er einen Gegenstand in der Hand trug, der, zu kurz, um als Stütze beim Gehen zu dienen, mehr Ähnlichkeit mit einer Waffe hatte.

Daß er unentdeckt zu bleiben wünschte, unterlag keinem Zweifel, ebenso, daß nichts weniger als väterliche Liebe ihn vor ihr Fenster führte. Ein Gefühl, als ob eine unredliche Handlung vor ihren Augen ausgeführt werden solle, hatte Sarah zwar nicht; allein eine unbesiegbare Angst trieb sie an, Norris zu beobachten, gleichsam über ihn zu wachen und ihn vor Unheil zu bewahren, während auf der anderen Seite eine heimliche Scheu sie abhielt, sich ihm zu verraten. Es machte sich eben der Mangel eines kindlichen, hingebenden Vertrauens geltend, welches schon im zartesten Jugendalter erstickt worden war, durch das jüngste Wiedersehen aber nicht zu neuem Leben hatte wachgerufen werden können.

Sobald Sarah ihren Vater nicht mehr sah, öffnete sie das Fenster etwa eine Handbreit, und dann lauschte sie aufmerksam ins Freie hinaus, um aus dem etwa zu ihr dringenden Geräusch auf Norris' weiteres Verfahren schließen zu können.

Längere Zeit hindurch blieb alles ruhig. Nur das Gurgeln und Sprudeln vernahm sie, mit welchem die eilenden Fluten sich vor den breiten Fährbooten brachen. Letztere befanden sich in ihrem Gesichtskreise und hoben sich ziemlich scharf vor dem durch den gestirnten Himmel dürftig erhellten Strome ab. In den verschiedenen Lagern der Kalifornia-Emigranten herrschte Stille; gedämpft klang aus weiterer Ferne der Gesang der die Herden der Zugtiere bewachenden Hüter.

Da tönte ein eigentümliches Knirschen und Reiben aus dem einen Fährboot herauf. Schärfer spähte Sarah hinab; sie glaubte den vornübergeneigten Oberkörper ihres Vaters zu erkennen, der mitten in dem Fahrzeug kniete und angestrengt arbeitete.

Mehrere Minuten verrannen; Norris richtete sich wieder empor und nachdem er argwöhnisch nach dem Ufer hinaufgelauscht, schlich er leise und behutsam in den andern Prahm hinüber.

Auch hier arbeitete er eine Weile, tief über sein Werk geneigt, in derselben emsigen Weise, und als er sich erhob und gleichzeitig das reibende Geräusch verstummte, schien es, als ob das Gurgeln und Sprudeln sich verstärkt und zugleich einen hohleren Ton angenommen habe.

Sarah ahnte noch immer nicht, was ihr Vater bezweckte. Als er aber endlich, nachdem er die Prahme wohl eine Viertelstunde aufmerksam betrachtet hatte, ans Ufer sprang, entdeckte sie, daß er beide angebohrt hatte, und nur noch ein geringer Wasserzufluß erforderlich war, sie zu versenken. Bevor letzteres indessen geschah, hatte er die über den Fluß laufenden Taue von den Pfählen losgeschnitten, worauf die von der Strömung auf ihre breiten Seiten getroffenen Fahrzeuge sich fast augenblicklich in Bewegung setzten.

Starr vor Erstaunen beobachtete Sarah, wie die Prahme langsam vom Ufer fortglitten, dann, in geringer Entfernung voneinander, sich um sich selbst herumzuschwingen begannen, und endlich, nachdem sie von der Strömung kaum hundert Ellen weit fortgetragen worden waren, fast gleichzeitig mit lautem Plätschern und Brausen spurlos in den Fluten verschwanden. Norris aber stand um diese Zeit schon wieder oben auf dem Uferabhange. Er schien die Stelle, auf welcher die Prahme gesunken waren, seinem Gedächtnis genau einprägen zu wollen; dann spähte er wieder eine Weile argwöhnisch um sich, und vorsichtig, wie er herausgekommen war, schlich er darauf ins Haus zurück.

»Gott sei Dank!« seufzte Sarah erleichterten Herzens, sobald sie ihren Vater nicht mehr sah; »ich hätte an seiner Stelle wohl einen andern Ausweg gewählt, allein in diesem Falle sind die Mittel immerhin durch den Zweck entschuldigt. Armer Vater, nur um den guten Leuten im vollsten

Maße zu helfen, trugst du die grausame Härte zur Schau und versenktest du heimlich die Boote! Oh, ich hätte es ahnen, ich hätte es erraten müssen. Er durchschaute den Stolz jener Leute und wußte, daß sie lieber untergehen, als eine Gefälligkeit von ihm annehmen würden, die auch nur im entferntesten einem Almosen ähnlich. Er wollte die Karawanen nach ihrer Fähre hinlenken, ohne sie dadurch zu Dank zu verpflichten. Ja, darum und nur darum –«

Sie hatte sich erhoben, und ohne vorher Licht anzuzünden, begab sie sich zur Ruhe. Eine reine, innige Freude erfüllte sie und schloß ihre Augen zum süßen Schlummer, welchen sie kurz vorher vergeblich so heiß herbeigesehnt.

Noch ruhte mattes Dämmerlicht auf dem Des Moines und den von ihm durchschnittenen Tälern, als Sarah durch verwirrtes Rufen, durch heftige Zornreden und geräuschvolles Hin- und Herlaufen aus ihrem Schlafe geweckt wurde. Alsbald erkannte sie auch die Stimme ihres Vaters, der beruhigend zu den Leuten sprach und sie über irgendeinen Umstand zu belehren suchte.

Die letzten Gedanken, mit welchen sie sich zur Ruhe begeben hatte, tauchten wieder vor ihrer Seele auf, und mit einem Gefühl freudiger Spannung näherte sie sich dem Fenster, um zu erfahren, auf welche Weise ihr Vater die Abwesenheit der Prahme erklären und den ganzen Vorfall zugunsten der Familie Eckard ausbeuten würde.

Als sie den ersten Blick ins Freie hinauswarf, gewahrte sie mehrere Gruppen von Männern, die auf dem hohen Ufer standen und mit allen Zeichen heftiger Erregung beratschlagten. Zwei leichte Kähne, die zum schnelleren Verkehr zwischen den beiden Ufern dienten, schwammen in der Mitte des Stromes und trugen eine Anzahl Leute herbei, während drüben, hart am Rande des Wassers, eine andere Gesellschaft ungeduldig darauf harrte, ebenfalls übergesetzt zu werden.

Offenbar hatte sich infolge des Verschwindens der Prahme Bestürzung der Wüstenwanderer bemächtigt, die jede Stunde Versäumnis als einen unersetzlichen Schaden betrachteten, und sich daher in der ersten Aufregung an denjenigen wendeten, mit dem sie rücksichtlich ihrer Überfahrt bereits verhandelt und ein bindendes Übereinkommen getroffen hatten. Daß sie nicht von den friedlichsten Gefühlen beseelt waren, entnahm Sarah leicht den zwar nicht verständlichen, jedoch im Tone eine unheimliche Drohung verratenden Zurufen, die über den Strom herüberschallten, und aus dem trotzigen und entschlossenen Wesen, mit welchem sich die ihren Vater umstehenden Männer herandrängten.

»Und ich sage Euch, Herr Norris!« rief ein riesenhafter Viehtreiber, seine Worte mit einer bezeichnenden Bewegung seiner Faust begleitend, »hätte der Teufel nur den einen Prahm geholt, ließe sich die Sache noch erklären! Aber beide? Goddam! Wenn das nicht verdächtig ist, gibt's nichts Verdächtiges mehr in der Erschaffung der Welt!«

»Er hat sie selbst losgeschnitten und stromabwärts geschickt, um sie wieder herauf zu schaffen und demnächst doppeltes Fährgeld zu verlangen!« überschrie ein anderer den wirren Lärm.

»Und die Taue sind durchschnitten!« rief ein Dritter; »ein Blinder sieht, daß ein scharfes Messer durch den Hanf fuhr; er selbst kann's ebensogut vollbracht haben, wie jeder fremde Schurke!«

»Ein Fremder hätte die Taue nicht zerschnitten, sondern einfach gelöst!« schallte es von einer andern Seite herüber.

»Hat er uns hierher gelockt, ist er auch verpflichtet, uns mit Sack und Pack herüber zu schaffen, oder wir zünden ihm, als Schadenersatz, das Haus über dem Kopfe an!« hieß es in Norris' unmittelbarer Nähe, und gewiß wären die geräuschvollen Äußerungen der wachsenden Wut in Tätlichkeiten ausgeartet, wenn der Bedrohte nicht alsbald, ein kaltes Lächeln auf seinen scharfen Zügen, die aufgeregte Versammlung angeredet hätte.

»Ihr nennt die Sache verdächtig«, hob er so ruhig und furchtlos an, daß selbst die zügellosesten seiner Gegner dadurch eingeschüchtert wurden und ringsum Schweigen eintrat; »ja, ja, auch ich nenne sie so, denn nur ein Böswilliger kann die Tat begangen haben, die euch zum größten Nachteil gereicht, ihm selbst aber Vorteil bringen mußte. Oder glaubt ihr etwa, jemand würde sich solcher Mühe unterziehen, nebenbei sich aber einer nicht zu unterschätzenden Gefahr aussetzen, wenn ihm nicht daran gelegen wäre, diese neue und anerkannt sichere und bequeme Fähre zu beseitigen? Daß man mich für den Schaden verantwortlich machen möchte, kann unmöglich ernstlich gemeint sein, denn ich frage: Wessen Schaden ist größer, der meinige oder der eurige?«

Auf diese Anrede stutzte die Versammlung; man schien die vernommene Erklärung zu erwägen, als plötzlich jemand laut fragte:

»Wem, zum Teufel, kann denn am Eingehen dieser Fähre gelegen sein?«

Norris zuckte die Achseln, wie jemand, der wohl manches sagen könnte, aber aus Menschenfreundlichkeit vorzieht, zu schweigen; dagegen spähte er scharf nach der alten Fähre hinüber, wohin sich alsbald die Blicke aller richteten.

»Meint Ihr die Leute dort drüben?« fragte man schnell von verschiedenen Seiten.

Norris zögerte mit einer Antwort.

»Ich möchte nicht gern jemand anklagen«, versetzte er endlich; »allein verdächtig – wie ihr selbst sagt – bleibt die Sache immer. Wir dürfen nämlich nicht vergessen, daß durch die den Ansprüchen der Reisenden genügendere neue Fähre die alte eigentlich überflüssig geworden ist. Freilich, bis die verlorenen Prahme wieder aufgefunden oder durch andere ersetzt sind, wird man dort oben recht viel Arbeit, ja, recht viel Arbeit haben.«

Diese schlau berechneten Worte verfehlten ihre Wirkung nicht auf die gereizten Leute, die sich nunmehr zu einem Haufen um Norris zusammengerottet hatten. Die Wut, die eben noch letzteren bedrohte, kehrte sich schnell gegen die Eckards, und indem die Gemüter sich über die der deutschen Familie zur Last gelegte hinterlistige Tat mehr und mehr erhitzten, wuchs auch das Verlangen, sich für die mutwillig herbeigeführte Verzögerung der Weiterreise an den Übeltätern zu rächen. Zuletzt nahm die Stimmung einen derartigen Charakter an, daß für die Eckards das Schlimmste zu befürchten gewesen wäre, hätte nicht der Strom sie von der erbitterten Menge getrennt.

Flüche gesellten sich zu heftigen Schmähungen, bald wollte man die Blockhütte den vermeintlichen Verrätern über dem Kopfe anzünden, bald schlug man vor, die Lynchjustiz an jedem einzelnen von ihnen besonders auszuüben, kurz, alle bösen Leidenschaften hatten ihre Fesseln abgeworfen, und schon begann die Versammlung sich aufzulösen und den Kähnen zuzueilen, um über den Fluß zu setzen und ihre Drohungen auszuführen, als Norris wiederum das Wort ergriff und dadurch eine kurze Zögerung herbeiführte.

»Meine Freunde!« rief er aus, und kaum vermochte er seine Schadenfreude durch den Ausdruck erkünstelter Teilnahme und Mitleids zu verbergen; »meine Freunde, erlaubt mir, euch vor jeder Übereilung zu warnen; ich wage zwar nicht, die Unschuld jener Leute zu beschwören, allein ebensowenig möchte ich auch als ihr Ankläger auftreten. Rechtfertigen läßt sich die Tat allerdings nicht, allein erklären, meine Freunde, erklären läßt sie sich. Denkt euch in ihre Lage, und ihr werdet begreifen, daß meine den Zeitverhältnissen angemessenere Fähre, durch die den armen Menschen leider – 's liegt nun einmal in der Natur der Sache – der Broterwerb geschmälert werden mußte, dort drüben gerade nicht sehr willkommen geheißen wurde.«

»Was kümmert uns anderer Leute Broterwerb? Wer will uns befehlen, an einer bestimmten Stelle den Fluß zu überschreiten! Wer trägt den meisten Schaden davon, daß die Prahme verschwunden sind?« fielen hier wieder wütende Stimmen Norris in die Rede.

»Niemand hat ein Recht, euch überhaupt den kleinsten Befehl zu erteilen«, fuhr dieser hinterlistig fort; »und daß der durch das Losschneiden der Prahme verursachte Schaden euch im Grunde weit härter trifft als mich, läßt sich ebenfalls nicht leugnen; denn ich, der ich von hier aus an den Mississippi zurückkehre, habe durchaus gar keine Eile, während bei euch, vor denen eine fünfmonatige Reise durch die gefährlichsten Wildnisse liegt, der Zeitverlust eines halben Tages sehr leicht über das Wohl und Wehe – sprechen wir es offen aus: über die Existenz der ganzen Karawane entscheiden kann -«

»Das ist das Wort! So stehen die Sachen! Hängt die verfluchten Deutschen! Zündet den Verrätern die Höhle überm Kopfe an!« brachen die empörten Gefühle der Auswanderer sich von neuem Bahn, und drohend wiesen Fäuste und geschwungene Messer nach der alten Fähre hinüber.

»Nur noch eine kurze Bemerkung!« rief Norris wie beruhigend dazwischen; »ihr dürft durchaus nicht blindlings zu Werke gehen, meine Freunde; ihr müßt die Gründe berücksichtigen, welche die jungen Leute zu der unüberlegten Handlung bewegten, und euer Strafverfahren danach abmessen. Es wäre – nach meiner bescheidenen Ansicht – wohl Strafe genug für sie, wenn man sie einfach von hier fortwiese und ihnen, im Falle des Leugnens, eine noch härtere Züchtigung in Aussicht stellte; vielleicht auch, nachdem man ihnen selbst freien Abzug gewährte, ihre Hütte niederbrannte, um dadurch ihrer Wiederkehr vorzubeugen. Doch auch dieses dürfte wohl kaum geschehen, ohne die verwegenen Burschen vorher zur Rede gestellt und verhört zu haben.«

»Wir danken für Eure Ratschläge!« warf sich jetzt ein Arbeiter zum Sprecher der ergrimmten Gesellschaft auf; »wir wollen auch, soviel wie nur immer möglich, nach denselben handeln und die Schurken, bevor wir ihr Urteil sprechen, einem regelrechten Verhör unterwerfen, um so mehr, da wir heute voraussichtlich nichts anderes zu tun haben werden. Ja, ein regelrechtes Verhör, Mitbürger!« wendete er sich darauf an die Versammlung; »und da wäre wohl ratsam, daß wir nicht drei oder vier Mann hinschickten, um die Missetäter zu uns ins Lager einzuladen, sondern daß wir in geschlossener Kolonne hinzögen, das Haus umstellten und sie dadurch ebensowohl an der Flucht hinderten, wie wir ihnen die Lust raubten, sich mit einigen verrosteten Büchsen zur Wehr zu setzen. Wer stimmt also für meinen Vorschlag: alle miteinander ohne Ausnahme?«

Ein wildes Hurra diente als Antwort auf den Vorschlag, und der Sprecher, nachdem er einen triumphierenden Blick im Kreise herumgesendet, fuhr fort:

»Gut, unsere erste Aufgabe ist also, nach dem andern Ufer überzusetzen – jedesmal sechs Mann in einem Kahn – doch sind alle verpflichtet, so lange drüben zu warten, bis der letzte, der sich an der Expedition zu beteiligen gedenkt, eingetroffen ist. Vollzählig müssen wir sein, wenn wir ihnen die Anklage entgegenschleudern, und wehe ihnen, wenn sie leugnen!«

Mehr vernahm Sarah nicht; nur noch als verworrener Lärm drang das Geräusch, unter welchem die erbitterten Emigranten zu den Kähnen hinabeilten, zu ihren Ohren, noch weniger bemerkte sie die Schadenfreude ihres Vaters, mit welcher derselbe das Übersetzen der sich herandrängenden Männer leitete. Vergeblich hatte sie darauf gehofft, daß sich die eine oder die andere Stimme zugunsten der unschuldigen, nichts Arges ahnenden Familie erheben würde.

Sie war, einem dunkeln, unbestimmten Triebe folgend, hinausgeeilt; niemand hatte sie bemerkt, als sie, durch die Giebeltüre ins Freie hinaustretend, nach der Rückseite des Hauses herumschlich und dort nach wenigen Schritten ihre schlanke Gestalt von lichtem Buschwerk aufgenommen wurde.

Erst als sie tief genug in den Hain eingedrungen war, um von der Fähre aus nicht mehr entdeckt zu werden, blieb sie, wie rastend, einige Minuten stehen. Ihr Antlitz war totenbleich; eine unendliche Niedergeschlagenheit und zugleich eine wilde Verzweiflung sprachen aus ihren sonst so klaren und stolzen Augen. Ihre entfärbten, fest zusammengepreßten Lippen zuckten krampfhaft, und als hätte sie befürchtet, das heftig pochende Herz müsse ihr zerspringen, drückte sie beide Hände auf ihre Brust. So stand sie da, ein Bild gebrochener, sich ohnmächtig windender Jugendkraft, vergeblich trachtend, zu entfliehen ihren eigenen Gedanken, welche ihr die furchtbarsten Anklagen gegen ihren leiblichen Vater zudonnerten.

Allmählich erst begannen ihre Züge sich wieder zu beleben und schärfer trat der Ausdruck heftig arbeitender Leidenschaften aus denselben hervor. Als aber endlich der verworrene Lärm herüberdrang, mit welchem die beiden Kähne zum ersten Mal vom Ufer abgestoßen wurden, wichen ihre letzten Zweifel.

»Es muß geschehen«, flüsterte sie leise, wie unbewußt, »es muß geschehen, oder ich werde seine Mitschuldige.«

Dann zog sie den Plaid, den sie um die Schultern geworfen hatte, fester um sich zusammen, und mit entschlossenen Bewegungen, wenn auch vorsichtig, lenkte sie ihre Schritte stromaufwärts.

Wie eine vom Habicht verfolgte Taube floh sie dahin, ängstlich um sich spähend, ängstlich lauschend nach allen Richtungen. Wo menschliche Stimmen ihr die Nähe der fliegenden Häuslichkeiten der Emigranten verrieten, da bog sie tiefer in die Uferwaldung ein, bis sie endlich aus dem Bereich der sich teilweise bereits zum Aufbruch rüstenden Karawanen gelangte und nur noch auf der Wasserseite eine Entdeckung zu fürchten war.

Georg war eben aus der Türe der einsamen Blockhütte getreten. Befremdet sah er stromabwärts, wo statt der bald leeren, bald tief beschwerten Prahme nur die beiden leichten Kähne die Fluten eilfertig durchschnitten, als plötzlich seine Aufmerksamkeit durch einen Ruf nach der zu seiner eigenen Fähre gehörigen Ausladestelle auf dem jenseitigen Ufer hinübergelenkt wurde.

Mit den Blicken dem Schall der etwas gedämpften Stimme folgend, entdeckte er eine verhüllte weibliche

Gestalt, die, halb verborgen durch Strauchwerk, ihn zu sich winkte.

»Jemand wünscht übergesetzt zu werden«, rief er alsbald in die Hütte hinein, in welcher seine Mutter, von ihrem anderen Sohne unterstützt, mit der Bereitung des Frühmahls beschäftigt war. »Es ist nur eine einzelne Person«, fügte er im Davonschreiten hinzu, vielleicht daß sie an unserem Mahle teilnimmt; in zehn Minuten bin ich wieder hier.«

Angespornt durch die wiederholten dringenden Zeichen der geheimnisvollen Fremden eilte er in schnellen Sprüngen zum Flusse hinab, und bald darauf glitt er in dem Kanu hastig dem jenseitigen Ufer zu.

Die Gestalt war unterdessen wieder verschwunden; dieselbe hatte nämlich kaum bemerkt, daß man Anstalt traf, ihrer Aufforderung schleunigst Folge zu leisten, als sie tiefer in das Gebüsch zurücktrat und sich daselbst, wie um der Möglichkeit des Erkennens vorzubeugen, niederkauerte.

Erst als Georg das Kanu nach dem festen Boden hinaufzog und sich befremdet nach ihr umschaute, erhob sie sich, und flüchtig in seinen Gesichtskreis tretend, bat sie ihn, zu ihr nach dem oberen Uferrand heraufzukommen.

»Ihr seid es, Miß Norris?« rief Georg erstaunt aus, und im Ton seiner Stimme bekundete sich ebensowohl eine ungeheuchelte Freude, wie das Bestreben, seine Überraschung hinter einer ernsten und gemessenen Haltung zu verbergen.

»Ja, ich bin es, Sir«, antwortete Sarah schnell, und unfähig, ihre Verwirrung ganz niederzukämpfen; »Ihr werdet begreifen, daß nur Umstände der wichtigsten Art und von den weittragendsten Folgen mich dazu bewegen konnten, Euch so früh zu stören. Aber habt die Güte, zu mir in den Schatten dieser Sträucher zu treten – ich – Herr Eckard, ich wünsche nicht, von der neuen Fähre aus bemerkt zu werden.«

»Oh, Miß Norris, ich verstehe, man würde Euch tadeln, man hat Euch vielleicht schon getadelt, weil Ihr Euch so weit vergaßet, unsere Hilfe in Anspruch zu nehmen«, versetzte Georg spöttisch, doch willfahrte er ohne Säumen dem ausgesprochenen Wunsche; »jedenfalls erfordert es einen hohen Grad von Mut, die Scheu, im Verkehr mit den verachteten Bewohnern der Blockhütte gesehen zu werden so weit zu besiegen, daß Ihr Euch heimlich hierher begabt«, schloß er mit sarkastischem Ausdruck.

Über Sarahs Antlitz flog die helle Glut des aufflammenden Zornes, und stolzer richtete sie sich empor; sie wendete sich sogar ab, wie um sich schweigend zu entfernen, als die Gründe, welche sie zu der frühen Wanderung veranlaßt hatten, plötzlich wieder mit vollster Wucht vor ihre Seele traten.

»Inwieweit Euer Hohn gerechtfertigt ist, gebe ich mir nicht die Mühe, zu entscheiden«, hob sie mit erzwungener Kälte an, und ihre Blicke drangen tief in die mit heimlicher Bewunderung auf sie gerichteten Augen des jungen Mannes; »es kann überhaupt nur einen geringen Wert für mich haben, zu wissen, wie Ihr über mich oder andere Menschen denkt. Nur davon haltet Euch überzeugt, daß Ihr mich schwerlich hier sähet, hätte ich nicht eine unabweisliche Pflicht zu erfüllen –«

»Ihr wünscht übergesetzt zu werden?« fiel Georg ihr höflich fragend, und wie um die Unterredung abzukürzen, ins Wort; »Ihr wünscht übergesetzt zu werden, und ich stehe zu Euren Diensten; ich bitte indessen, mich nur als Fährmann zu betrachten, und als solcher weise ich die fünfundzwanzig Cents nicht zurück, die mir für meine Arbeit gebühren.«

Wie von einer unsichtbaren Waffe getroffen, zuckte Sarah bei dieser Erklärung zusammen. Eine bittere Antwort schwebte auf ihren Lippen. Da schallte von der neuen Fähre der wilde Jubel herüber, mit welchem die letzten der zu dem Angriff auf die Blockhütte schreitenden Emigranten sich in die Kähne einschifften, und ihr Entschluß war gefaßt.

»Die Zeit drängt«, begann sie, und Georg traute seinen Augen nicht, als er in dem lieblichen Antlitz anstatt des erwarteten Spottes, den Ausdruck einer unverkennbaren

Seelenangst gewahrte; »keine Minute dürfen wir verlieren, soll der Zweck, zu welchem ich hierhereilte, nicht verfehlt werden. Herr Eckard, blickt stromabwärts, und Ihr werdet Euch überzeugen, daß die Prahme ihre Arbeit eingestellt haben. Wohlan denn, beide sind in der jüngst verflossenen Nacht auf unerklärliche Weise verschwunden, wodurch die auf jener Seite harrenden Auswanderer in die größte Verlegenheit gestürzt wurden. Dem ersten Gefühl des Schreckens folgte alsbald eine heftige Erregung nach; die Gemüter drängten sich gegenseitig in eine Art von Wut hinein, und es entstand bei allen mehr oder minder das krankhafte Verlangen, sich für den Zeitverlust, dessen Tragweite man offenbar überschätzt, an denjenigen zu rächen, denen man den Verlust der Prahme glaubt zur Last legen zu dürfen. In einer zügellosen Gesellschaft wie jener, in einer Gesellschaft, in welcher sich sogar die Gemäßigteren blindlings mit fortreißen lassen, bedurfte es nur eines zufällig hingeworfenen Wortes, um den Verdacht auf Euch hinzulenken. Man erörterte, daß Ihr Eure eigene Fähre wieder emporzubringen wünschtet, man erwog, daß nur feindliche Gefühle Euch bestimmt haben könnten, jeglichen Verkehr mit der neuen Fähre zu meiden, anstatt durch nachbarliche Beihilfe Entschädigung für die erlittenen Nachteile zu suchen, und der wahnsinnige Verdacht, der einmal angeregt worden war, wurde alsbald zu einer noch wahnsinnigeren Überzeugung, und keine Macht der Erde vermöchte in diesem Augenblick den Glauben der irregeleiteten Menschen zu erschüttern: daß Ihr es gewesen, der ihnen böswillig die Mittel zur schnelleren Fortsetzung ihrer Reise raubte.«

Hier schwieg Sarah, sie scheute sich fortzufahren; dagegen beobachtete sie mit hochwallendem Busen und angstvollen Blicken den jungen Fährmann, der ruhig und würdevoll vor ihr stand, mit unbeschreiblicher Geringschätzung ihren Bericht entgegennahm und dadurch gewissermaßen ihre Sprache fesselte.

»Teilt Ihr etwa den Verdacht der sinnlosen Toren, der

vielleicht gar mit kalter Überlegung gegen meine Person geschürt wurde?« fragte er endlich, während um seine Lippen ein leichter Hohn spielte.

»Nein!« rief Sarah aus, und sie legte bekräftigend die Hand aufs Herz; »ich teile den Verdacht nicht, ich bin sogar bereit, Eure Unschuld zu beschwören, bereit, mein Leben dafür einzusetzen, daß Ihr die schmachvolle Handlung nicht verübtet!«

»Warum wendet Ihr Euch mit Euren Beteuerungen nicht an diejenigen, die sich im Irrtum befinden?« fragte Georg wiederum, und ein triumphierendes Entzücken durchströmte ihn, als er bemerkte, daß Sarahs Augen sich seinetwegen mit Tränen der Angst und des verhaltenen Zornes füllten.

»Glaubt Ihr etwa, die rauhen, zum Teil sogar rohen Leute würden in ihrer Verblendung auf mich hören?« entgegnete das junge Mädchen mit bebenden Lippen.

»Nun, Miß Norris, so nehmt denn meinen aufrichtigsten Dank für Eure gütige Teilnahme«, sagte Georg jetzt freundlich und von den mildesten Gefühlen beseelt; »und seid überzeugt, daß es mir vollkommen genügt, wenn Euer Urteil über mich ein weniger ungünstiges, als das Eurer Landsleute; was diese über mich denken und sprechen, Miß Norris, oh! – verzeiht meinen vielleicht nicht edel gewählten Vergleich – das verhallt für mich ebenso spurlos, als das Krächzen der Raben, die dort hungrig die Küchenfeuer der Auswanderer umkreisen.«

»Nein, nein, Herr Eckard!« rief Sarah jetzt dringend aus, und indem sie näher an ihre eigentliche Aufgabe herantrat, sank immer mehr die Maske des Stolzes und kalter Gleichgültigkeit, welche dem jungen Manne gegenüber zu bewahren bisher ihr ernstes, wenn auch vergebliches Bestreben gewesen; »wie ich über Euch denke, kann nie in Betracht kommen; dagegen ist es Eure heilige Pflicht, ist es unumgänglich notwendig, den verderblichen Anschlägen der erbitterten Leute zuvorzukommen und jeden feindlichen Zusammenstoß zu vermeiden!«

»Vermeide ich ihn nicht?« fragte Georg plötzlich aufmerksamer, und seine Stimme erhielt eine wunderbare Weichheit; »habe ich mich dem lebhaften Treiben auf der neuen Fähre nicht stets sorgfältig ferngehalten?«

»Das ist es nicht, worauf ich hindeute«, fiel Sarah wieder hastig und mit schärfer hervortretenden Zeichen innerer Angst ein; »wenn ich von einem Zusammenstoße spreche, so beziehe ich mich auf einen solchen, der von den verblendeten Leuten in der verderblichsten Absicht herbeigeführt werden soll; ja, Herr Eckard, ich sage es unumwunden: Euch droht eine entsetzliche Gefahr – schaut hinüber, wie sie sich zusammenrotten – man will sich an Euch für den Verlust der Fährboote rächen; innerhalb kurzer Zeit werden sie vor Eurer Hütte eintreffen, um Euch für eine Euch fälschlicherweise zur Last gelegten schändlichen Handlung zur Rechenschaft zu ziehen –«

»Mich zur Rechenschaft ziehen? Mich, auf meinem eigenen Grund und Boden?« fuhr Georg heftig auf, und Zorn färbte sein Gesicht dunkler; »doch laßt sie nur kommen, Miß Norris! o, ich erwarte sie sogar, und gelingt es mir nicht, sie mit Vernunftgründen von ihrem Irrtum zu überzeugen, so stehen mir auch noch andere Mittel zu Gebote, mein Hausrecht zu wahren!«

»Nein, nein, Herr Eckard, gebt es auf, Vernunftgründe an die Wahnsinnigen zu verschwenden!« rief Sarah flehentlich aus, und von der stolzen, verwöhnten und reichbegüterten Amerikanerin war nur noch die edelherzige, von bangen Besorgnissen erfüllte Jungfrau geblieben; »gebt es auf, der drohenden Gewalt mit Gewalt zu begegnen. Ihr mögt mit demselben Erfolg einem verheerenden Wirbelwinde Halt gebieten, als eine wild aufgeregte rohe Volksmasse zur Besinnung zurückzurufen! Ich flehe daher zu Euch, hört auf meine Bitten, geht dem drohenden Sturme aus dem Wege, flieht mit den Eurigen so schnell Ihr könnt; verlaßt Haus und Hof auf einige Tage, wenigstens auf so lange, bis das Ungewitter vorübergerauscht ist; die Leute, die heute noch aufgebracht gegen Euch sind, werden morgen schon ihre Weiterreise angetreten haben, und sicher und ungefährdet mögt Ihr dann wieder heimkehren.«

»Wir sollen fliehen und dadurch den Schein des Schuldbewußtseins auf uns laden?« fragte Georg bitter, während ein Lächeln der Geringschätzung auf seine Lippen trat, »o, Miß Norris, eine derartige Zumutung hätte ich von Euch am wenigsten erwartet. Gebührt Euch auch für Eure gütige Teilnahme, für Eure edle Absicht: ein himmelschreiendes Unrecht zu verhüten, der wärmste Dank, so verbieten es mir die Ehre und Würde des seines guten Rechtes bewußten Mannes, Eurem menschenfreundlichen Rate Folge zu leisten. Daß wir bei unserer Rückkehr wahrscheinlich nur noch die rauchenden Trümmer unserer Habe vorfinden würden, lasse ich unerwähnt –«

»Ist die Errichtung einer neuen Fähre Ursache gewesen, daß Ihr an Eurem Eigentum geschädigt wurdet, wird der Besitzer derselben sich für verbunden und verpflichtet halten, den erlittenen Schaden im weitesten Umfange zu ersetzen«, unterbrach Sarah den jungen Mann, indem ihre Blicke sich verzweiflungsvoll dahin richteten, wo eine geräuschvolle Bewegung unter den Emigranten bekundete, daß man sich bereits zum Aufbruch rüstete.

»Schadenersatz von Norris?« erwiderte Georg, und in Stimme und Haltung verriet sich der ganze unbeugsame Stolz, der ihn beseelte; »ich beanspruche weder von Eurem Vater, noch von sonst irgendeinem Menschen der Erde Schadenersatz oder Beihilfe! Dort liegt mein und der Meinigen rechtmäßiges Eigentum«, fügte er hinzu, nach der Blockhütte hinüberweisend; »ich kehre jetzt dahin zurück, ich kehre zurück mit den Gefühlen aufrichtigen Dankes gegen Euch, aber auch entschlossen, unseren Herd nötigenfalls mit den Waffen in der Hand zu verteidigen!«

»Nur noch eine Minute zögert!« flehte Sarah, und in ihrer Todesangst hielt sie den Davonschreitenden am Arm zurück; »ich kann, ich darf es nicht dulden, daß Ihr und die Eurigen die Opfer einer wahnsinnigen, zügellosen Rotte werdet, nein – denn die Schuld würde auf mich zurückfallen – und deshalb müßt Ihr fliehen – Ihr müßt fliehen, bevor die Wütenden Euch den Weg zur Flucht abschneiden! Verliert daher keine Zeit, der Wald auf jener Seite ist so dicht, daß sie Euch zu Pferde nicht zu folgen vermögen, und seid Ihr verschwunden, wird das Verlangen, von hier fortzukommen, um so schneller alle anderen Gefühle bei den Verblendeten ersticken!«

»Auf Euch könnte die Schuld zurückfallen?« fragte Georg, und indem er tief in die angstvoll auf ihn gerichteten schönen Augen schaute, ging für ihn der Lärm verloren, mit welchem die erbitterten Emigranten sich in die Landstraße begaben, um auf dem bequemeren Umwege nach dem Blockhause zu gelangen.

»Ja, mich trifft die Schuld«, antwortete Sarah mit einer seltsamen Verwirrung, die Georg nicht zu deuten verstand; »die Hauptschuld – und ich meinte, alles zum Besten zu lenken – meinte, ein an Euch und den Eurigen begangenes Unrecht zu sühnen, indem ich Eurer Fähre den ihr rücksichtslos entzogenen Verkehr wieder im vollsten Maße zuwendete. Heimlich und ungesehen schlich ich in letzter Nacht zum Flusse hinab, und da mir die Kraft fehlte, die Knoten der straffen Taue zu lösen, so zerschnitt ich sie, worauf die beiden Prahme, von der Strömung erfaßt, schnell davontrieben und endlich beim Auflaufen auf eine Holzklippe das Gleichgewicht verloren und sanken.«

»Das habt Ihr getan?« fragte Georg erstaunt, und er wußte nicht, ob er der lieblichen Erscheinung für den ihm mit dem besten Willen geleisteten üblen Dienst mehr zürnen oder danken sollte. »Das habt Ihr getan, ohne die Folgen zu berechnen, die Euch selbst aus einem solchen Verfahren erwachsen können?«

»Ich tat es, und indem ich mich dazu entschloß, dachte ich nicht an mich, sondern – sondern an Eure Mutter und den ihr zugefügten Nachteil. Daß der von mir beabsichtigte Zweck verfehlt werden und gerade in das Gegenteil umschlagen könne, lag dabei außerhalb meiner Berechnung. Doch das Unglück ist geschehen, ich trage die Schuld an demselben und mithin auch die heilige Verpflichtung, jeden durch meine unüberlegte Handlung verursachten Schaden auszugleichen. Wollt Ihr also nicht, daß ich mich vor den irregeleiteten Menschen als Täterin bekenne, um demnächst deren Wut zu begegnen, so flieht mit den Eurigen, flieht auf einen oder zwei Tage! o, flieht um meinetwillen! Wenn überhaupt noch ein Funke von Mitgefühl für Eure Nebenmenschen in Eurer Brust lebt, so laßt die böse Angelegenheit nicht bis zum Äußersten gedeihen, sondern erwägt, daß der unaufhaltsam einherrollende Strom entfesselter Leidenschaften nur zu leicht Folgen herbeiführt, welche zurückzurufen menschliche Kräfte nicht mehr ausreichen!«

Sinnend und frei von jedem unfreundlichen Gedanken gegen diejenige, die nach seiner Überzeugung ihn und die Seinigen in eine so verzweifelte Lage gebracht hatte, betrachtete Georg das junge Mädchen, welches in seiner namenlosen Angst und mit den flehentlich gefalteten Händen ihm doppelt holdselig erschien.

»Das Unglück ist geschehen«, wiederholte er endlich, und indem er zögernd die Hand ausstreckte, legte Sarah die ihrige schnell in dieselbe; »beruhigt Euch indessen und kehrt unbesorgt heim. Obwohl das Geständnis Eurer uns zugewendeten Teilnahme in seiner Wirkung nicht ohne Bitterkeit ist, offenbare ich doch gern die innigste Dankbarkeit für Eure großmütigen Gesinnungen. Jetzt, da ich die Wahrheit in ihrem ganzen Umfange kenne, wird meine Handlungsweise natürlich eine andere sein, als sie gewesen wäre, hätte ich die Erbitterung gegen mich für eine künstlich hervorgerufene und mit Bedacht genährte halten müssen.«

»Ihr werdet also fliehen?« fragte Sarah schwankend zwischen Furcht und Hoffnung, und ihre Augen suchten angstvoll in den ernsten Zügen des jungen Mannes zu lesen.

»Ich werde alles aufbieten, jedem Unglück auszuweichen«, antwortete dieser fest; »und sollte das Geschick uns wieder zusammenführen, Miß Norris, so vergeßt nicht – welcher Nachteil mich und die Meinigen auch betroffen haben mag – daß es Menschen gibt, denen das Anbieten ungewünschter Wohltaten und Entschädigungen schmerzlicher ist, als der erlittene Schaden selbst.«

Einige Sekunden blickte Sarah ihm forschend in die Augen; seine zustimmende Antwort schien sie nicht zu beruhigen, noch weniger verletzte sie der in derselben ausgedrückte Stolz. Ratlos wendete sie ihre Aufmerksamkeit der neuen Fähre zu, die wie ausgestorben und von allen Menschen verlassen dalag.

»Sie befinden sich bereits auf dem Weg zu Euch«, flüsterte sie besorgt; »eilt, bevor es zu spät wird, eilt und handelt so, wie Ihr es für angemessen haltet, – handelt mit dem Bewußtsein, daß mein Seelenfrieden in Euren Händen ruht.«

Dann entzog sie ihm die Hand, und sich abwendend schlug sie flüchtigen Schrittes den Weg durch das Gebüsch stromabwärts ein.

Georg blickte ihr so lange nach, bis das Strauchwerk ihm die letzte Aussicht auf sie entzog. Wie ein Träumender begab er sich sodann zu seinem Kanu hinab, wie ein Träumender stieß er das leichte Fahrzeug vom Ufer; als er aber die wirbelnden Fluten unter sich fühlte, schien er zum vollen Bewußtsein seiner gefährlichen Lage zu gelangen. In rascherem Takte, bald nach rechts, bald links, tauchte er das schaufelförmige Ruder ins Wasser, und wie ein Pfeil schoß das Kanu in fast gerader Linie über die heftige Strömung fort auf das stille Blockhaus zu.

IV.

Georg hatte die Seinigen kaum von dem zu erwartenden Besuche der feindlich gesinnten Emigranten unterrichtet, als er, wieder ins Freie hinaustretend, aus verschiedenen Richtungen die Stimmen von Menschen vernahm, die offenbar einen Kreis um das Blockhaus gezogen hatten und sich gleichmäßig von allen Seiten näherten.

Über sein entschlossenes Gesicht flog ein Lächeln der Geringschätzung und Verachtung.

»Man hat uns die Flucht abschneiden wollen«, rief er ins Haus hinein, wo die besorgnisvolle Mutter die kaum berührten Speisen wieder von dem Tische abräumte. »Die Elenden, sie hätten sich die Mühe ersparen können!«

Da lehnte sein Bruder innerhalb der Hütte die ihnen zu Gebote stehenden Gewehre dicht neben der Türe an die Wand.

Georg gewahrte, daß seine Mutter bei diesem Anblick erbleichend auf einen Stuhl sank und, wie im Gebet, die Hände faltete.

»Beruhige dich, Mutter!« rief er mit erzwungenem Lachen aus; »unsere Vorkehrungen sind nur darauf berechnet, unsere zeitigen Gegner einzuschüchtern. Wenn sie sehen, daß wir bereit sind, unser Eigentum nachdrücklich zu verteidigen, werden sie es wahrscheinlich bei einigen Drohungen bewenden lassen. Es steht wenigstens zu erwarten, daß keiner von ihnen derjenige sein möchte, der bei einem etwaigen Angriff sein Leben einbüßt.«

»Aber warum denn, warum wollt ihr sie durchaus mit Gewalt zurückweisen?« rief Frau Eckard klagend aus.

»Wir *wollen* es nicht«, trösteten die Brüder freundlich; »die Waffen sind nur zur Notwehr bestimmt; erst wenn wir die Überzeugung gewonnen haben, daß die Verblendeten unzugänglich für Gründe der Vernunft und taub für ernste Vorstellungen sind, werden sie erfahren, daß das Schlimmste uns nicht unvorbereitet findet.«

»Und das alles um eines Irrtums willen?« wendete Frau Eckard wieder bangen Herzens ein.

»Stille, Mutter«, bat Georg jetzt; »sie kommen, und du, Wilhelm, tritt von der Türe zurück!« wendete er sich gleich darauf an seinen Bruder; »ich will versuchen, mich mit ihnen auf gütlichem Wege zu verständigen; beteiligt euch daher nicht an der Verhandlung, denn ich glaube, ein

Mittel gefunden zu haben, sie zu beschwichtigen ohne jede Gefahr für uns.«

»Hallo! Junger Freund, seid Ihr etwa der Besitzer dieser Fähre?« fragte plötzlich ein vierschrötiger Viehtreiber, der, gefolgt von zwei Genossen, eben um den Giebel der Blockhütte herumgetreten war und sich mit frechem Ausdruck auf die Hofeinfriedigung lehnte.

»Die Fähre gehört meiner Mutter, wünscht Ihr indessen übergesetzt zu werden, so sprecht nur das Wort, und Ihr seid drüben, schneller, als ein wilder Truthahn von hier zur neuen Fähre hinüberzufliegen vermag!« antwortete Georg besonnen, ohne seine Stellung zu verändern.

»Also übersetzen möchtet Ihr uns?« fragte der Viehtreiber nach einem lauten höhnischen Lachen, in welches seine Genossen geräuschvoll einstimmten; »'s wäre wenigstens ein Anfang, und lange würde es dann nicht dauern, bis Ihr dem ehrenwerten Herrn Norris das Geschäft ganz aus den Händen gewunden hättet.«

»Ich verstehe Euch nicht, drückt Euch deutlicher aus«, versetzte Georg mit ruhigem Wesen, welches nicht ohne Wirkung auf die rohen Arbeiter blieb, denn dieselben sahen sich gegenseitig verwundert an, während der Wortführer nachdenklich seinen buschigen Bart rieb, bevor er sich zu einer Entgegnung anschickte. Wahrscheinlich wäre es ihm sogar gelungen, sie durch einige entsprechende Erklärungen zur Umkehr zu bewegen, wären nicht in demselben Augenblick andere Gruppen von vier und fünf Männern aus verschiedenen Richtungen aus dem nahen Gebüsch hervorgebrochen und spornstreichs über die kleine Lichtung fort auf den Vorhof zugeeilt.

»Goddam!« rief ein offenbar berauschter Wagenführer den zuerst Angekommenen zu, und zugleich führte er mit seiner Axt einen furchtbaren Hieb nach der Einfriedigung, das oberste Holzriegel bis über die Hälfte durchschneidend, »wer möchte hier noch lange mit dem deutschen Verräter parlamentieren? Sagt ihm kurz und bündig, was wir wollen, und dann hinauf mit ihm an den ersten besten

Baumast und einen Feuerbrand in sein Bettstroh, damit ihm von der Welt geleuchtet werde!«

»Das ist's Wort Gentlemen! Hinauf mit ihm an den Baumast! Brennt die deutsche Brutstelle nieder!« erschallte es wild und drohend aus dem schnell anwachsenden Haufen, und es streckten sich bereits Hände aus, die Einfriedigung niederzureißen, als plötzlich einer der Besonneneren den Zaun erstieg und sich rittlings auf denselben setzte.

»Gentlemen!« brüllte er zugleich mit durchdringender Stimme, und auf seine in dieser Weise verdeutlichte Absicht, eine Rede zu halten, stellte sich ringsum erwartungsvolles Schweigen ein. »Gentlemen und freie Bürger der einzigen, unteilbaren, ruhmreichen Republik von Nordamerika!« wiederholte er, worauf er eine kurze Pause machte, um sich an dem Beifallsgemurmel zu weiden, welches auf die schmeichelhafte Anrede durch die gedrängt stehende Versammlung lief.

»Gentlemen, es kann unmöglich euer ernster Wille sein, jemand zu verurteilen, ohne ihn vorher selbst gehört zu haben«, fuhr der Sprecher darauf wieder fort. »Wäre es doch möglich, daß er das Verbrechen gar nicht verübte oder es vielleicht ohne böse Absichten, ich meine durch Zufall verübte.«

»Schöner Zufall, bei Gott! wenn die Schneide eines scharfen Messers schnell hintereinander durch zwei Taue fährt!« rief eine heisere Stimme dazwischen, und das Beifallsgelächter, welches dieser Bemerkung folgte, bewies, daß die gefährlichen Elemente die ruhigeren in der Versammlung weit überwogen.

»Ihr mögt nicht ganz unrecht haben«, nahm der Sprecher alsbald wieder das Wort; »allein ich muß dennoch darauf bestehen, daß wir vorher hören, was der junge Mann zu seiner Entschuldigung anzuführen hat!«

Hier richtete er die Blicke auf Georg, der sich mit verschränkten Armen an den Türpfosten lehnte und bleich vor innerer Aufregung mit einem unnachahmlichen Ausdruck verachtungsvoller Entschlossenheit die drohenden Gestalten der Emigranten maß.

Die kurze Pause, die nunmehr eintrat, benutzte er dazu, seine halb ohnmächtige Mutter flüsternd zu ermutigen, worauf er sich, ohne seine Stellung zu verändern, seinen Gegnern wieder zuwendete.

»Bevor ich irgendeine an mich gerichtete Frage beantworte«, begann er mit erzwungener Kälte, »erlaube ich mir selbst die Frage, was mir die Ehre eines so ungewohnten Besuches und dazu noch zu einer so ungewöhnlichen Stunde verschafft?«

»Er fragt noch! Brecht die Einfriedigung nieder! Schreibt ihm die Antwort auf seinen deutschen Schädel!« brüllten einzelne Stimmen, daß es dem Sprecher kaum gelang, die Ruhe wiederherzustellen.

»Er ist in seinem Recht!« rief dieser aus, jedes einzelne Wort, um ihm mehr Nachdruck zu verleihen, mit einem dröhnenden Schlag seines keulenähnlichen Stockes auf die Einfriedigung begleitend; »er ist in seinem Recht, und niemand soll behaupten, daß wir, lauter ehrenwerte Bürger der ruhmreichen Republik, unterlassen hätten, das Recht selbst eines Verräters zu achten.«

»Ein Hurra dem Sprecher!« ertönte es als Antwort im wilden Chor; doch jener, unbekümmert um die Unterbrechung, fuhr zu Georg gewendet fort:

»Wir befinden uns auf Eurem Grund und Boden, um von Euch Aufschluß über das Verschwinden der beiden Prahme zu verlangen; sagt daher gerade heraus, was Ihr über deren Verbleib wißt, und Ihr sollt Euch nicht beklagen, daß Ihr mit ungebührlichen Leuten zu tun gehabt hättet. Allein wohlverstanden, junger Mann, Eure Antwort mag lauten, wie sie wolle, wir, die Ihr uns hier seht, haben uns verschworen, nicht eher zu rasten – und gingen vier Wochen darüber hin – bevor wir den Schuldigen ausgekundschaftet, überführt und demnächst, je nachdem er durch sein Leugnen uns neuen Zeitverlust auferlegte, verurteilt und bestraft haben!«

»Ihr seid wenigstens offenherzig«, versetzte Georg spöttisch; »daß eure Prahme verschwunden sind, ist mir übrigens nicht neu; bevor ich indessen weiterem Rede stehe, möchte ich wissen, ob ihr wirklich fest überzeugt seid, den nach euern sehr gewagten Mutmaßungen Schuldigen ausfindig machen zu können?«

»Wir machen ihn ausfindig, und müßten wir das Geständnis mit glühenden Ketten aus ihm herauswinden«, hieß es von mehreren Seiten zurück, worauf der Sprecher wieder anhob:

»Ja, niemand, auf den auch nur im entferntesten der Verdacht fallen könnte, bleibt verschont, und wehe dem, um dessentwillen andere leiden mußten! Und den wahren Täter entdecken? Pah! Es hätte ein geriebenerer Bursche sein müssen, um unsere Augen zu täuschen; hat er sich doch schon halb durch die ungeschickten Messerschnitte verraten, mit welchen er die Taue von den Pfählen löste; er war entweder zu träge oder zu schwach, die Schleifen und Knoten zu öffnen – was jedenfalls viel schlauer gewesen wäre – vielleicht mangelte ihm auch die Zeit – aber Ihr seht, wir sind keine Neulinge, wir haben gute Augen und wissen die Sache am rechten Ende anzufassen!«

»Und zu mir seid ihr zuerst gekommen, weil ich euch am verdächtigsten erscheine?« fragte Georg wieder spöttisch.

»Weil Ihr nicht nur verdächtig erscheint«, versetzte der Sprecher unter dem drohenden Gemurmel seiner Genossen; »sondern weil es auch in unserer Macht liegt, Euch zu überführen. Entweder Ihr selbst habt die Taue zerschnitten. –«

»Wofür er zehntausendmal hängen mag!« rief eine Anzahl der erbittertsten Emigranten wild dazwischen.

»Entweder Ihr selbst habt die Taue zerschnitten«, wiederholte der Sprecher ruhig, »oder einer der Eurigen, was beides auf eins herauskommt, indem ihr alle für den Schaden haftet!«

Etwa eine Minute sann Georg nach, während seine Blicke langsam im Kreise seiner Gegner herumwanderten, wo sie überall auf den Ausdruck gefährlicher Entschlossenheit und verhaltener Wut trafen. Er vergegenwärtigte sich offenbar die Lage, in welche Sarah geraten würde, wenn man in ihr die Täterin entdeckte, in welchem Lichte aber sie allen erscheinen mußte, sobald sich erwies, daß nur rege Teilnahme für ihre bedrängten Nachbarn sie zu der strafbaren Handlung verleitete.

Schnell, wie sein Geist arbeitete, schwanden auch die Zweifel, denen er eben noch unterworfen gewesen, und sich dem Sprecher um einige Schritte nähernd, redete er diesen an:

»Ihr beschuldigt mich, die Prahme losgeschnitten zu haben?« begann er ernst und ohne die leiseste Scheu oder Furcht zu verraten; »gut, wenn ich nun einräumte, daß in ähnlicher Weise, wie Norris meinen Erwerb schmälerte, ich ihn wieder zu schädigen und den Strom der Reisenden von neuem meiner Fähre zuzulenken suchte; wenn ich dieses also einräumte, wer von euch hätte dadurch ein Recht gewonnen, bewaffnet – wie ich sehe – hier einzudringen und mich zu bedrohen?«

»Wer spricht von Recht?« »Wir befinden uns in unserm Rechte!« »Er gesteht die Tat ein!« »An den Baum mit ihm!« »Legt Feuer an seinen Bau!« ertönte es wild und verworren aus dem Haufen und die Einfriedigung krachte und schwankte, indem einzelne der zunächst Stehenden sich nach derselben hinaufschwangen und Miene machten, auf den jungen Mann einzudringen.

»Halt!« rief Georg jetzt laut aus, und in die Türe zurückspringend, ergriff er seine Büchse, und im nächsten Augenblick stand sein Bruder, ähnlich bewaffnet, neben ihm. »Ihr zwingt mich zum Äußersten! Möge das Unglück, welches ihr mutwillig heraufbeschwört, auf eure eigenen Häupter zurückfallen! Bleibt, wo ihr seid, und ich will frei und offen mit euch verhandeln; den ersten aber, der diesen Hof betritt, schieße ich nieder! Ich bin lange genug in diesem Lande gewesen, um zu wissen, wie man sein Hausrecht verteidigt!«

Beim Anblick der beiden jungen Leute, die nicht den Eindruck hervorriefen, als ob sie es bei einer leeren Drohung bewenden lassen würden, stutzten die Wütenden. Es war ersichtlich, niemand wollte der erste sein, der ihre Entschlossenheit auf die Probe stellte. Doch nur vorübergehend war diese Anwandlung von Scheu, denn schon in der nächsten Minute begannen die hinten Stehenden die Vorderen wieder unter wilden Flüchen und Schmähungen an die Einfriedigung heranzudrängen, ohne daß indessen jemand gewagt hätte, in den Hof hineinzusteigen. Erst der Sprecher, vielleicht gerührt durch die klagende Frauenstimme im Innern des Hauses, brachte die gefährliche Bewegung wieder ins Stocken, indem er fragte, ob der vor ihnen stehende junge Mann die Tat wirklich eingestanden habe?

»Eingestanden habe ich sie noch nicht!« rief Georg zurück, bevor einer seiner Gegner das Wort zu ergreifen vermochte; »allein jetzt gestehe ich sie ein! Ja, ich bin in der verflossenen Nacht in meinem Kanu hinuntergerudert; ich war es, der die Taue zerschnitt! Ich zerschnitt sie, nicht um diejenigen zu benachteiligen, die übergesetzt zu werden wünschten, sondern um demjenigen Verlegenheiten zu bereiten, der, anstatt sich mit mir um das Fortbestehen oder Eingehen dieser Fähre zu einigen, mich zu ruinieren suchte. Es war eine Handlung der Rache, deren sich mancher von euch an meiner Stelle ebenfalls schuldig gemacht hätte, und ich vollführte sie am allerwenigsten in der Absicht, selbst Vorteil daraus zu ziehen! Denn wozu sollte es mir frommen, den Verkehr dort unten, der binnen kurzem wiederhergestellt sein wird, zu stören und zu unterbrechen? Ihr aber dürft am allerwenigsten darunter leiden; hier liegt mein Fährboot, liegt mein Kanu, liegt ein Floß zum Transport der Wagen, nehmt alles und benutzt es frei, gleichviel ob hier oder dort. Um euch meinen guten Willen zu beweisen, bin ich sogar bereit, euch meine Erfahrung und meine Arme unentgeltlich zur Verfügung zu stellen; allein noch einmal wiederhole ich: Zwingen lasse ich mich zu nichts, noch weniger gestatte ich jemand, auch nur einen Fuß über die Schwelle dieses Hauses zu setzen!«

Solange Georg sprach, herrschte ringsum lautloses Schweigen, einen so tiefen Eindruck übten seine Worte auf alle Anwesenden aus. Stumm vor Erstaunen blickte sein Bruder zu ihm empor; entsetzt war seine Mutter, als sie das Geständnis der Tat vernahm, die sie von ihren Söhnen nie für möglich gehalten hätte, auf einen Stuhl gesunken. Beide begriffen nicht, wie es dem Sohn und Bruder möglich gewesen, sich während der Nacht heimlich auf so lange zu entfernen, wie er Zeit gebrauchte, sein sträfliches Vorhaben auszuführen.

Bei den Emigranten dagegen äußerten sich die Wirkung des Geständnisses in ganz anderer Weise; denn gab es auch einzelne unter ihnen, die, bestochen durch die Freimütigkeit des jungen Mannes, nicht abgeneigt waren, ihn zu entschuldigen und sich das Anerbieten seiner Beihilfe zunutze zu machen, so wurden diese doch sehr bald durch die überwiegenden brutalen Elemente mit fortgerissen, die eben glaubten, sich nicht anders beruhigen zu können, als nachdem sie eine Tat bestraft hatten, die ihnen in ihrer Stimmung und Lage als das größte nur denkbare Verbrechen erschien.

Zuerst waren es nur Worte des bittersten Tadels, die hin und wieder laut wurden und schnell in Drohungen übergingen; die Drohungen aber wirkten gewissermaßen berauschend auf die aufgeregten Gemüter, und wie ein Keil auf den andern in die ursprünglich kaum bemerkbare Fuge getrieben, endlich den mächtigsten Eichenstamm spaltet, so wurde auch hier allmählich selbst bei den Besonnensten die letzte Spur ruhiger Überlegung verdrängt und verleugnet. Die Genugtuung über das vermeintliche offene Geständnis verwandelte sich schnell in Wut über die unerhörte Kühnheit; der Verdruß über die unerwartete Störung der Weiterreise und den Zeitverlust erzeugte

Rachedurst und das Verlangen, den Urheber derselben in grausamster Weise zu züchtigen. Das Anerbieten, von den unten liegenden Fährgerätschaften jeden beliebigen freien Gebrauch zu machen, erklang den für Vernunftgründe tauben Ohren wie frecher Hohn, bis endlich die Stimmen fast aller sich zu einem unheimlichen Getöse vereinigten, aus welchem nur hin und wieder Drohungen und einzelne feindselige Bemerkungen verständlich hervorschallten.

»Hängt ihn!« »Schießt ihn nieder!« »Schleppt ihn ins Lager!« »Gebt eine Tonne Teer und ein Federbett preis!« hieß es in wildem Durcheinander.

»Verjagt sie und brennt ihre Höhle nieder! Schneidet ihnen die Rückkehr ab!« riefen diejenigen dazwischen, die, beseelt von einer letzten Probe von Menschlichkeit, das Unheil nicht bis aufs Äußerste getrieben zu sehen wünschten.

Doch da, wo in einer rohen Volksmasse die Leidenschaften entfesselt sind, verhallen Warnungen wie Bitten ungehört, unberücksichtigt. Die geringsten Unregelmäßigkeiten in der gewohnten Ordnung wachsen in den Augen der Betörten zu Freveln an, und es bedarf nur einer Hand, die den ersten Steinschlag führt, und mit der Tollwut von Hyänen weidet sich die entmenschte Rotte an den Todeszuckungen ihrer im Blute schwimmenden Opfer.

Mit finsterer Entschlossenheit blickten die beiden Brüder auf ihre grausamen Gegner. Ihnen blieb keine Zeit, auf die Klagen, auf das Flehen der verzweifelnden Mutter zu hören; ihre Augen wanderten hierhin und dorthin, um jedem unvorhergesehenen, heimtückischen Angriff zuvorzukommen. Sie wußten, daß es vergebliche Mühe sein würde, weitere Erklärungen an die Wütenden zu verschwenden.

»Warum hast du unsere Mutter in diese entsetzliche Lage gebracht?« flüsterte Wilhelm seinem Bruder zu, ohne indessen seine Aufmerksamkeit von den tobenden Feinden zu wenden.

»Schweig«, antwortete dieser zähneknirschend; »schweig,

und behalte diejenigen im Auge, die mit Schußwaffen versehen sind. Ich bin unschuldig und dennoch durfte ich nicht anders handeln.«

Da wich unter dem Andrange der zurückstehenden Emigranten die Einfriedigung krachend nach innen, und zugleich wurden die Vordersten nach den verwirrt untereinander liegenden Pfählen und Holzriegeln hinaufgeschoben.

»Keinen Schritt weiter!« rief Georg, das Gewehr bis zur halben Höhe der Schulter emporhebend, welchem Beispiele sein Bruder ebenso schnell folgte.

Die bereits im Hofe Befindlichen suchten zwar zurückzuweichen, allein der sich ihnen entgegenstellende Druck war zu viel für ihre Kräfte. Die hinten Stehenden trachteten nämlich, ohne Gefahr für sich selbst, das Feuer aus den Gewehren der beiden jungen Leute zu locken, um demnächst über sie herzustürzen und ihre Wut an den wehrlos gewordenen zu kühlen. Dazwischen aber ertönte das feindselige: »Kommt ihnen zuvor!« »Gönnt ihnen nicht den ersten Schuß!« jedoch ohne daß es einer über sich gewonnen hätte, eine Drohung auszuführen, die zuversichtlich von mindestens einer tödlichen Kugel beantwortet worden wäre.

Da drängte sich die Mutter zwischen ihren Söhnen hindurch ins Freie hinaus, und ihre Hände wie abwehrend erhebend, redete sie die Wütenden an, die beim Anblick der verzweifelnden, von Todesangst um ihre Kinder gefolterten Frau in dumpfes erwartungsvolles Schweigen zurücksanken.

»Haltet ein! Um Gottes willen, haltet ein!« rief sie unter hervorstürzenden Tränen aus, »er ist unschuldig! Meine Kinder sind unschuldig! Ich hörte es eben aus seinem Munde! Habt Erbarmen und glaubt einer Frau, die, am Rande des Grabes stehend, ihre letzten Lebenstage am wenigsten durch eine Unwahrheit entweihen möchte!«

»Zurück, Mutter! geh hinein, es ist vergebliche Mühe, mit den Sinnlosen zu verhandeln«, baten die Brüder; geh hinein und verdoppele nicht durch deine Gegenwart die Gefahr für uns!«

»Glaubt der alten Lady nicht!« tönte eine schadenfrohe Stimme aus dem Hintergrunde; »schont die alte Lady, aber tränkt's ihren Jungen ein!« rief ein anderer! »Gebt ihnen Feld und laßt sie um ihr Leben laufen!« brüllte ein dritter, und das beifällige Murmeln, welches sich ringsum erhob, bewies, daß die beim Anblick der jammernden Mutter flüchtig beschwichtigten Leidenschaften wieder schrankenlos emporflackerten.

Plötzlich fiel in der hintersten Reihe ein Schuß, dem augenblicklich tiefe Stille nachfolgte.

Ein Ochsentreiber, einer der Rohesten und zugleich Feigsten der Bande, hatte seine Pistolen neben sich in die Erde abgeschossen, um dadurch eine Verwirrung hervorzurufen, von der er hoffte, daß sie nicht ohne entscheidende Wirkung auf den weiteren Verlauf der nächsten Ereignisse bleiben würde.

Der Schuß war kaum verhallt, kaum war die erste Überraschung verflogen, als da, wo man nicht über die Köpfe der vorn Stehenden hinwegsehen konnte, heisere Stimmen laut wurden, die, an Schärfe und Feindseligkeit sich gegenseitig überbietend, mit erheuchelter Besorgnis fragten, wer verwundet sei, hieran aber den von tollen Schmähungen und den wildesten Flüchen begleiteten Rat schlossen, kurzen Prozeß mit den deutschen Wegelagerern zu machen, die, ohne wirklich angegriffen worden zu sein, auf freie Bürger der Vereinigten Staaten geschossen hätten.

Indem aber die Betörten von der einen Seite nach der andern hinüberschrien und brüllten, begann das aus einigen dreißig Mitgliedern bestehende Menschenknäuel durcheinander zu wogen; die Lücke in der Einfriedigung erweiterte sich krachend vor dem Andrange, sogar Pistolen- und Büchsenhähne knackten, und mit den hinterlistigsten Absichten schlichen sich einige der Verwegensten nach dem Giebel der Blockhütte herum, wo sie ein geringerer Zwischenraum von den Verteidigern derselben trennte.

Bei diesem Anblick und bei der Gewißheit, daß nunmehr ein Kampf unvermeidlich sei, erbleichten die Brüder. Bis jetzt hatten sie noch immer gehofft, durch entschiedenes Auftreten die Gemüter zu beschwichtigen und friedlichen Erklärungen zugänglich zu machen. Die Ereignisse waren nämlich so schnell aufeinandergefolgt, daß ihnen nicht Zeit blieb, die einzelnen Umstände genauer zu erwägen; es beseelte sie nur der einzige Gedanke: Sich selbst sowohl wie ihre Heimat gegen böswillige und vollkommen ungerechtfertigte Angriffe zu schützen.

Und dennoch, bis ins Mark hinein schmerzlich, gleichsam lähmend berührt durch die Klagen und das Flehen der verzweifelnden Mutter, wollte Georg noch einmal den Versuch wagen, ein Übereinkommen mit seinen Gegnern zu treffen, laut dessen er mit den Seinigen frei abzuziehen und Hab und Gut ihrer Zerstörungswut preiszugeben gedachte, als plötzlich ein scharf getriebenes Pferd, dessen Annäherung man in dem allgemeinen Tumult überhört hatte, um den Giebel der Hütte herum und gerade vor die Emigranten hinsprengte. Unwillkürlich wendete sich die Aufmerksamkeit aller sogleich auf dasselbe hin, und ein Schweigen des tiefsten Erstaunens trat an die Stelle der eben noch mit einem entsetzlichen Ausbruche drohenden Wut, als man Sarah Norris erkannte, die ihr Pferd mit einer Gewalt zum Stehen brachte, daß es sich beinahe überschlug.

Einige Sekunden schöpfte sie tief Atem, und mit der linken Hand das durch den wilden Ritt aufgelöste prachtvolle Haar von der weißen Stirne zurückstreichend, schweiften ihre Blicke mit sichtbarer Angst über die noch immer in feindseliger Haltung verharrende Versammlung, bis sie endlich mit dem Ausdruck bitteren Vorwurfs auf Georg haftenblieben, der sie wieder mit einem Gemisch von Stolz und erwartungsvoller Spannung betrachtete.

Es schien fast, als hätte sie einer Erklärung entweder von den Eckards oder den Emigranten entgegengesehen, allein jene wie diese rührten sich nicht. Man hätte meinen mögen, daß ihre Gegenwart einen bannenden Zauber nicht nur auf die hart bedrängte Familie, sondern auch auf die verwilderten Arbeiter ausübte.

In ihrem Äußeren trug sie alle Spuren der Hast, mit welcher sie über den Fluß gesetzt war und demnächst das erste beste Pferd bestiegen hatte, um da rettend einzuschreiten, wo sie von dem Hause ihres Vaters aus die Emigranten in bedrohlichster Weise zusammengerottet sah. Ihr Antlitz dagegen war totenbleich; dasselbe erhielt durch das wallende schwarze Haar, die dunklen Brauen und Augen und die in denselben ausgeprägte Angst einen gleichsam überirdischen Charakter. Während aber aus ihren Blicken, aus ihrem ganzen Wesen tiefe Besorgnis, gepaart mit bangen, sie heftig bestürmenden inneren Zweifeln hervorleuchtete, lagerte um ihre zusammengepreßten, sonst so frischroten Lippen eine Entschlossenheit, die an einem mit dem holdesten Liebreiz geschmückten jungen Mädchen doppelt wunderbar erschien.

Als ihre Blicke denen Georgs begegneten, als sie aus seiner Haltung erriet, daß er bereit sei, kühn einem Mißgeschick zu begegnen, aus welchem ihn die Offenbarung des ihm anvertrauten Geheimnisses unfehlbar retten mußte, flog ein flüchtiges Rot der Verwirrung über ihr Antlitz, und wie um sich seiner Beobachtung zu entziehen, oder als ob ein schweres Schuldbewußtsein sie bedrückt habe, wendete sie sich schnell den noch immer erstaunt zu ihr aufschauenden Emigranten zu.

»Ein Irrtum waltet hier«, begann sie zögernd und schüchtern, jedoch mit einer Stimme, die schnell an Umfang gewann; »ein Irrtum, welchen aufzuklären ich imstande bin, wenn ihr freundlich genug sein wollt, mir nur einige Minuten Gehör zu schenken.«

»Miß Norris will sprechen!« »Hört hört!«

»Ein Zeuge für den Übeltäter!« »Dreißig Zeugen gegen ihn!« ertönte es aus verschiedenen Richtungen, als Sarah innehielt.

»Ja, ein Zeuge für seine Unschuld!« bekräftigte diese alsbald, und die Hoffnung, begütigend auf die feindlich erregten Gemüter einzuwirken, steigerte ihren Mut; »ich zweifle wenigstens nicht, daß meine Versicherung der vollständigen Schuldlosigkeit jener Leute genügt, euch zu überzeugen und dazu zu bewegen, sie unbehelligt zu lassen und zu euren Karawanen zurückzukehren.«

Auf diese Anrede entstand eine Bewegung unter den Emigranten; murmelnde Stimmen erhoben sich, von denen einzelne sich dafür erklärten, Sarahs Worten unbedingten Glauben zu schenken, während andere wieder sich nicht von dem Wunsche schienen lossagen zu können, die Bewohner des Blockhauses die ihnen auferlegte Verzögerung der Fortsetzung ihrer Reise entgelten zu lassen.

»Wie aber, wenn der Bursche die Tat schon eingestanden hat?« rief plötzlich einer der Böswilligen aus; »dann könnt Ihr unmöglich verlangen, Miß Norris, daß wir Eure Versicherung als heiliges Evangelium hinnehmen!«

»Er hat eingestanden!« riefen andere dazwischen, und der kaum eingeschläferte Wahn begann wieder um sich zu greifen; »er hat alles eingestanden! Er darf nicht ungestraft ausgehen! Der Frevel verdient Rache! Zieht Eures Weges, Miß Norris, wenn Ihr nicht Zeuge des Gerichtsverfahrens sein wollt!«

»Er hat eingestanden, die Taue zerschnitten zu haben?« fragte Sarah, kaum noch der Sprache mächtig, und ängstlich vermied sie, den Blicken Georgs zu begegnen, als ob sie den bitteren Spott gefühlt hätte, mit welchem jener sie unausgesetzt betrachtete.

»Nicht nur eingestanden«, hieß es geräuschvoll zurück, »sondern auch die Gründe seiner feigen Tat hat er angegeben – verdammt nichtswürdige Gründe obendrein – und um das Maß seines Hohnes zum Überfließen zu bringen, bietet er uns seine Fährgerätschaften und persönliche Beihilfe unentgeltlich an!«

»Warum habt Ihr das getan?« wendete Sarah sich jetzt unwillkürlich an Georg; »warum habt Ihr ein Unheil angestiftet, dem Ihr mit Leichtigkeit auszuweichen vermochtet?«

»Und Ihr fragt noch, Miß Norris?« rief Georg stolz zurück; »ließ ich mir eine tadelnswerte Handlung zuschulden kommen, so bin ich auch bereit, den Folgen derselben zu begegnen, wenn auch nur, um meinen Widerwillen gegen unwillkommene und unverlangte Gefälligkeiten an den Tag zu legen!«

Über Sarahs Antlitz zuckte es wie ein vernichtender Wetterstrahl; sie schwankte zwischen den Gefühlen verletzten Stolzes und den Eingebungen einer unerschütterlichen Rechtlichkeit. Doch nur Sekunden währte dieser Kampf in ihrem Innern; ihre Gestalt schien dabei zu wachsen, ihr Oberkörper eine selbstbewußtere Haltung anzunehmen. Ihr Antlitz dagegen war noch bleicher geworden, und den Blicken Georgs mit sichtbarer Scheu ausweichend, wendete sie sich dessen Gegnern wieder zu.

»Ihr treibt mich zum Äußersten«, begann sie mit hochwallendem Busen, jedoch klarer, ruhiger Stimme; »Ihr hättet einem jungen Mädchen immerhin diese Demütigung ersparen können« – hier warf sie einen flüchtigen Blick rückwärts, von woher sie einen Reiter herbeisprengen hörte. Kaum aber hatte sie ihren Vater erkannt, der ihr, von unheimlichen Ahnungen beschlichen nachgeeilt war, als sie schneller, mit erhobener Stimme und noch festerem Ausdruck fortfuhr:

»Ja, Ihr hättet mir diese Demütigung ersparen können«, wiederholte sie, nicht darauf achtend, daß ihr neben ihr eintreffender Vater sie unterbrechen wollte, woran er durch einige Zurufe der neugierig lauschenden Menge gehindert wurde; »da mir indessen kein anderer Ausweg bleibt, so muß ich mich in das Unabänderliche fügen – ich muß den Schuldigen namhaft machen – denn einen Unschuldigen leiden zu lassen vermag ich nicht –«

»Unsinnige!« fiel Norris erbleichend in flüsterndem Tone ein, »halt ein, sprich nicht aus, was du nicht beweisen kannst!«

Allein Sarah, von edler Entrüstung ergriffen und besorgt, daß Norris ihre Pläne störend durchkreuzen würde, dann aber auch beseelt von dem Bestreben, mit den Pflichten gegen ihre Mitmenschen auch die nächsten Kindespflichten gewissenhaft zu erfüllen, hob sogleich wieder an:

»So vernehmt denn: Wenn ihr glaubt, das Recht zu besitzen, gegen irgend jemand strafend und rächend einzuschreiten, so muß eure Rache *mich* treffen, nur mich allein, denn ich bin diejenige, die in letzter Nacht, als in der nächsten Umgebung der Fähre kein Auge mehr wachte, an den Fluß hinabschlich und die Taue, durch welche die Prahme gehalten wurden, zerschnitt.«

»Es ist Täuschung! Sie hat die Tat nicht begangen!« rief Norris mit heimlichem Grauen aus, doch stockte er sogleich wieder entsetzt, als er alle Blicke plötzlich argwöhnisch und fragend auf sich gerichtet sah.

»Es kann nicht wahr sein!« »Sie will den verräterischen Deutschen retten!« »Er muß dennoch für den Schaden haften!« »Wir verlangen Beweise für seine Unschuld, oder er entgeht nicht Teer und Federn!« schallte es verworren aus allen Richtungen.

»Er hat die Tat eingestanden, und wäre er unschuldig, würde er schwerlich zum Vergnügen den Zorn der schmählich betrogenen Leute herausgefordert haben!« bemerkte einer der Sarah zunächst Stehenden.

»Und legte er ein Geständnis ab«, antwortete diese darauf hastig, »so geschah es nur, um mir, der eigentlichen Täterin, die Schmach zu ersparen. Und die Beweise wünscht ihr?« fuhr sie mit wachsendem Eifer fort, »wohlan, sie sollen euch werden: Fragt ihn, wo die Prahme sich befinden, und weiß er es anzugeben, so trägt sein Geständnis wenigstens einen Schein von Wahrheit. Weiß er es dagegen nicht, so will ich euch an die Stelle führen, wo beide verborgen im Wasser liegen, und zwar so, daß sie vielleicht mit verhältnismäßig geringer Mühe aufs Ufer gezogen werden können.«

»Sie sagt's nur, um Zeit zu gewinnen! Sie will den Burschen der wohlverdienten Züchtigung entziehen!« warf einer der zügellosen Richter hohnlachend ein, »'s ist alles verdammt gut und edel von ihr, allein er soll uns nicht entschlüpfen! Welchen Grund könnte Miß Norris gehabt haben, uns Schaden zuzufügen? Bei jenen dagegen liegt es klar am Tage, daß sie die neue Fähre zu zerstören trachteten, um ihre eigene dadurch emporzubringen!«

»Auch Gründe für mein Verfahren will ich nachweisen!« versetzte Sarah schnell, bevor ihr Vater oder Georg, die beide im Begriff standen zu antworten, Zeit gewannen zu sprechen. »Ja, ich hatte triftige, schwerwiegende Gründe!« brachte sie stotternd hervor, und eine bange, an Verzweiflung grenzende Verwirrung prägte sich auf ihrem Antlitz aus; »es widerstrebte meinem Gefühl, daß Leute, die durch jahrelange Ausübung ihres Berufes gewissermaßen ein alleiniges Recht auf diese Fähre erworben hatten, plötzlich verdrängt werden sollten; ich beabsichtigte, ihnen wenigstens einen Teil der verlorengegangenen Einnahme wieder zuzuwenden – und nur deshalb zerschnitt ich die Taue!«

»Was kümmerte Euch anderer Leute Einnahme? rief ein weiter abwärts stehender Arbeiter brutal aus, und als ob alle Rücksichten, die man dem jungen Mädchen gegenüber so lange beobachtet hatte, plötzlich verscheucht und vernichtet worden wären, erhoben sich andere Stimmen, die mit wildem Hohn darzulegen suchten, daß die beiden Brüder dennoch, gleichviel wer die Taue zerschnitten habe, die Ursache der unfreiwilligen Verzögerung seien und daher zur Rechenschaft gezogen werden müßten.

»Was zum Teufel veranlaßt die junge Lady, den Burschen so viel Teilnahme zu erweisen?« fügte einer der Böswilligsten spöttisch hinzu, »würde sie mir etwa einen ähnlichen Dienst geleistet haben? Verdammt! Man müßte blind sein wie'n Maulwurf, wollte man nicht begreifen, daß sie uns nur auf die Wildgansjagd schickt, um den Wichten aus der Klemme zu helfen! Hallo, Mr. Norris!« wendete sich der

Wortführer darauf an Sarahs Vater, der, ein Bild namenlosester Wut und Feigheit, auf seinem Pferde saß und vergeblich nach einer Gelegenheit spähte, das seinem Hause drohende Unheil abzukehren; »nehmt Eure schöne Tochter und begleitet sie fort von hier! Sie hat hier nichts zu suchen, und so nahe wird der schmucke Bursche dort mit dem grimmigen Gesicht ihrem Herzen schwerlich stehen, daß sie die Strafe mit ihm teilen oder gar Tränen über sein Schicksal vergießen möchte!«

»Hörst du, was sie sagen?« fragte Norris wieder flüsternd, doch wagte er nicht, seine Tochter anzusehen, von der er nunmehr fest glaubte, daß sein finsteres Treiben ihr kein Geheimnis sei; »hörst du, wie sie deine Ehre antasten, wie sie deine Menschlichkeit ausbeuten, um deinen und meinen Namen zu schänden; wie sie deinem Mitleid die schmachvollsten Beweggründe unterschieben? Komm daher, oder besser noch, reite voraus, ich will versuchen, die aufgeregten Gemüter zu beruhigen.«

»Miß Norris, ich bitte Euch, mir das Ordnen der mißlichen Angelegenheit allein zu überlassen!« rief Georg jetzt dazwischen; »erspart mir die Notwendigkeit, für eine Teilnahme zu danken, die weder in letzter Nacht noch jetzt gefordert wurde!«

Wie vergiftete Pfeile drangen diese Worte wieder in Sarahs Seele ein. Das Gefühl aufflammenden Zorns belebte flüchtig ihr bleiches Antlitz. In demselben Augenblick wurde sie aber auch der alten Frau ansichtig, die sich händeringend aus der Türe drängte und offenbar ihre wie ihres Vaters Vermittlung zu erflehen beabsichtigte.

»Noch ein letztes Wort!« rief sie schnell entschlossen den bereits wieder bedrohlich untereinander wogenden Emigranten zu, und indem ihr Blick Georgs Gestalt streifte, breitete sich die tiefe Röte jungfräulicher Scham und Verwirrung über ihre durch Besorgnis heftig erregten Züge aus; »ihr zwingt mich, noch weiter zu gehen; ihr zwingt mich, das zu enthüllen, was ich gern als Geheimnis bewahrt hätte! Wohlan denn, bevor ein Schatten auf ihn dort oder auf mich selber falle, will ich mich auch dieser letzten Bedingung unterwerfen!«

Dann schwang sie sich mit Hilfe eines hinzuspringenden Arbeiters aus dem Sattel, und durch die von der erstaunten Menge gebildete Gasse über die niedergebrochene Einfriedigung fortschreitend, bewegte sie sich gerade auf Georg zu, der, fast jeden anderen Gefühls als das einer bewundernden Spannung beraubt, die ihm von dem jungen Mädchen dargereichte Hand verstört entgegennahm.

Sarah wagte nicht, die Augen zu erheben, sondern mit Aufbietung ihrer ganzen Seelenkraft ankämpfend gegen die sie gewaltig bestürmenden, gleichsam betäubenden Empfindungen, wendete sie sich den fortgesetzt in erwartungsvollem Schweigen verharrenden Emigranten zu.

»Er nahm die Schuld auf sich«, begann sie mehrfach stockend und kaum verständlich, »er nahm die Schuld auf sich, um mir die Folgen einer Tat zu ersparen, deren Tragweite ich nicht berechnet hatte. Ich führte sie aus, nicht um ihm einen elenden Vorteil zu sichern – nein, dessen bedarf es nicht – sondern – sondern mit der dunklen Absicht, meinen Vater einer Verbindung günstig zu stimmen, die, wie ich vorher wußte, nur schwer seine Billigung gefunden hätte. Ist euch nun, ihr lieben Leute, Schaden daraus erwachsen, so wird er euch im vollsten Maße vergütet werden; nur darum bitte ich, zürnt mir nicht, und wenn ihr von hier scheidet, dann tut es mit freundlichen Gefühlen gegen mich und gegen diese hier.«

Mit den letzten Worten, welche sie sprach, schien aber auch ihre Kraft völlig erschöpft zu sein; heiße Tränen entstürzten ihren Augen, und ihre Hand dem jungen Manne, der, wie auf schwindelnder Höhe sich gegen einen jähen Sturz schützend, die ihn umgebenden Gegenstände kaum noch voneinander zu trennen vermochte, sanft entziehend, näherte sie sich der Mutter, in deren Armen Rettung suchend vor den von allen Seiten auf ihr haftenden erstaunten Blicken.

Wenn die zornig erregten Arbeiter sich kurz vorher

durch die geringfügigsten Umstände, durch ein einziges zufällig hingeworfenes unvorsichtiges Wort zu den gesetzwidrigsten Handlungen, ja sogar zu Mord und Brandlegung hätten hinreißen lassen, so übte der Anblick des weinenden Mädchens und des jungen Mannes, der so bereit gewesen, sich für jene zu opfern, eine nicht minder schnelle, im entgegengesetzten Sinne entscheidende Wirkung aus. Einzelne Stimmen begannen sich zugunsten der nunmehr für völlig schuldlos erklärten Familie zu erheben, und sich plötzlich an Wohlwollen gegenseitig überbietend, pries man als eine mutige Handlung, was vor Minuten erst als ein unerhörtes Verbrechen gebrandmarkt worden war. Daß aber auf dem Gesichte Georgs, nach Überwindung des ersten Erstaunens, sich ein seltsamer Seelenkampf ausprägte; daß auf demselben der Ausdruck triumphierenden Entzückens mit dem eines verletzten Stolzes und einer künstlich heraufbeschworenen Fassung abwechselte; daß nur die Gegenwart der Mutter ihn davon abhielt, die Wirklichkeit in das Reich der Unmöglichkeit zurückweisend, seine Gedanken in bittere Worte zu kleiden, unbekümmert darum, ob er in der nächsten Minute den aufs neue aufgestachelten Leidenschaften der Emigranten zum Opfer falle, das bemerkte niemand; wer es aber gewahrte, der verstand es nicht zu deuten oder wendete seine ungeteilte Aufmerksamkeit Norris zu, von dem man nunmehr, nach Sarahs Erklärung, die letzte endgültige Entscheidung erwartete.

»Hallo, Mr. Norris!« erhoben sich hier und dort Stimmen, die, früher die feindseligsten, jetzt wieder die allerfreundschaftlichsten geworden waren; »was sagt Ihr dazu, alter Gentleman? Sprecht den Segen über das junge Paar aus, denn verdient haben beide ihn. Der junge Deutsche dort ist, bei Gott, ehrenwert genug, die schönste und beste Amerikanerin heimzuführen, die je eines jungen Mannes Kopf verwirrte! Heraus mit der Sprache, alter Herr! Wir sind gerade in der Stimmung, den Weg zu einer lustigen Hochzeit anzubahnen! Sprecht nur Euer Ja, und dann wollen wir Eure schöne Tochter beim Wort halten und von ihr die Herausgabe der Prahme verlangen!«

Während dieser ihm zugejubelten Bemerkungen hatte Norris Zeit gewonnen, die ihn niederschmetternden Eindrücke zu bewältigen und seine Gedanken zu ordnen.

»Meine Freunde!« rief er aus, und seinen tiefen Verdruß hinter ein erzwungenes Lächeln verbergend, richtete er sich hochmütig im Sattel empor; »ihr werdet begreifen, daß das Benehmen meiner Tochter und eure wohlgemeinten Ratschläge mich etwas überraschen; die Sache will überlegt sein, denn wo es sich um das Glück des einzigen Kindes handelt, darf man am allerwenigsten leichtfertig zu Werke gehen. Aber ich will sehen, was sich tun läßt, ich will den jungen Mann näher kennenlernen –«

»Er hat sich hinlänglich ausgewiesen! Jeder Zoll breit an ihm ist Gentleman! Keine Umschweife gemacht, alter Herr! Heraus mit der Sprache und die Angelegenheit geordnet, wenn Ihr nicht wollt, daß wir selbst Vaterstelle übernehmen!« polterte die wetterwendische Gesellschaft halb drohend, halb scherzend.

Norris erbleichte, teils vor innerer Entrüstung, teils weil er sich vielleicht das Los vergegenwärtigte, welches ihn bedrohte, im Falle weitere Erörterungen zur Entdeckung des wirklichen Täters führen sollten.

»Wohlan, ihr besteht auf euren Willen!« antwortete er endlich und ein Blick versteckten Hasses flog zu den Eckards und seiner Tochter hinüber; »da bleibt mir freilich nichts anderes übrig, als, bevor ich meine Einwilligung erteile, die jungen Leute selbst zu befragen – wenigstens den jungen Mann, denn meine Tochter hat ja bereits ihre Wünsche zu deutlich ausgesprochen, als daß noch ein Mißverständnis betreffs derselben obwalten könnte. Auf ein Wort!« wendete er sich darauf an Georg, indem er ihm geringschätzig winkte, zu ihm heranzutreten; »erweist mir die Ehre einer kurzen Unterredung«, fügte er höflicher hinzu, als der Angeredete zögerte, seiner Aufforderung Folge zu leisten.

»Geht, ich bitte Euch«, flüsterte Sarah letzterem zu, und dann erst stellte Georg die Büchse zur Seite, worauf er sich, zwischen den ihm ausweichenden Emigranten hindurch, Norris gelassen näherte.

»Begleitet mich einige Schritte«, bat letzterer, indem er sein Pferd wendete; »in einer Sache wie die vorliegende ist es wohl verständlich, daß wir ohne Zeugen verhandeln.«

Als sie etwa dreißig Schritte weit von der nunmehr wieder harmlos plaudernden und scherzenden Versammlung entfernt waren, hielt er sein Pferd an, worauf er sogleich begann:

»Ich halte Euch für einen Ehrenmann, Herr Eckard, und daß ich mich in Euch nicht täuschte, habt Ihr durch Euer Auftreten bei der mißlichen Angelegenheit zur Genüge bekundet. Als solcher werdet Ihr aber auch zugeben, daß die durch die Menschenfreundlichkeit meiner Tochter, welche ein großes Unglück von Eurem Hause abzuwenden wünschte, herbeigeführten und gewissermaßen erzwungenen Zusagen nur insoweit einen Wert haben, als sie dazu dienen, jene Landstreicher zu beruhigen. Daß wir heute und vielleicht auch noch morgen den Schein eines wirklich zwischen uns getroffenen bindenden Übereinkommens aufrechterhalten, ist schon allein meiner Tochter wegen wünschenswert. Ihr werdet mich verstanden haben, Herr Eckard, und keinen Mißbrauch mit dem Vertrauen treiben, welches meine Tochter und ich in Eure Ehrenhaftigkeit setzen. Gebt mir also hier vor den Leuten die Hand, als Zeichen des zwischen uns bestehenden Einverständnisses, und überlaßt es dann mir, ihnen eine angemessene Erklärung zu erteilen; eine weitere Annäherung an meine Tochter wird von Eurer Seite wohl nicht nötig sein –«

Hier stockte er plötzlich; er gewahrte nämlich, daß Georg, anstatt die dargereichte Hand anzunehmen, mit dem Ausdruck tiefer Verachtung einen Schritt zurückgetreten war, und ihn mit vernichtenden, zornglühenden Blicken maß.

»Wenn ich nicht jetzt gleich die Leute über den obwaltenden Irrtum aufkläre, Herr Norris«, sprach er mit gewaltsam gedämpfter Stimme – »so geschieht es nur, weil ich denjenigen, der die Taue zerschnitt, schonen möchte –«

»Meine Tochter ist unschuldig«, fiel Norris ängstlich ein, denn er fürchtete, von den Emigranten verstanden zu werden.

»Miß Norris ist unschuldig«, bekräftigte Georg mit geringschätzigem Achselzucken; »allein würde der wirklich Schuldige laut genannt, so träfe das Eure edle, opferwillige Tochter nicht minder schwer, als wenn sie selbst die schmachvolle Tat begangen hätte.«

»Wer anders könnte es getan haben?« fragte Norris erbleichend.

»Und Ihr fragt noch?« wendete Georg ein und auf seine Lippen trat ein mitleidiges Lächeln; »Ihr fragt noch, da doch ein Kind aus dem Benehmen Eurer Tochter die Wahrheit herauszulesen vermocht hätte? Doch genug, die Zwecke, welche Eure Tochter verfolgt, sollen um ihrer selbst willen erreicht werden, – ich biete willig die Hand dazu – die Befürchtungen aber, welche Ihr eben betreffs meines Verhaltens ausspracht, mögt Ihr unbesorgt vergessen; ich weiß zu genau den Schritt zu würdigen, zu welchem eine treue Tochter sich durch die Angst um ihren Vater hinreißen ließ. Ich dagegen bin nicht eitel, nicht selbstsüchtig genug, den Versuch zu wagen, eine unvorhergesehene Fügung des Zufalls zu meinen Gunsten auszubeuten; was Miß Norris zu mir sprach, ruht verborgen in meinem tiefsten Innern, und die Leute, welche die von der Not eingegebenen Erklärungen vernahmen? Pah! Die werden alles vergessen haben, noch bevor sie –«

Hier hielt er bestürzt inne; er hatte eine leichte Bewegung hinter sich vernommen, und als er sich danach umkehrte, stand Sarah vor ihm, die, aus den Gebärden der beiden Männer deren Gespräch erratend, herbeigeeilt war und offenbar den letzten Teil seiner Entgegnung vernommen hatte.

»Mr. Eckard, sie werden es nicht vergessen«, hob sie leise

an, sobald sie sich entdeckt sah, und eine unbeschreiblich holde, sie fast überwältigende Verwirrung gesellte sich zu der Angst, die noch immer auf ihrem lieblichen Antlitz ausgeprägt war; »und sie brauchen es auch nicht zu vergessen, denn der Worte, die ich an Euch richtete, schäme ich mich nicht – nein, Mr. Eckard«, fuhr sie fort und Tränen drohten wieder ihre großen gleichsam flehenden Augen zu verschleiern, als sie das unverkennbare stumme Entzücken gewahrte, mit welchem der junge Mann sie jetzt beobachtete; »oder bezweifelt Ihr etwa, daß ich lieber mich selbst der Wut jener Verblendeten opferte, als – als so zu Euch zu sprechen, hätte ich nicht der Möglichkeit gedacht, daß Ihr das Euch öffentlich eingeräumte Recht an mich allen Ernstes in Anspruch nehmen könntet? Ja, ich erwog die Möglichkeit und schrak nicht zurück – ich bin sogar bereit, dieselben Worte hier vor meinem Vater zu wiederholen, Mr. Eckard! – Ihr seid stolz – ich lese Zweifel in Euern Augen – Ihr habt meinen guten Willen, Euch und Eure Familie vor Unglück zu bewahren, zurückgewiesen – ich zürne Euch deshalb nicht – Ihr handeltet mit dem Selbstbewußtsein eines Mannes – wenn Ihr nun auch die guten Dienste der Tochter eines Euch ungünstig gesinnten Nachbarn verschmähtet, Ihr könnt sie nicht verschmähen, wenn sie aus dem – aus dem Herzen derjenigen kommen – die – Mr. Eckard – wenn Ihr wollt – gern zu Euch gehört in Leid – und Freud –«

Sie wollte fortfahren, die wachsende Befangenheit über die Äußerungen, zu welchen sie sich hatte hinreißen lassen, gewissermaßen durch ihre eigenen Worte niederkämpfen, als eine heftige Bewegung sie übermannte, ihr von neuem Tränen in die Augen trieb und krampfhaftes Schluchzen ihre Stimme erstickte.

Georg, gleichsam betäubt durch das Vernommene, hatte ihre Hand ergriffen; dahin war sein Stolz, vergessen waren die Leute, die in gespanntem Schweigen zu ihm herüberspähten, vergessen war Norris, der ihn von seinem Pferde herab noch immer mit gehässigen, unversöhnlichen

Gefühlen beobachtete und dennoch keine Einsprache zu erheben wagte. Er sah nur noch die holde Gestalt vor sich, die, umflossen von dem bezauberndsten Liebreiz, in ihrem Äußeren alle Empfindungen zur Schau trug, die unter dem Einfluß jungfräulicher Zaghaftigkeit in ihrem Herzen im offenen Kampfe miteinander lagen.

»Und fürchtet Ihr nicht die Gefahr, die Euch selbst droht, wenn Ihr später Eure durch die Ereignisse bestimmte Handlungsweise ruhigerer Betrachtung unterwerft?« fragte Georg so leise, daß seine Worte kaum die aufmerksam lauschenden Ohren Norris' erreichten, und noch immer scheute er sich, den Druck zu erwidern, mit welchem Sarah, wie um sich vor dem Umsinken zu bewahren, seine Hand umklammert hielt: »Fürchtet Ihr nicht auch für mich, für die Folgen, die mir erwachsen, wenn ich auf die jetzige Stunde nur wie auf einen Traum zurückblicken darf – auf einen Traum, unendlich süß und doch so furchtbar? Doch welches Anrecht hätte ich an Eure Teilnahme, sobald die durch eine böswillige Hand herbeigeführte Gefahr beseitigt ist?« schloß er mit einem selbstverspottenden Lächeln, welches den ohnmächtigen Versuch bekundete, sich dem bezaubernden Einfluß zu entziehen, den Sarah schon bei ihrem ersten Auftreten vor der Blockhütte auf ihn ausgeübt hatte.

»Ich meinte es gut zu machen –« flüsterte das junge Mädchen erbleichend.

»O Miß Norris, Euer Tun war es ja nicht«, fiel Georg wieder ein; »und wenn ich von Böswilligkeit sprach, so weiß ich auch, wem sie nur zugeschrieben werden darf –«

»Ihr kanntet den eigentlichen – ich meine den Täter – und dennoch wolltet Ihr –«

»Ich wollte nur Eurem Beispiel folgen«, unterbrach Eckard wieder die holde Sprecherin, die mit namenlosem Erstaunen und doch so innig, so durchdrungen von Achtung und sich lieblich entfaltender zarter Hinneigung zu ihm emporschaute; »möge mein Los indessen sein, welches es wolle«, fügte er mit einem verstohlenen Seitenblick auf die Emigranten hinzu, die bereits Zeichen von Ungeduld von sich gaben, »Euer Werk soll in Eurem Sinne vollendet werden, und darum, Mr. Norris, hier ist meine Hand – ich reiche sie Euch, um die Leute zu beruhigen, aber auch zum Zeichen, daß von meiner Seite vergessen ist, was feindlich zwischen uns trat, und daß an eine bindende Zusage von Eurer Seite unter den obwaltenden Umständen nie gedacht werden kann. Ihr wünschtet mich von hier zu entfernen, und jetzt bin ich bereit zu gehen; nicht einmal eine Entschädigung verlange ich von Euch, nur – wenn es Euch möglich ist – erinnert Euch meiner mit weniger Geringschätzung, als ich leider von Euch erfahren habe!«

Mechanisch hatte Norris des jungen Mannes Hand ergriffen, was von den Emigranten mit einem weithin schallenden Hurra begrüßt wurde.

Die drei Hauptbeteiligten an der ganzen Szene schienen die aufmunternden Zurufe nicht zu hören. Erst Norris, nachdem er einen forschenden Blick in die bange und erwartungsvoll zu ihm aufschauenden Augen seiner lieblichen Tochter gesenkt, erweckte die beiden jungen Leute zu neuem Leben.

»Sie mag tun und lassen, was sie will!« hob er zu Georg gewendet an, auf dessen bleichen Zügen die deutlichen Merkmale eines heftigen Seelenkampfes ausgeprägt waren; »ja, was sie nur irgend will!« wiederholte er, und im Tone seiner Stimme lag eine gewisse Enttäuschung, allein nichts weniger als Mißbilligung; »ich habe keine Macht mehr über sie – ich denke aber, die Gefahr ist beseitigt und ich kann ebensogut meiner Wege reiten – ich hoffe, dich binnen kurzem bei mir zu sehen, Sarah; vielleicht daß Ihr es für angemessen erachtet sie zu begleiten, Mr. Eckard! Grüßt auch die alte Lady, Eure ehrenwerte Mutter, von mir – ich würde selbst zu ihr gehen – allein die vielen Menschen hier – vielleicht heute nachmittag oder morgen ...« Dann sein Pferd kurz wendend, ritt er im Galopp davon, bevor jemand ihm zu antworten vermochte.

Ob der Jubel, der ihm von den Emigranten nachgesendet wurde, seine Seele wohltätig oder mißtönend berührte? Wer konnte es wissen! Doch wie alle die eigentliche Entscheidung aus der Haltung der zugleich entzückt und verlegen aufeinander schauenden jungen Leute herausgelesen hatten, die sich noch immer nicht einer dem andern zu nähern wagten, so mochte durch deren Blicke auch in seinem Herzen eine seit vielen Jahren in Scheintod versenkte Stimme wachgerufen worden sein. –

Die Rückkehr der Emigranten nach der neuen Fähre glich einem Triumphzuge; im Triumph wurden auch die beiden Prahme aus ihrem Flutenbett hervorgezogen, die Bohrlöcher in ihrem Boden durch eingeschlagene Zapfen verstopft und alsbald mit dem Übersetzen der Karawanen begonnen.

Norris saß wieder vor seinem Hause und beobachtete ernst das muntere Treiben vor sich. Er gestand sich, daß die Arbeit, indem Georg und dessen Bruder das Hinüberschiffen leiteten, viel schneller und leichter vonstatten gehe; selbst die mild glänzenden Strahlen der Abendsonne erschienen ihm heute so freundlich zum Herzen dringend wie noch nie in seinem Leben.

»'s ist doch ein wunderliches Ding um das Glück der Menschen«, sprach er leise für sich, und dann blickte er sinnend nach der Blockhütte hinüber.

Wie Schamröte glitt es über sein Gesicht; die ihm eigentümliche südlich gelbe Farbe hatte die scheidende Sonne warm und lebensfrisch angehaucht. Er gedachte seiner Tochter, die sich zur Zeit bei Frau Eckard befand, um erst nach Schluß der Arbeit von den beiden Brüdern in dem Rindenkanu nach dem väterlichen Hause abgeholt zu werden.

Bis zum Schluß der Arbeit dauerte es aber wohl noch Stunden, denn am östlichen Himmel stand der volle Mond, bereit, binnen kurzer Frist die Herrschaft über die Nacht zu übernehmen. –

Die reiselustigen Emigranten sangen von glänzenden Hoffnungen und goldener Zukunft; das Wasser murmelte beifällig zu ihren Liedern und phantastischen Träumen. Im klaren Äther tummelten sich wunderlich beschwingte Fledermäuse; süßer Duft von Blättern und Kräutern vermischte sich mit dem erquickenden Tau. Am verborgenen Ort erschlossen sich Veilchen und Vergißmeinnicht; schüchtern, wie entsetzt über ihre eigene Kühnheit, hoben sie die zarten Häupter über ihre grüne Umgebung empor; sie schienen sich kaum in die neue Lage finden zu können – gerade so, wie Sarah und Georg, die sich gar nicht zu erklären vermochten, daß nach so bitterer Feindschaft, nach so manchen absichtlichen und wohlüberlegten Kränkungen ihre Herzen sich dennoch gefunden hatten. Doch in demselben Grade, in welchem in ihren Gemütern immer neue edle Regungen und Eigenschaften zutage traten, wich auch die ängstliche Schüchternheit, befestigte sich immer mehr der Glaube an eine schöne Wirklichkeit. Gelangten sie doch bald so weit, daß sie über die Zukunft und sogar über ihre Vereinigung mit einer Geläufigkeit sprachen, die man ihnen kaum zugetraut hätte.

Und die Hochzeit fand denn auch wirklich statt, und zwar noch im Laufe desselben Sommers und nachdem auf dem Eckardschen Grund und Boden eine funkelnagelneue Stadt angelegt worden war.

Den nächsten Winter brachten alle wohl noch in einer östlicheren und reicher bevölkerten Gegend zu; als man aber im kommenden Frühjahr wieder nach der alten Fährstelle zurückkehrte, da wurden sogar die neuen Prahme unbarmherzig zur Seite geschoben, um einem stattlichen kleinen Dampfer das Vorrecht, den Emigranten als Beförderungsmittel zu dienen, einzuräumen.

Die Stadt zählte damals, außer dem jungen Ehepaar, schon vier ganze Familien, doch zogen im Laufe des Sommers so viele Ansiedler zu, daß sich sehr bald die Anlage einer Schneidemühle, einer Mahlmühle und eines Bethauses als dringend notwendig herausstellte. Je mehr Leute aber sich dort niederließen, einen um so höheren Wert erhielt die in regelmäßige Vierecke abgeteilte Eckardsche Farm, so daß selbst Norris alle Ursache hatte, mit dem Lauf der Dinge zufrieden zu sein.

Der Abschied in der Prärie

Wer je in den ersten Frühlingswochen die zahlreichen Auswanderer-Züge am oberen Mississippi beobachtete, dem kann es nicht entgangen sein, daß bei der Mehrzahl der Leute, deren Ziel das goldbergende Kalifornien, fast alle andern Gefühle hinter dem einer freudigen Zuversicht, einer frohen Hoffnung auf eine glänzende Zukunft zurückgedrängt wurden. Die Eile, mit der man trachtet über die Grenzen der Zivilisation hinauszukommen; die genaue Prüfung, welcher man alle Ausrüstungsgegenstände unterwirft, um vor dem Aufbruch noch etwas zu verbessern, hinzuzufügen oder zu verwerfen; die offenherzige Weise, in der man sich mit denjenigen befreundet, in deren Gesellschaft man die viele Monate lange Reise zurückzulegen gedenkt, und endlich die Leichtfertigkeit, mit welcher man im Kreise solch neugewonnener Freunde und Bekannten das Geld verschwendet, weil man glaubt, in nächster Zeit beim besten Willen kein Geld mehr ausgeben zu können, dann aber in Regionen zu gelangen, wo man nur nötig hat, die Hand auszustrecken, um sich mit Wohlstand und Überfluß zu umgeben, alles dieses dient dazu, keine Reue aufkommen zu lassen, die Klagen über die Trennung von der süßen Heimat zu ersticken.

Nur verstohlen sieht man zuweilen Tränen rinnen, welche die Besorgnis einer von banger Ahnung beschlichenen Mutter beim Hinblick auf ihre Kinder in die Augen treibt, oder die der Greis den fernliegenden Szenen seiner an kühnen Hoffnungen und lieblichen Träumen so reichen Jugendzeit weint. Sonst ist alles froh und glücklich, und wo ernste Gedanken aufzutauchen drohen, da ist man schnell bereit, dieselben im jubelnden Gewirre niederzukämpfen. Die Leute sind zu entschuldigen, ihre Leichtherzigkeit ist gerechtfertigt. Sie lernten aus den mannigfachen Schilderungen, die ihnen zugingen, nur die Lichtseiten des Unternehmens kennen, zu welchem sie sich dann endlich entschlossen, nur das verlockend Romantische einer Reise durch die Wildnis. Sie hörten von reichem, goldenen Lohn, der einer anhaltenden Betriebsamkeit auf dem Fuße nachfolgt; denn von denjenigen, die lange vor ihnen dorthin zogen, kehrten ja nur solche zurück, die, vom Glück bevorzugt, im schweren Kampf um ihr Dasein nicht erlahmten und, in Erinnerung ihrer gesammelten Erfahrungen, allein von ihren Erfolgen zu erzählen wußten. –

Doch wie bald, wie sehr bald werden diese armen Menschen enttäuscht! Nur wenige Wochen genügen, um dem geträumten lustigen Leben in der wilden, freien Natur die letzte Probe eines trügerischen Schimmers zu rauben und auch das kräftigste Gemüt, angesichts eines unvermeidlichen Elends, entspringend aus ansteckenden, tödlichen Krankheiten und unersetzlichen Verlusten an Zugvieh, vollständig niederzudrücken. – Wie der Rauch der Lagerfeuer über der stillen Prärie spurlos in dem klaren Äther verschwimmt, wie der Knall der Büchse, ohne das Echo zu wecken, in den unbegrenzten Räumen verhallt, so verhallen die Versicherungen gegenseitiger Hilfeleistungen, verschwimmen die Beteuerungen unverbrüchlicher Freundschaft, die man vor so kurzer Zeit inmitten des Überflusses sorglos austauschte.

Vorwärts drängt alles, um baldmöglichst im »fernsten Westen« die rettenden Gestade einer schnell aufspringenden und wachsenden Zivilisation zu erreichen. Vorwärts mit Aufbietung aller körperlichen und geistigen Kräfte, um keine Zeit zu verlieren; denn die Zeit bedeutet jetzt mehr als Geld, sie bedeutet Leben! Wer zurückbleibt, bleibt zurück, mag er sich selbst helfen und Gott ihm gnädig sein! Wer möchte das eigene Leben anderer wegen aufs Spiel setzen?! Vorwärts! Es drohen die wilden Bestien und die ebenso wilden Eingeborenen; es drohen Hunger, Durst und Krankheit, und darum vorwärts! Ein wehmütiger Blick streift diejenigen, die vom Schicksal hart getroffen, sich von dem Zuge trennen müssen; das Versprechen: ihnen bei ihrer Ankunft in Kalifornien den tätigsten Beistand leisten zu wollen, dringt noch wie ein gräßlicher Hohn zu ihren Ohren, und bald darauf ist die im Westen verschwindende Staubwolke das letzte, was ihnen von den früheren Reisegefährten blieb. Verzweifelnd schauen sie darauf hin, solange dieselbe ihnen sichtbar; verzweifelnd richten sie ihre Blicke dahin, woher sie kamen; ringsum Totenstille und beängstigende Einsamkeit, nur belebt durch einige flüchtige Antilopen und ein Rudel hungriger Wölfe. –

Ich hatte mich nebst zwei andern weißen Jägern einem Trupp Oglala-Indianern angeschlossen und lagerte mit diesen auf der Nordseite des Platte, oder flachen Flusses, in der Nähe der Scott Bluffs. Der merkwürdige, vollständig abgesonderte Schornsteinfelsen befand sich in unserem Gesichtskreis, und eine lange Reihe wild zerklüfteten Hochlands bekundete, sich westlich vom Schornsteinfelsen schroff aus der Prärie emporhebend, das erste Ansteigen der Rocky-Mountains.

Die Emigrantenstraße zog sich auf der Südseite des Stromes, parallel mit diesem hin, so daß wenn wir uns auf eine nahe, höhere Anschwellung des wogenförmigen Bodens begaben, wir zeitweise von dort aus die langen Züge der Auswanderer gewahren konnten, wie sich dieselben, ähnlich mächtigen, schwarz und weiß geringelten Schlangen den Scott Bluffs zuwanden und dort endlich von den in bläulichem Duft schwimmenden Höhen unseren Blicken entzogen wurden. Je nachdem die Trains mit Ochsen oder Pferden bespannt waren und daher langsamer oder schneller reisten, blieben sie uns zwei bis vier Tage auf der von keinem Hindernis unterbrochenen Ebene sichtbar. Es wurde uns daher leicht, ziemlich genau zu berechnen, nach welchem Punkt wir uns hinzubegeben hatten, um gegen Abend mit dieser oder jener Karawane zusammenzutreffen und die Erfolge unserer Kunstfertigkeit zum Kauf auszubieten.

Unsere Waren bestanden aus frischem und gedörrtem Büffelfleisch, und da sich in der Nähe der geräuschvollen Reisenden selten Wild blicken ließ, die schwarzen Heersäulen der Bisons, entweder weit vor, oder weit hinter den Karawanen die Landstraße kreuzten, so fanden wir stets willige Abnehmer, die gern die höchsten Preise für frisches Fleisch zahlten und sich noch überaus glücklich schätzten, mit Leuten unseres Schlages zusammengetroffen zu sein. Uns selbst gereichte die Nähe der Emigrantenstraße zum Vorteil; denn alles Wild, welches auf der Südseite des Flusses gestört wurde, zog sich nach der Nordseite, in unsere Nähe hinüber, und lustigere Büffelhetzen, wie wir mit unsern indianischen Gefährten abhielten, sind wohl selten auf einem verhältnismäßig so wenig umfangreichen Stückchen Revier ausgeführt worden. –

Die Hauptmassen der Kalifornia-Reisenden waren vorüber; seltener tauchten am östlichen Horizont graue Staubwolken und demnächst die weißen Leinwandverdecke der schweren Reisewagen auf; recht ansehnliche Geldsummen waren zwischen uns zur Verteilung gekommen, und wir bestimmten schon ungefähr die Zeit, zu welcher wir unsere Feldschlächterei aufgeben und den Rückweg nach den Sioux-Dörfern und den Handelsposten der Pelzkompanie antreten wollten, als noch einmal eine sehr bedeutende, nur mit Pferden und Maultieren ausgerüstete und daher schnell reisende Karawane erschien.

Dieselbe bezog gegen zwölf englische Meilen weit, in südöstlicher Richtung von uns ihr Lager auf dem Ufer des Platte, und am nächstfolgenden Abend befanden wir uns mit vier Pferdeladungen Fleisch bei ihr, aber gegen sechs-

Sioux.

undzwanzig Meilen weiter westlich von der Stelle, wo sie die letzte Nacht zugebracht hatte und von uns beobachtet worden war.

Wir trafen mit lauter erschöpften Leuten zusammen, oder vielmehr sie mit uns; denn kaum hatten wir die Pferde aus dem breiten und seichten Strom nach dem Ufer hinaufgelenkt, so eilten auch von allen Seiten die Männer herbei, um für sich und ihre Familien so viel Fleisch zu erstehen, wie sie nur erlangen konnten. Gehandelt wurde nicht. Man wog in der Hand, forderte und bezahlte nach Gutdünken, und trotzdem wir nicht am schlechtesten dabei fuhren, wurde uns noch manch warmer Händedruck und manch freundlich angebotener Trunk aus den kleinen, streng duftenden Feldflaschen zuteil.

Eine Stunde war daher noch nicht verstrichen, da ritten

wir schon wieder mit unsern erleichterten Packpferden in den Strom hinab, und nach Verlauf von zwei andern Stunden saßen wir in der Reihe unserer übrigen Jagdgefährten um ein mit gedörrtem Büffeldung genährtes Feuer und ließen uns die gerösteten saftigen Rippenstücke einer jungen Kuh vortrefflich schmecken.

Wie gewöhnlich führte am folgenden Morgen unser erster Gang nach dem nahen Hügel hinauf. Wir spähten von dort aus nach den schwarzen Gestalten der Bisons, zugleich aber auch nach neuen Karawanen, mit welchen wir hätten in Handelsverbindungen treten können. Die Karawane, der wir am vorhergehenden Abend unsern Besuch abstatteten, mußte in aller Frühe aufgebrochen sein, denn die letzten Nachzügler derselben waren schon hinter den Scott Bluffs verschwunden. Auch gegen Osten war kein Zeichen von der Annäherung von Menschen wahrnehmbar, dagegen entdeckten wir in einer Niederung, mitten auf der Landstraße, mithin fern von einer der gewöhnlichen Lagerstellen, das im hellen Sonnenschein weiß schimmernde Verdeck eines einzelnen Reisewagens. Da wir keine Zugtiere bei demselben bemerkten, die bei der eigentümlich klaren Atmosphäre unseren Blicken nicht verborgen geblieben wären, so vermuteten wir in demselben ein Fuhrwerk, welches von den letzten Reisenden, wie schon häufig geschah, für überflüssig befunden und deshalb als nutzlose Last zurückgelassen worden. Dasselbe mußte übrigens schon seit der Mitte des vorigen Tages dort gehalten haben, und war unserer Aufmerksamkeit wahrscheinlich entgangen, weil es eben in einer Niederung stand, wir selbst aber auf unserem Ritt nach dem Lager der Auswanderer absichtlich die Höhen vermieden hatten. Wir wurden indessen eines andern belehrt; denn nach sorgfältigerem Forschen entdeckten wir, daß die sich in der Nähe des Fuhrwerks bewegenden Punkte und Gestalten keine Wölfe, sondern Menschen waren, und zwar Menschen, die durch Benehmen und Bewegungen keinen geringen Grad von Unruhe bekundeten. Teils aus Neugier, teils, weil wir nichts Besseres zu tun hatten, teils aber auch, um den dort weilenden Reisenden die Wohltat des frischen Fleisches zugute kommen zu lassen, beschlossen wir drei weißen Jäger hinüberzureiten. Ohne lange zu zögern befestigten wir daher so viel Fleisch an unsere Sättel, wie wir bequem mitführen konnten, und als wir dann unsere Pferde bestiegen, gesellten sich noch zwei Oglalas zu uns, die indessen kaum einen andern Zweck hatten, als ihre mutigen Mustangs etwas herumzutummeln und nebenbei auch wohl hofften, von den Weißen einige glänzende Schmucksachen einzutauschen.

Unsere Gesellschaft bestand also aus fünf Mitgliedern; nämlich aus zwei jungen weißen Jägern, die sich in den glücklichen Jahren zwischen zwanzig und dreißig befanden, einem echten ergrauten Trapper, der vielleicht schon so lange die Wildnisse durchstreift hatte, wie wir andern beide alt waren; dann aus einem fast ebenso alten Oglala-Krieger, der durch seine äußere Erscheinung nicht wenig an die romantischen Gestalten Coopers erinnerte, und endlich aus einem jungen, prächtig gebauten Burschen desselben Stammes, der sich die Sporen noch nicht verdient hatte und gern zu verbergen suchte, daß noch kein einziger Teil seines aus wenigen Stücken bestehenden Anzugs oder seiner Waffen, die zu Zierraten verwendeten schwarzen Haare und Kopfhautstreifen eines erschlagenen Feindes zeigte. –

Wir ritten schnell, jedoch mehr aus Gewohnheit, als weil wir vielleicht wirklich Eile gehabt hätten, und die letzten Tautropfen waren noch nicht von den Strahlen der höher steigenden Sonne aufgetrunken worden, da forschten wir schon am Fluß nach einer Stelle, auf welcher wir, ungefährdet von Treibsand und Strömung, unsern Übergang würden bewerkstelligen können. Nachdem wir den Strom überschritten hatten, trennte uns nur noch eine kurze Strecke von unserem Ziel. Wir legten dieselbe schweigend zurück, denn jeder beschäftigte sich in Gedanken mehr oder weniger mit der Gruppe bei dem Wagen, die sich so ganz anders ausnahm, als wir zu finden erwartet hatten, und auf welche die Bemerkung unseres alten Gefährten: »der Teufel muß hier sein Spiel gehabt haben«, vollkommen paßte.

Im Wagen und um denselben herum, gewahrten wir sieben Menschen, die, alle verschiedenen Lebensaltern angehörend, offenbar eine Familie bildeten. Ich glaubte nämlich in einer ältlichen Frau die Mutter, in einem noch älteren Mann den Gatten und Vater, und in einem Mädchen von ungefähr siebzehn Jahren, einem andern von zehn Jahren, und drei kräftigen Burschen, von denen der älteste nicht über achtzehn Jahre zählte, die Kinder der beiden zuerst erwähnten Personen zu erkennen. In Mienen und Haltung aller sprach sich aufs deutlichste tiefer Kummer und bange Besorgnis aus; in den Augen der Mutter und ihrer Töchter standen sogar Tränen, doch erregte vorzugsweise der Vater unsere Aufmerksamkeit und Teilnahme. Derselbe stand mit untergeschlagenen Armen an die Deichselstange gelehnt; die Blicke hielt er starr auf den Boden geheftet, und so versunken war er in stummen Schmerz und wilde Verzweiflung, daß er abgestumpft gegen alle äußeren Eindrücke schien und bei unserer Annäherung kein einziges Mal nach uns aufschaute. Seine älteste Tochter, ein wunderschönes Mädchen mit prachtvollen blauen Augen, stand hinter ihm. Ihre Hand hatte sie zärtlich auf seine Schulter gelegt, und ich bemerkte, daß sie, indem sie uns schüchtern beobachtete, ihren Vater leise anstieß, um ihn auf die Fremden aufmerksam zu machen.

Dieser verharrte starr und teilnahmslos, und erst als wir dicht vor ihm angekommen waren und der alte Sanglier, dies war nämlich der Präriename unseres ergrauten Gefährten, ihn in seiner rauhen Weise begrüßte, schlug er die Augen zu uns auf. Obgleich wir weißen Jäger in unsern abgetragenen Lederhemden kaum mehr Vertrauenerweckendes zeigten wie die beiden Indianer in ihrem wilden, phantastischen Schmuck, so schien unsere Anwesenheit den Auswanderer doch gar nicht zu überraschen. Im

Gegenteil, er erwiderte unsern Gruß nur durch ein leises Kopfnicken, worauf er wieder, ein wahres Bild der Verzweiflung, vor sich auf den Boden stierte.

Die Mutter, die mit ihrer jüngsten Tochter im Wagen saß, und die Söhne, die sich im Hintergrunde hielten, blickten auf den Vater, und der Schmerz und die Hoffnungslosigkeit desselben wirkten so niederdrückend auf sie, daß niemand daran dachte, auf eine Unterhaltung mit uns einzugehen. Vielleicht empfanden sie auch eine unüberwindliche Scheu, den ganzen Umfang des Unheils, welches sie so hart betroffen hatte, noch einmal einer vor dem andern laut zu wiederholen und dadurch aufs neue die Wunden aufzureißen.

Eine Minute mochten wir schweigend vor der unglücklichen Familie gehalten haben, als das junge Mädchen, nachdem es vergebens gehofft, daß ihr Vater das Wort ergreifen würde, sich ein Herz faßte und, die hervorquellenden Tränen gewaltsam zurückdrängend, ihre schönen, milden Augen voll auf uns richtete. »Gentlemen«, begann sie, und ihr Mut schien, indem sie sprach, zu wachsen, »Gentlemen, entschuldigt meinen Vater; ein entsetzliches Unglück ist über uns hereingebrochen; wir können nicht von der Stelle, diese Wildnis nicht mehr verlassen – unsere Pferde – sind, bis aufs letzte – geraubt worden.«

In diesem Augenblick kam Te-nu-ga, der junge Oglala herbeigesprengt. Derselbe hatte sich gleich nach unserer Ankunft von uns getrennt, und war, sein Pferd führend, im weiten Bogen um das kleine Lager herumgeschritten.

»Kioway!« rief er aus, in südöstlicher Richtung auf die Hügelkette deutend, und gleich darauf teilte er uns mit, daß er den Abdruck von Kioway-Mokassins entdeckt habe, und daß die Pferde der Auswanderer von einigen Mitgliedern dieses Stammes geraubt worden seien. Nach seiner Ansicht hielten sich die Räuber zwischen den zerklüfteten Hügeln verborgen, um nach Einbruch der Nacht ihre Reise gegen Süden über die Ebenen unbemerkt fortzusetzen.

»Warum aber, zum Teufel, habt Ihr Euch von Euren Reisegefährten getrennt?!« fragte Sanglier plötzlich so barsch, daß das Mädchen erschreckt zusammenfuhr und ihr Vater aus seiner brütenden Stellung emporschnellte.

»Gentlemen!« rief er aus, und seine Augen erhielten einen trotzigen, herausfordernden Ausdruck; »Ihr habt Euch hoffentlich jetzt lange genug an unserer traurigen Lage geweidet; reitet Eures Weges und treibt mich nicht durch Hohn zum Äußersten. Ich besitze nicht die Mittel, Euch Eure Pferde abzukaufen, mithin seid Ihr auch nicht imstande, mir zu helfen!«

»Wer weiß?« entgegnete Sanglier, der ebenso aufmerksam der zwischen den beiden Oglalas leise geführten Beratung wie den Worten des Farmers gelauscht hatte.

Letzterer blickte bei des Trappers Ausruf überrascht empor, als ob er gefürchtet hätte, falsch gehört zu haben.

»Ich kann es zwar nicht versprechen«, fuhr der Trapper fort, »allein, wenn ich nicht irre, dann sind meine Kameraden nicht weniger willig als ich, den Schurken die Pferde wieder abzujagen. Das heißt, wenn Euch damit gedient ist. *Mille diables*! schaut mich immerhin verwundert an; schere mich den Henker um Euren groben Empfang; dergleichen ist in der Prärie an der Tagesordnung; wollen's also versuchen, wenn auch nur um die Tränen in den Augen Eurer hübschen Tochter zu trocknen.«

Hier lachte Sanglier vergnügt, weil es ihm, gewiß nach vielen Jahren, wieder einmal gelungen war, eine letzte Probe von Galanterie anzubringen. Das junge Mädchen errötete und trat hinter den Wagen. Die übrigen Mitglieder der Familie schienen das Kompliment überhört zu haben oder klammerten sich zu sehr an die Hoffnung, ihre Tiere zurückzuerhalten, als daß sie es hätten beachten mögen. Dagegen erteilten sie bereitwilliger Auskunft, als Sanglier nach einer kurzen Beratung mit den Oglalas, sich mit mancherlei Fragen an sie wendete. Demgemäß hatte das Brechen eines Rades den Auswanderer gezwungen, um die Mittagszeit des vorigen Tages hinter der Karawane zurückzubleiben. Da er die Mittel besaß, den Schaden wieder auszubessern, so hatte er den Unfall für nicht wesentlich gehalten und fest geglaubt, die Reisegefährten am folgenden Tage mit Leichtigkeit einholen zu können.

Die sinkende Nacht traf ihn schon wieder reisefertig. Die zerbrochenen Speichen waren durch neue, festere ersetzt worden, und nachdem man die sechs Maultiere und drei Pferde, um sie zu verhindern, unter dem Schutz der Dunkelheit der bekannten Herde nachzugehen, in geringer Entfernung auf grasreiche Stellen gepflöckt hatte, begaben sich alle sorglos zur Ruhe. Sie hatten ja so lange keine Eingeborenen gesehen, daß sie an nichts weniger glaubten, als von denselben belästigt zu werden. Früher als gewöhnlich rüsteten sie sich nach einigen Stunden nächtlicher Ruhe zur Reise, doch wer beschreibt ihr Entsetzen, als sie statt der Pferde und Maultiere, die dicht an den Pflöcken mittels eines scharfen Instruments abgeschnittenen Reste der Leinen fanden? Es war noch zu dunkel, um weit um sich schauen zu können, doch brachen infolge dieser Entdeckung sogleich die beiden ältesten Söhne auf, um bei der weit vor ihnen lagernden Karawane Rat und Hilfe zu holen. Doch auch diese hatte sich früh auf den Weg begeben, und als der anbrechende Tag, fast ohne eine wirkliche Morgendämmerung zu dulden, die Ebene weithin erhellte, da sahen die abgesendeten Boten die Karawane um die erste Spitze der Scott Bluffs herumbiegen. Sie feuerten ihre Gewehre ab, doch vergeblich; sie wurden von niemand bemerkt; und da ihnen auch das letzte Pferd geraubt worden war, so hatten sie die einzige Möglichkeit verloren, sich mit ihren alten Reisegefährten wieder in Verbindung zu setzen und Beistand von ihnen zu erbitten, dessen Gewährung freilich dann noch immer mehr als zweifelhaft war.

Die armen Leute hatten mit ihren Zug- und Reittieren ihre ganze irdische Habe eingebüßt. Doch der Verlust wäre noch zu ertragen gewesen, hätte sich ihnen nur ein Weg geöffnet, auf welchem, ohne auf die Almosen und schweren Arbeiten bei einem noch etwa nachfolgenden Train angewiesen zu sein, das Land ihrer Wünsche und Hoffnungen zu erreichen gewesen wäre. Sie fühlten sich infolgedessen so verlassen, so gänzlich von allen Mitteln zur Rettung entblößt, und waren so niedergeschmettert, daß sie selbst dann noch an unserm guten Willen, ihnen zu helfen, zweifelten, als wir nach Einhändigung des von ihnen kaum beachteten Fleischvorrates, unsere Pferde wendeten und mit einem aufmunternden: »Auf Wiedersehen!« in die Landstraße gegen Westen einbogen. Der letztere Umstand schien ihre Zweifel noch zu steigern, indem sie erwartet hatten, daß wir die Spuren der Räuber aufnehmen und denselben in geradester Richtung nachsetzen würden. Es befanden sich indessen zu erfahrene Jäger in unserer Mitte, als daß wir uns eine derartige Unvorsichtigkeit hätten zuschulden kommen lassen.

Es war nämlich vorauszusehen, daß die Räuber ihre Späher ausgestellt hatten, welche natürlich nicht nur die Auswandererfamilie, sondern auch uns beobachteten, und daß sie bei den geringsten Verdacht erregenden Bewegungen von unserer Seite, samt ihrer Beute, die Flucht ergreifen würden.

Wir folgten daher blindlings den Ratschlägen Sangliers und des alten Indianers, die seit langen Jahren mit dem dortigen Terrain vertraut, jeden Schlupfwinkel kannten, in welchen die Kioways sich möglichenfalls mit ihrem Raube zurückgezogen haben konnten. –

Die Sonne versank hinter den plateauartigen Gebirgszügen, als wir das breite Tor in den Scott Bluffs erreichten, durch welches sich die Straße gegen Westen wand. Waren wir bis zu diesem Zeitpunkt nicht von den Kioways entdeckt, oder wenigstens nicht mit Mißtrauen beobachtet worden, so stand ein Erraten unserer wahren Absichten nicht mehr zu befürchten. Denn als wir uns, bei den ersten Höhen angekommen, anstatt in die Scott Bluffs einzutreten, gleich südlich wendeten, befanden wir uns unausgesetzt unter dem Schutz der mauerähnlich aufstrebenden

Felsen, welche nur hin und wieder von Regenschluchten und schwer zugänglichen Spalten durchbrochen waren. In einer dieser Schluchten mußten die Kioways sich versteckt haben, denn nur dadurch ließ sich ihr schnelles Verschwinden von der nach allen andern Seiten hin unabsehbaren Ebene erklären. Indem wir daher die Pferde zur größten Eile spornten, prüften wir aufs sorgfältigste die Mündungen solcher in das Hochland führenden Gänge. Unser Forschen blieb ohne Erfolg, und immer weiter eilten wir gegen Süden. Die schnell eintretende Dunkelheit verhinderte uns endlich ganz, noch Spuren zu unterscheiden, und es beschlichen uns leise Zweifel, ob wir nicht gezwungen sein würden, die Verfolgung am nächsten Morgen in der Steppe selbst fortzusetzen. Es stand nämlich fest bei uns, es nicht bei dem einen Versuch bewenden zu lassen, sondern alles daranzusetzen, den verunglückten Reisenden wieder zu dem Ihrigen zu verhelfen. Den einen trieb hauptsächlich Menschlichkeit, den andern der Wunsch, sich etwas Aufregung zu verschaffen; was die Oglalas anfeuerte, sprach nur ganz verstohlen aus ihren Mienen, während aus dem Benehmen unseres jüngsten Gefährten Jean deutlich hervorleuchtete, daß er alles für einen einzigen dankenden Blick aus den blauen Augen der schönen Emigrantentochter tue. Denn nicht genug, daß er sich in endlose Lobeserhebungen über des jungen Mädchens mutiges Auftreten erging und alle Heiligen beschwor, ihm die Tränen desselben trocknen zu helfen, versicherte er mir auch noch, daß ein solches Mädchen wohl imstande sei, ihn zu einer Dummheit zu verleiten, die Büchse an den Nagel zu hängen und aus einem lustigen Biberfänger ein ehrsamer Farmer, oder was es auch immer sei, zu werden.

Er hatte eben ein kleines Bild glücklichen Familienlebens entworfen und dafür von Sanglier ein spöttisches Lachen eingeerntet, als die eine Strecke vor uns reitenden Oglalas das bekannte warnende Rasseln der Klapperschlange ertönen ließen.

Wir hielten an, denn da wir selbst nichts Verdächtiges

gehört oder gesehen hatten, so vertrauten wir fest auf die Umsicht und die nächsten Anordnungen unserer indianischen Gefährten, um so mehr, weil in solchen Fällen durch das eigenmächtige Handeln eines einzelnen häufig eine sonst leicht zu vermeidende Gefahr heraufbeschworen wird.

Die Oglalas vermochten wir kaum noch in der durch die Schatten der steilen Felsen verdichteten Dunkelheit zu unterscheiden; bemerkten aber, daß Te-nu-ga auf den Boden glitt und, vorwärts schleichend, schnell zwischen dem Gestein verschwand; der an der langen Adlerfeder auf seinem Haupte kenntliche alte Krieger dagegen die beiden Pferde behutsam auf derselben Stelle umwendete und sich dann uns wieder zugesellte. Er belehrte uns mit wenigen Worten, daß die Kioways in einer weiter abwärts gelegenen Schlucht verborgen seien und, nach dem heftigen Stampfen der Pferde zu schließen, sich zum Aufbruch anschickten.

Das Stampfen ihrer eigenen Pferde hatte sie offenbar verhindert, das von unsern Tieren erzeugte Geräusch zu vernehmen. Um aber auch fernerhin unentdeckt zu bleiben, ritten wir schnell gegen fünfhundert Schritte weit zurück, wo eine schmale Regenschlucht auf die Prärie mündete und als trockenes Flußbett sich weit in dieselbe hinein erstreckte. Nachdem wir die Pferde in der Vertiefung untergebracht und durch Anbinden mittels der Lassos an Felsblöcke deren Entrinnen vorgebeugt hatten, begaben wir uns ohne Säumen wieder bis dahin zurück, wo Te-nu-ga unsern Blicken entschwunden war. Dort nun verdoppelten wir unsere Vorsicht, und den Boden vor uns behutsam mit den Händen prüfend, schlichen wir so lange an der Felswand hin, bis das Geräusch der sich mit den Pferden nähernden Kioways dumpf aber deutlich aus der nahen Schlucht zu unsern Ohren drang.

Wir hielten an und lauschten. Welcher Art der Angriffsplan war, den die Oglalas entworfen hatten, war mir nicht klar; ich wußte nur, daß ich mich bereit halten mußte, jeder an mich ergehenden Aufforderung sogleich Folge zu leisten. –

Da veranlaßte mich ein kurz abgebrochener Signalruf nach der Felswand hinauf zu schauen, und ich glaubte meinen Augen nicht trauen zu dürfen, als ich dort oben die schwarze Gestalt eines in seiner eigentümlichen Kapuzendecke gehüllten Kioways erkannte, der vor dem sternenklaren Himmel mit scharfen Umrissen sich abhob. Er stand gerade oberhalb des alten Oglalas, dem die Führung überlassen worden war, und zwar so nahe, daß derselbe ihn mit einem Pfeil hätte herunterschießen können, und dennoch schien er ihn gar nicht zu bemerken oder zu beachten.

Ich stutzte unwillkürlich, denn ich vernahm jetzt andere Stimmen, die aus der Schlucht, in welche die Schildwache von ihrem hohen Standpunkte aus jedenfalls schon hineinsehen konnte, in ähnlicher Weise antworteten, und gleichzeitig verstärkte sich das Getrappel der Pferde, die offenbar der Prärie zugetrieben wurden.

Da flüsterte die Schildwache unserm alten Oglala etwas zu, und ich entdeckte beim ersten Worte, daß es Te-nu-ga war, der dort oben unstreitig die Stelle einer von ihm hinterlistig erschlagenen Schildwache eingenommen hatte. Was er sprach, verstand ich nicht, doch wurde meine Vermutung zur Gewißheit, als Sanglier sich am Fuß der Felswand niederbückte, eine Zeitlang auf der Erde umher tastete und dann mit leisem, behaglichen Lachen etwas von »schlauem Burschen, Erstlingswerk, kein Knabe mehr« u.s.w. vor sich hin murmelte. Wäre es Tag gewesen, so würde ich auf jener Stelle die leblose Gestalt eines Indianers gesehen haben, den ein sicherer Tomahawkhieb von hinten, schnell tötend wie der Blitz, getroffen hatte, und dem sodann mit großer Geschicklichkeit die Kopfhaut von dem zerschmetterten Schädel gestreift worden war.

Te-nu-gas List, der sein Leben daransetzte, sich durch eine kühne Tat den Namen eines Mannes und großen Kriegers zu verdienen, war ihm vollkommen geglückt, und da er von Gefangenen, die bei seinem Stamm weilten, einige Worte der Kioway-Sprache gelernt hatte, er seine Stimme aber nach indianischer Weise über die Fistel hinaufzwängte, so wurden die Räuber dadurch so vollständig getäuscht, daß sie bis zum letzten Augenblick an nichts weniger als an Verrat dachten.

Frei von jeder Besorgnis näherten sie sich langsam dem Ausgange der Schlucht; die beschlagenen Hufe der Tiere des Auswanderers klapperten laut auf dem festen Gestein, dazwischen ließen sich aber auch noch zahlreiche gedämpfte Hufschläge von indianischen Pferden vernehmen, ein sicheres Zeichen, daß wir es hier mit einer uns an Zahl überlegenen Macht zu tun haben würden. Sanglier hatte indessen mit vieler Überlegung die Rollen verteilt und mit einer gewissen Zuversicht sahen wir dem Erfolge unseres Unternehmens entgegen.

In dem Maße nun die Kioways der Schluchtmündung näher rückten, bewegte sich auch Te-nu-ga auf der Felswand, bald springend, bald kriechend auf jenen Punkt zu, so daß er mit dem den Zug eröffnenden Reiter gerade am Ende der sich senkenden Felsenecke zusammentreffen mußte. Wir selbst hielten mit Te-nu-ga gleichen Schritt, und als der erwähnte Reiter nur noch wenige Ellen weit von dem letzten Vorsprung entfernt war, da lauerten wir schon hinter diesem auf das Zeichen zum Handeln.

Das verabredete Zeichen ließ nicht lange auf sich warten. Te-nu-ga verschwand wie ein Schatten von der hier nicht sehr hohen Felswand, fast gleichzeitig ertönte aber auch dicht vor uns ein so durchdringender Schrei, daß es schauerlich in den nahen Klüften widerhallte und ich förmlich zurückbebte. Im nächsten Augenblicke sprengte der Kioway, den der junge Oglala nur mit seinem Beil gestreift hatte, in wilder Flucht auf die Prärie hinaus, die Luft mit seinen gellenden Warnungsrufen erfüllend. Zwei andere folgten ihm auf dem Fuße nach, als aber dann auch die losen Pferde, durch den Lärm erschreckt, sich ins Freie drängen wollten, da sprangen wir schnell vor sie hin, und indem wir das Kriegsgeschrei der Oglalas ausstießen und in

rascher Folge einen Teil unserer Revolverschüsse abfeuerten, gelang es uns, sie wieder zurückzuscheuchen.

Die vielen Schüsse mußten die hinter den Pferden befindlichen Kioways über unsere Stärke und Absichten getäuscht haben, denn diejenigen, welche, um ihre Pferde auf dem steinigen Boden zu schonen, zu Fuße gingen, flüchteten sich mit wildem Rachegeheul nach den nahen Anhöhen hinauf, während die berittenen, ohne auch nur einen Versuch des Widerstandes oder der Flucht nach der Prärie hinaus zu wagen, in den Nebenschluchten Rettung suchten. Als sie sich dann endlich wieder zusammenlockten und errieten, auf welche Weise sie überlistet worden waren, da hatten wir die ganze Herde schon längst gesammelt und trieben sie, nachdem wir unsere Pferde wieder bestiegen, im schnellsten Schritt auf das in der Ferne glimmende Feuer des beraubten Auswanderers zu, welches dieser, gemäß unseren Anordnungen, die ganze Nacht hindurch nach besten Kräften unterhielt. Unsere Pferde, welche während des Tages kaum eine Stunde Ruhe gehabt, waren sehr erschöpft, aber nicht eher mäßigten wir unsere Gangart, als bis wir bei Tagesanbruch das kleine Lager der Emigranten-Familie in geringer Entfernung vor uns erblickten. Es hätte dieser Vorsicht indessen kaum bedurft, denn die Kioways, trotzdem sie auch mehrere von ihren eigenen Pferden bei dem Überfall eingebüßt hatten, ließen sich nicht mehr blicken. Sie mochten die Nähe der Oglala-Dacotahs fürchten.

Wenn alle Mitglieder der Familie des Auswanderers plötzlich vom Rande des Grabes zurückgerissen worden wären, so hätte ihre Dankbarkeit nicht größer sein können, als beim Anblick ihrer Pferde und Maultiere. Ja, es bedurfte von unserer Seite der dringendsten Aufforderungen, nicht unausgesetzt an das erinnert zu werden, was uns selbst im höchsten Grade mit Genugtuung und Freude erfüllte.

Auf unsern Rat zögerten die beglückten Leute noch so lange mit ihrem Aufbruch, bis sich wieder eine Karawane am östlichen Horizont zeigte. Es dauerte dies zwei volle Tage. Wir weißen Jäger leisteten ihnen so lange Gesellschaft, um sie gegen einen Racheversuch der Kioways sicherzustellen. Die Oglalas hatten sich dagegen mit den erbeuteten Pferden auf die Nordseite des Stromes zu ihren Stammesgenossen begeben und verherrlichten mit wildem Gesang und Tanz die erste Kriegstat des mit dem blutigen Skalp geschmückten Te-nu-ga. Als am dritten Tage der Auswanderer sich reisefertig gemacht hatte, um der nachfolgenden Karawane langsam vorauszuziehen, und er uns zum letzten Abschied die Hand reichte, da drangen Tränen der Rührung in seine Augen.

»Wollte Gott, ich besäße irgend etwas, um Euch dadurch meine Dankbarkeit zu beweisen«, sagte er treuherzig, »aber Ihr seht, ich habe nichts, das ich Euch anbieten könnte.«

»Nichts?« fragte der lustige Jean verwundert, und sein Blick streifte die Gestalt des jungen Mädchens, welches im Wagen neben Mutter und Schwester saß.

»Bei Gott!« rief der Farmer, dem der bezeichnende Blick nicht entgangen war, »wenn einer von Euch meine Tochter haben wollte, und sie wäre damit einverstanden, dann sollte es an meinem Segen nicht fehlen!«

Die junge Auswanderin verbarg ihr mit dem Purpur der Verschämtheit übergossenes Gesicht hinter dem Rücken ihrer Mutter; Sanglier lachte und erklärte, er sei schon zu alt, um noch ans Heiraten denken zu dürfen; ich lachte und gab zu verstehen, daß ich nicht mehr ganz frei sei; der lustige Jean dagegen ließ den Kopf hängen und wendete sein Pferd dem Lager der Oglalas zu, welchem Beispiel wir nach einem letzten Lebewohl folgten.

Der Auswanderer zog seiner Straße, wir der unsrigen, und bald trennten uns Meilen voneinander. Jean hatte noch kein einziges Wort gesprochen, dafür aber desto häufiger rückwärts geschaut. Plötzlich blieb er halten. »Verdammt will ich sein, wenn ich noch einen Schritt weiter mit euch reite!« rief er aus.

Anfangs glaubten wir, er scherze. Als er uns aber bat, ihm alles entbehrliche Pulver zu überlassen, da errieten wir leicht, wohin es ihn trieb. Mit Freuden willfahrten wir seinen Wünschen, denn er schien große Eile zu haben, von uns fortzukommen.

»Das Mädchen zieht mich nach sich«, begann er, indem er seine ehrlichen Blicke mit einem Anflug von Wehmut auf uns richtete. »Harret vierundzwanzig Stunden im Lager der Oglalas auf mich; bin ich dann noch nicht zu euch zurückgekehrt, so mögt ihr annehmen, daß sie mich nicht abgewiesen hat, ich mich auf dem Wege nach Kalifornien befinde, um dort – nun, ihr wißt ja – lebt wohl – auf Wiedersehen am Stillen Ozean!«

»Glück zur Reise und auf Wiedersehen am Stillen Ozean!« hieß es zurück; doch er vernahm die letzten Worte nicht mehr, denn er galoppierte schon auf die Scott Bluffs zu.

Das war der Abschied in der Prärie.

Wir verweilten im Lager der Oglalas einen, zwei, ja noch vierzehn Tage, der lustige Jean kehrte aber nicht zurück. Ich habe nie wieder von ihm gehört, selbst bei meiner mehrmaligen Anwesenheit in Kalifornien forschte ich vergebens nach ihm. Doch die Welt ist groß. Möge er ein glückliches Los an der Seite der schönen Auswanderin gefunden, er ihr aber ein nicht minder glückliches Los bereitet haben!

Unter den Clansgenossen

Wo der dem »Fernen Westen« entströmende Arkansas sich dem Mississippi zugesellt, ist vor vielen vielen Jahren eine Ansiedlung gegründet worden. Ursprünglich zu einem Verteidigungsposten gegen die Eingeborenen bestimmt, erhielt sie den stolz klingenden Namen »Fort Napoleon«. Obwohl allmählich einige Straßen entstanden, geräumige Warenschuppen sich an leicht gebaute Wohnhäuser reihten, gewann das Örtchen doch keine größere Bedeutung. Es war und blieb eine Art Handelsstation, welche den Verkehr von der gewaltigen Wasserstraße, dem Mississippi aus, mit dem erst spärlich besiedelten Innern des Staates Arkansas erleichterte. Eigneten sich die umliegenden sumpfigen Ländereien doch ebensowenig zum Ackerbau, wie die über denselben schwebende Fieberatmosphäre Reisende zum längeren Verweilen einlud, als deren Geschäfte es gerade bedingten. Wer mit einem vorbeifahrenden Mississippidampfer eintraf, wartete nur auf den nächsten Arkansasdampfer, um seine Reise schleunigst stromaufwärts fortzusetzen, und wer, aus dem Innern kommend, in Fort Napoleon einkehrte, der spähte wieder ungeduldig über den breiten Wasserspiegel »des Vaters der Flüsse« nach einer seinen Wünschen entsprechenden Reisegelegenheit.

Im Einklange mit solchen Verhältnissen standen die Gasthöfe oder vielmehr Kosthäuser des Städtchens; es gab sogar eine Zeit, in welcher ein dicht am Ufer verankerter, außer Dienst gestellter und seiner Maschinen beraubter Mississippidampfer als die empfehlenswerteste Herberge galt. Die als Schlafzimmer dienenden Kojen waren allerdings nur wenig umfangreich, dafür erschienen um so freundlicher die nur teilweise ihres alten Glanzes entkleideten geräumigen Kajüten und die lustigen Galerien. Wer aber einen schönen Sommerabend so recht nach Herzenslust genießen wollte, der brauchte sich nur nach der obersten Plattform hinaufzubegeben, um von einem langsam schwingenden Wiegenstuhle aus die mit Treibholzstämmen gleichsam spielenden Fluten des Mississippi vor sich vorüberrauschen zu lassen. Auch die Küche war noch vorhanden. Sie bot dem Reisenden zwar nicht, wie vormals, zehn oder zwölf verschiedene Gänge in silbernen Schüsseln, dagegen fehlte es selten an einer guten Hammelrippe, geröstetem saftigen Rindfleisch oder knusperig gebratenem Speck, zu welcher Auswahl Kaffee, Sirup und warmes Maisbrot zu jeder beliebigen Tageszeit eine willkommene Beigabe bildeten. Selbst die alte Barbierstube blühte noch, und wer auch immer mit einem ungeschorenen Stoppelfelde von Bart in dieselbe eintreten mochte, der verließ sie nach zehn Minuten wieder mit einem so glatten und zierlich gepuderten Kinn, als ob ein verjüngender Hauch über dasselbe hingegangen wäre. Und dabei versah nicht einmal ein Neger oder ein Mulatte das Geschäft des Rasierens, sondern eine freie junge Quadrone, die indessen mit ihren schmalen, kaum bemerkbar gebräunten Händen das Schermesser führte, daß ein alter erfahrener Meister sie um ihre Gewandtheit hätte beneiden mögen. –

Der gewaltige Bürgerkrieg hatte sein Ende erreicht. Auf dem Grabe Lincolns war zum zweiten Male heiteres Frühlingsgrün gekeimt, zum zweiten Male wogten üppige Saaten auf den blutgedüngten Feldern, und noch immer seufzte das Land unter den erlittenen schweren Erschütterungen. Die öffentliche Ruhe und Sicherheit des Lebens und Eigentums schienen in dem allgemeinen Gärungsprozeß nur mit Widerstreben zurückkehren zu wollen. Nach allen

Richtungen hin machten sich die entsittlichenden Folgen des furchtbaren vierjährigen Kampfes geltend. Der entlassene Feldsoldat hatte die Neigung zu einem geregelten Leben und zur Arbeit verloren; der verarmte Spekulant die letzte Probe von Gewissenhaftigkeit. Morde häuften sich auf Morde. Hier um Straflosigkeit nach verbrecherischen Betrügereien zu sichern, dort um einen wohlüberlegten Raub zu begehen, oder sich für wirklich erfahrene oder vermeintliche Unbilden zu rächen, wurde das Messer geschwungen, das tödliche Blei aus der kurzen Drehpistole entsendet. Im Finstern wirkende geheime Gesellschaften spielten mit Blut und Feuer. Furchtbare Drohungen schüchterten den gewissenhaften Beamten ein. Kein Mittel war der in ihrem eignen Rachedurst erstickenden »Sezession« zu verbrecherisch, neuen Einfluß zu gewinnen, ihren verworfenen Zwecken neue Bahnen zu brechen. Der Bruder wußte oft nicht, ob er dem Bruder, der Gatte nicht, ob er der Gattin trauen durfte. Die Kraft der für elende Prinzipien ihr alles opfernden südlichen Bevölkerung war gebrochen, nicht aber ihr Haß. Selbst unter den Augen energischer Gouverneure und strenger militärischer Befehlshaber wurden die entsetzlichsten Freveltaten mit unglaublicher Kühnheit und in den meisten Fällen ungestraft verübt. Kein Wunder daher, daß die im Dienste der Vereinigten Staaten-Regierung reisenden Beamten und Offiziere stets auf das Schlimmste gefaßt waren, andernfalls aber nicht selten ihrer eigenen Sorglosigkeit zum Opfer fielen.

Es war ein so warmer, lieblicher Sommernachmittag, wie nur je einer der sumpfigen Umgebung von Fort Napoleon giftige Miasmen entlockte, als eine von zwei Männern gelenkte, aus zwei ausgehöhlten Baumstämmen zusammengefügte Piroge neben dem Gasthofsdampfer anlegte. Dieselbe, aus der Mündung des Arkansas kommend, hatte offenbar eine weite Reise hinter sich; die beiden Männer trugen wenigstens in ihrem Äußeren reiche Spuren, daß sie seit längerer Zeit sich keines anderen Obdachs erfreuten, als desjenigen, welches die Bäume auf den Ufern des Stromes ihnen boten. Nur einzelne ihrer Kleidungsstücke verrieten, daß sie dem Militärstande angehörten; ihr verschiedener Rang offenbarte sich dagegen mehr in ihrem Wesen als in äußeren Abzeichen.

»Bei Gott, Mike, ich danke meinem Schöpfer, daß dieses infernalische Moskito-Paradies endlich hinter uns liegt«, eröffnete Kapitän Bright, ein Mann von höchstens dreißig Jahren, mit kriegerischem gebräunten offenen Gesicht, das Gespräch, sobald er den Vorderteil der Piroge mit dem Dampfer vereinigt hatte, »hätten wir nicht den kühnen Entschluß gefaßt gehabt, uns auf unsere eignen Arme und unser gutes Glück zu verlassen, so wären wir bei dem dürftigen Verkehr vielleicht noch manchen Tag gezwungen gewesen, auf 'ne Fahrgelegenheit zu warten.«

»Auch hier herum fehlt's nicht an Moskitos«, versetzte Mike, der irländische Diener des Offiziers, einen letzten Knoten in das den Stern der Piroge haltende Tau schlagend, »und ob wir hier warten oder tiefer im Lande macht keinen Unterschied.«

»Unterschied genug, wenn wir vielleicht schon in der nächsten Stunde von einem New-Orleans-Dampfer aufgenommen und nach St. Louis befördert werden«, lachte Bright, »und wenn du meinst, daß der Whisky hier schlechter sei als in Little Rock, so wird der Herr da oben dich bald eines Besseren belehren. Ihr seid der Besitzer dieses schwimmenden Gasthofs?« fragte er nach der Galerie hinauf, wo ein dürrer, leberkranker Südländer in Hemdsärmeln sich nachlässig auf die Brüstung lehnte und scheinbar teilnahmslos in die Piroge hinabschaute.

»'s ist, wie Ihr sagt«, bemerkte der Angeredete, »auf 'ne Gelegenheit nach St. Louis werdet Ihr indessen wohl 'nen Tag oder zwei warten müssen. Kamt Ihr 'ne Stunde früher, so befändet Ihr Euch jetzt unterwegs.«

»Das wäre der Teufel«, rief der Kapitän enttäuscht aus, und leicht schwang er sich nach dem Dampfer hinauf, es dem alten Söldling überlassend, das Gepäck nach seiner Bequemlichkeit an Bord zu schaffen.

»'ne Stunde ist's kaum her, seit die ›Sultana‹ nordwärts dampfte«, bestätigte der Wirt gleichmütig. »Kapitän Bright, wenn ich nicht irre?« fügte er fragend hinzu, dem ihm Entgegentretenden höflich die Hand reichend.

»Bright ist mein Name«, versetzte der Kapitän sorglos, »und mein Grundsatz: allen Dingen die beste Seite abzugewinnen. Befinde ich mich zur Zeit nicht auf einem lebendigen Fahrzeug, so tut's auch dieser alte abgedankte Kasten. Verdammt! Ein Barbier wird in der Nähe sein, um mir zu helfen, mein Äußeres etwas mit der Zivilisation in Einklang zu bringen, und habt Ihr dann ein Stück gerösteten Fleisches und einen derben Grog für mich und meinen Dienstmann, nicht zu gedenken einer Matratze und eines Moskitonetzes, so mag der nächste nördlich bestimmte Dampfer meinetwegen zweimal vierundzwanzig Stunden säumen. Doch bei allen Teufeln, Herr, wer verriet Euch meinen Namen?«

Der Wirt lachte, wie um hinter diesen Ausbruch von Heiterkeit seine wahre Stimmung zu verbergen.

»Nun, Herr«, rief er sorglos aus, »wer anders sollte der Mann sein, der vor vier Wochen westlich reiste, um zwei unglückseligen Sezessionisten ihr Todesurteil zu überbringen. Man glaubte allgemein, Ihr würdet unterwegs die Ordre verlieren –«

»Um den Schurken Zeit und Gelegenheit zu bieten, zu entschlüpfen?« fiel der Kapitän lebhaft ein, »verdammt, abgesehen davon, daß die beiden Freunde die niederträchtigsten Mordbrenner waren, welche jemals hundertfach Galgen und Rad verdienten, hätte ich schon der an mich ergangenen Drohungen wegen die Ordre nicht auf eine Sekunde aus meinen Fingern gelassen. Um einen Kapitän der Vereinigten Staaten-Armee einzuschüchtern, bedarf es anderer Mittel als solcher, wie sie eine Bande Gauner aufzuweisen hat.«

»Drohungen?« fragte der Wirt neugierig, und hätte Bright ihn aufmerksamer beobachtet, wäre ihm schwerlich die Schadenfreude entgangen, welche verstohlen in seinen schwarzen Kreolenaugen aufleuchtete.

»Und was für Drohungen!« lachte der Kapitän wieder. »Man hätte meinen mögen, in das Zeitalter der heiligen Feme zurückversetzt zu sein, so wunderlich und geheimnisvoll verfuhr man mir gegenüber. Zettel mit sauber gezeichneten Totenköpfen, Dolchen und Stricken fand ich überall, sogar des Morgens beim Erwachen zu Häupten meines Bettes mittels eines Bowiemessers an die Wand geheftet, und der beständige Refrain war: ›Kapitän Bright, verliert Ihr unterwegs nicht die Ordre, so seid Ihr ein toter Mann! Der Cu-Clux-Clan.‹ Bei Gott, das Gespenst dieses verrufenen Clans hat für mich keinen Schrecken, mögen andere Leute darüber denken, wie sie wollen. Jedenfalls überbrachte ich die Ordre, die beiden Schurken wurden aufgehißt, und ich lebe heute noch trotz aller Dolche, Stricke und Clans.«

»Ich würde mich an Eurer Stelle nicht zu sehr brüsten«, warnte der Wirt wie mit heiliger Scheu, »der Cu-Clux-Clan könnte schließlich dennoch etwas mehr sein als leerer Humbug.«

»Mag er sein, was er will, Herr«, versetzte der Kapitän sorglos, »mir soll er nicht den Appetit verderben, noch weniger mich hindern, mein Äußeres binnen wenigen Minuten in das eines Gentleman zu verwandeln. Zeigt dem Mike, wo er mein Gepäck unterzubringen hat, und bis zu der Zeit, daß ich mich umgekleidet habe, wird wohl ein Imbiß fertig sein.«

»Gut, gut, Herr«, antwortete der Wirt zuvorkommend; »handelt ganz so, als ob Ihr Euch daheim unter Eurem eigenen Dache befändet, und mit dem Henker müßte es zugehen, behauptet Ihr beim Abschiede nicht, daß Ihr noch nie in Eurem Leben für einen billigeren Preis besser bedient wurdet.«

Der Kapitän eilte die nach der Barbierstube führenden Stufen hinauf. Er bemerkte daher nicht den feindseligen, höhnischen Ausdruck, mit welchem der Wirt ihm nachsah, bevor er sich nach seiner Küche hinunter begab, um für die Erfüllung der Wünsche seines Gastes Sorge zu tragen.

Mit einem kurzen Gruß warf er sich auf den landesüblichen, in die verschiedensten Stellungen zu schraubenden Lehnstuhl; dann mit der Hand nachlässig über sein Kinn fahrend, äußerte er die Hoffnung, möglichst bald abgefertigt zu werden. Als aber die junge Quadrone, anstatt einen andern zu rufen, selbst die entsprechenden Vorkehrungen traf, lachte Bright laut auf.

»Ich soll meinen Hals den Händen eines Mädchens anvertrauen?« rief er gutmütig spöttelnd aus; »es wäre das erstemal in meinem Leben, und wenn Ihr noch zehnmal schöner wäret, Susanna oder Lucy, wie Ihr heißen mögt, ein Schnitt von Eurem schmalen Händchen hinterläßt ebensogut eine Narbe, wie ein von der ungeschickten Faust eines betrunkenen Guerilla geführter Säbel!«

»Mein Name ist Erbsenblüte«, versetzte die Quadrone ernst, »und Ihr seid nicht der erste Gentleman, welcher, nachdem ich ihn bediente, unversehrt dieses Zimmer verläßt.«

»Ei, Erbsenblüte«, fuhr Bright im heitersten Tone fort, »Ihr sprecht zuversichtlich, und noch zuversichtlicher ist die Art, in welcher Ihr das Messer über den Streichriemen spielen laßt. Ich müßte ja ein Herz von Stein in meiner Brust bergen, behagte es mir nicht besser, Eure zierlichen Finger vor meinem Gesicht umhertanzen zu sehen, als die braunen Fäuste eines Mulatten. Also her damit, schöne Erbsenblüte, und erwägt, daß jedes Haar meines Schnurrbartes für mich den Wert von Millionen besitzt; erzählt Ihr mir aber während Eurer Arbeit einige Neuigkeiten, ist mir's um so lieber.«

»Woher sollte ich Neuigkeiten erfahren?« fragte Erbsenblüte mit einem mißtrauischen Blick auf die geöffnete Tür, »wenn Ihr indessen der Kapitän Bright wäret –«

»Verdammt«, fuhr der Offizier empor, »hier scheint jeder mich zu kennen!«

»Still, Herr«, flüsterte die Quadrone ängstlich, und indem sie die Seife zu Schaum rieb, neigte sie sich über den befremdet zu ihr Emporschauenden hin, »ich sehe, Ihr seid der richtige Mann, und um der Befreiung willen, welche die Nordstaaten für Millionen von Farbigen erkämpften, will ich zu Euch sprechen. Ja, obwohl mir jedes Wort einen besonderen Tod eintragen würde, erführe man, daß die stille Erbsenblüte ein gefährliches Geheimnis erlauschte, will ich lieber hundertmal sterben, als mich durch mein Schweigen zur Mitschuldigen von Verbrechern machen. Seid Ihr bereit, Herr, meine Mitteilungen aufzunehmen?«

»Ich bin es«, versetzte der Kapitän plötzlich ernst, denn das Wesen der Quadrone hatte ihn wenigstens von der Aufrichtigkeit ihres Willens überzeugt.

»Gut denn, Herr«, fuhr diese alsbald fort, während das Messer behutsam über seine Wange hinglitt, »nur kurze Minuten stehen mir zu Gebote, und in diesen muß alles gesagt werden; merkt daher auf: Ihr kennt den Cu-Clux-Clan?«

»Schon wieder dieser Clan«, versetzte Bright spöttelnd, jedoch leise, »ja ich kenne ihn samt seinen jämmerlichen Drohungen –«

»St!« beschwichtigte Erbsenblüte besorgt, »so kennt Ihr ihn nicht genau, oder Ihr befürchtet, daß die dünnen Wände ringsum zu Verrätern an Euch würden. Doch fragt jetzt nicht, sondern achtet auf meine Worte. Von Euch hing es ab, die beiden gehangenen Mörder entkommen zu lassen?«

»Durch einen Schurkenstreich von meiner Seite hätten sie allerdings gerettet werden können, allein meine Neigung stand in diesem Falle so sehr mit meinem Pflichtgefühl in Einklang, daß der wohlverdiente Strang ihnen in demselben Augenblick gesichert war, in welchem man mir das Urteil einhändigte.«

»Wohlan, dadurch habt Ihr die Rachsucht des Cu-Clux-Clans aufgestachelt und Euer Tod ist beschlossen. Nur die größte Vorsicht kann Euch retten. Wie man den schändlichen Plan an Euch auszuführen gedenkt, ist mir ein Geheimnis. Aber soviel kann ich sagen: Legt, solange Ihr hier weilt, nie Eure Waffen ab; schließt Eure Augen nie zum festen Schlummer und trachtet, so schnell wie möglich von hier fortzukommen.«

»Und dies alles soll ich blindlings glauben, schönes Kind? So erklärt mir wenigstens, worauf Euer Verdacht sich begründet. Daß man mich hier kennt und wohl gar meine Ankunft voraussah, überzeugt mich nicht; denn daß nach Beendigung meiner Geschäfte in Little Rock ich hierher zurückkehren würde, um auf diesem Schiff die Ankunft des nächsten Dampfers zu erwarten, konnte sich jeder an den Fingern abzählen.«

»So hört denn«, fuhr Erbsenblüte fort und das Schermesser bewegte sich mit erhöhter Vorsicht: »als Sklavin geboren und mit einem Sklaven verheiratet, kam mir und meinem Manne erst die allgemeine Befreiung der Farbigen zugute. Wir befanden uns damals in New Orleans, waren aber so vielfach Zeugen der schmachvollen Mißhandlungen einzelner freier Farbigen gewesen, daß wir beschlossen, nach dem Norden überzusiedeln. Wir gelangten indessen nur bis hierher, als unsere Mittel versiegten und wir keinen anderen Ausweg sahen, als frischen Mutes an die Arbeit zu gehen. Ich selbst verdingte mich auf diesem Schiff in dem Gewerbe, zu welchem ich seit meiner Kindheit angehalten wurde, während mein Mann sich auswärts beschäftigte. Wir hatten bereits eine kleine Summe erarbeitet und erspart, als die Geburt eines Töchterchens uns zwang, unsern Aufenthalt hier zu verlängern. Doch auch diese schwere Zeit wurde glücklich überstanden, allein sie kostete uns nicht nur unser ganzes Ersparnis, sondern wir waren auch gezwungen, uns in Schulden zu stürzen. Durch solche mißlichen Umstände konnte unser Mut nicht gebrochen werden; wir arbeiteten mit erhöhtem Eifer und die Zeit war bereits absehbar, in welcher wir unsere Reise nordwärts fortzusetzen hofften, als das Schicksal abermals feindselig gegen uns auftrat.

Daß eine Quadrone auf diesem Schiff das Amt eines Barbiers versah, veranlaßte gar viele, die sonst nie daran gedacht haben würden, sich den Bart abnehmen zu lassen, hier vorzusprechen und meine Dienste zu beanspruchen, außerdem aber im Trinksalon manchen Dollar zu opfern. Ich war gewissermaßen die Lockspeise, mittels deren mein Herr und Gläubiger sich eine reiche Kundschaft erwarb. Aus solchen Gründen verlor er mich erklärlicherweise ungern, und als dann die Zeit der Entscheidung immer näher rückte, da nahm er, um mich zu halten, zu den schmachvollsten Mitteln seine Zuflucht. Einige Monate ist es her, da suchte er um nichtiger Ursachen willen mit meinem Manne Streit, der damit endigte, daß er ihm verbot, das Dampfboot zu betreten, sich überhaupt jemals wieder vor ihm blicken zu lassen, wenn er nicht mit einigen Revolverkugeln empfangen werden wolle. Damit aber nicht zufrieden, ließ er mir eines Tages mein Töchterchen rauben, mich bedrohen, daß, wenn ich anderweitig mein Recht zu suchen wage, ich nur die Leiche meines Kindes wiedersehen würde.«

Hier zitterte die Hand der jungen Quadrone in dem Maße, daß sie gezwungen war, ein Weilchen innezuhalten. Mechanisch benutzte sie wieder die Seife, und die beinahe beendigte Arbeit von vorne beginnend, neigte sie sich tiefer über Bright hin und schmerzlicher ertönte ihre gedämpfte Stimme:

»Unter denselben Drohungen verbot er mir auch jeden Verkehr mit meinem Gatten; dagegen versprach er mir, wenn ich bis zum Einbruch des Winters ihm treu gedient haben würde, mir mein Kind wohlbehalten zurückzugeben und mich ungehindert meines Weges ziehen zu lassen. Auf diese Art hatte er mir Fesseln angelegt, gegen welche die früheren Sklavenketten lockere Fäden gewesen. Wußte ich doch, daß im Übertretungsfalle er seine furchtbaren Drohungen ausführte – denn welches Recht besäßen die armen verfolgten Farbigen in diesem Teile des Landes?

»So sind allmählich vier Monate hingegangen. Nur

unter den äußersten Gefahren bewirke ich zuweilen eine heimliche Zusammenkunft mit meinem Gatten, der für verschollen gilt. Er weilt mit einigen Freunden in der Nähe, und seinen unermüdlichen Nachforschungen gelang es vor etwa sechs Wochen, unser Kind zu entdecken. Es befindet sich in Pflege bei einem Farmer, einem verarmten früheren Sklavenhändler, von welchem unzweifelhaft, daß er es eher töten würde, als daß er es seinen Eltern zurückerstattete. Derselbe ist außerdem Mitglied jenes verrufenen Clans, welcher nach Eurem Leben trachtet. Letzteres steht außer Frage: denn als mein Mann vor einigen Tagen, die Abwesenheit des Wirtes benutzend und meinen inständigen Bitten nachgebend, mich unter dem Schutze der Nacht in die Nähe jener Farm führte, erhielt ich Aufschlüsse, welche mich mit namenlosem Entsetzen erfüllten. Wir hatten uns an ein Fenster des Wohnhauses geschlichen, und versunken in dem Anblick unseres schlafenden Töchterchens entdeckten wir beinahe zu spät, daß jener Wüterich mit einem Bündel unter dem Arme das Haus verließ und, anstatt im Wege zu bleiben, mitten durchs Waldesdickicht hindurch die nächste Richtung nach dem Mississippi einschlug. Von tiefer Besorgnis ergriffen folgten wir ihm nach, und kaum zweihundert Schritte weit mochten wir noch vom Strome entfernt sein, als zwischen dem Buschwerke hindurch ein helles Feuer uns entgegenschimmerte. Auch die Gestalten von Männern erkannten wir, aber sie waren in lange Mäntel gekleidet und über den Kopf hatten sie seltsame Hauben mit runden Augenlöchern gestreift, welche ihnen bis auf die Brust niederreichten. Sie sahen furchtbar aus. Wie viele ihrer waren, mir fehlte die Besinnung, sie zu zählen, zumal der Wächter meines Kindes sich dadurch als einer jener Schrecklichen auswies, daß er sein Bündel öffnete und sich eine ähnliche Verkleidung überwarf. Auf ein Zeichen von ihm näherte sich einer seiner Kameraden, offenbar um sich zu überzeugen, daß in der Verkleidung kein Verräter verborgen sei; denn sie wechselten einige unverständliche

Worte, worauf der Wächter meines Kindes laut fragte, was der Zweck der Zusammenkunft sei.

Das Grab des Kapitän Bright soll geschaufelt werden. Jeden Tag.

Dies war die Antwort. Was weiter gesprochen wurde, entging mir, indem die beiden Männer sich nebeneinander dem Feuer zubewegten. Ich aber war so entsetzt, daß ich kaum noch von der Stelle zu weichen vermochte. Der Gedanke, daß mein Kind sich in der Gewalt eines Mörders befinde, brachte mich fast zum Wahnsinn. Doch ich mußte mich jetzt beherrschen, oder es war alles verloren. Die Zeit entflieht«, hauchte die Quadrone, während ihre linke Hand auf des Kapitäns Stirn ruhte, die rechte dagegen zitternd das scharfe Messer in geringer Entfernung von seiner Wange hielt, »nur noch wenige Worte, denn ich höre unten Schritte. Mein Mann und ich haben Zeichen verabredet, mittels deren wir uns aus der Ferne verständigen. Wir wachen über Euch; tut Ihr dafür das Eurige, und wenn Ihr den morgigen Tag erlebt – mit Gewalt könnt Ihr nichts ausrichten, denn Ihr wißt nicht, wem im Städtchen Ihr trauen dürft –, dann vergeßt nicht, in welcher Todesangst ich hier fortgesetzt schwebe; nehmt mich, mein Kind und meinen Mann unter Euren Schutz und helft uns auf die eine oder die andere Art fort von hier, oder es ist schließlich dennoch um uns geschehen –«

»Gehört der Wirt zu jener verbrecherischen Rotte?« fragte der Kapitän einfallend, als die Schritte sich schneller näherten.

»Ich weiß es nicht«, lispelte Erbsenblüte, dann fragte sie laut und höflich: »wünscht Ihr frisiert zu werden?« und das Messer beendigte seine Arbeit mit einer Sicherheit, als ob es von den Zangen einer gefühllosen Maschine gehalten worden wäre.

»Heute nicht«, bemühte der Kapitän sich, ebenso gleichmütig zu antworten, denn der Besitzer des schwimmenden Gasthofes war eingetreten, um ihm mitzuteilen, daß seine Koje bereit sei.

Einige Minuten verweilte Bright noch vor dem Spiegel, jedoch mehr, um sich zu sammeln, als um die letzten Schaumreste von seinem Antlitz zu entfernen. Er begriff, daß jede weitere Verständigung mit der Quadrone nunmehr abgeschnitten sei, und folgte dem Wirt durch das alte Passagierzimmer nach einem luftigen und sauber eingerichteten Schlafraum. Sein Gepäck befand sich bereits dort; dem Irländer war dagegen in dem untern Schiffsraum sein Quartier angewiesen worden. –

Mit Umkleiden, Speisen und vorsichtigem Ordnen seiner Pistolen, deren er zwei versteckt auf seinem Körper trug, verbrachte er den Rest des Tages, und als er sich endlich nach der Plattform hinauf begab, war die Sonne längst untergegangen. Sieben oder acht Herren aus der Stadt befanden sich bereits oben, um rauchend, trinkend und plaudernd die erquickende Abendkühle zu genießen. Bright gesellte sich zu ihnen, und bald darauf hatte sich eine so heitere Unterhaltung entsponnen, an welcher auch der Wirt sich beteiligte, daß er die kurz zuvor noch gehegten ernsten Besorgnisse zum Teil schwinden fühlte. Er war sogar geneigt, die Mitteilungen der jungen Quadrone für Visionen zu halten, welche in ihrer überreizten Phantasie durch die gewaltsame Trennung von ihrem Kinde erzeugt wurden. Sie selber hatte ebenfalls die Plattform zu ihrem Aufenthalt gewählt. Etwas abseits sitzend und den Rücken der Gesellschaft zugekehrt, schien sie in tiefes Sinnen versunken zu sein. Eine Büchse mit Schwefelhölzchen befand sich in ihren Händen. Wie unbewußt entzündete sie hin und wieder eins derselben, um grübelnd die allmählich ersterbende Flamme zu beobachten, auch wohl die kleine glimmende Kohle vor sich im Kreise zu schwingen oder über Bord zu werfen. Niemand beachtete sie; Bright aber vermied ängstlich, zu ihr hinüberzuschauen. Er erriet die Bedeutung der scheinbar gedankenlosen Spielerei, und vor seine Seele trat alles, was die junge Mutter in ihrer Not ihm anvertraut hatte. –

Gegen elf Uhr zog Bright sich in seine Koje zurück.

Seine Bewegung war das Zeichen zum Aufbruch für die ganze Gesellschaft, und bald darauf lag das alte schwimmende Gasthaus so stille da, als hätte es sehnsuchtsvoll darauf geharrt, auseinandergeschlagen, auf Kochherd und in Kaminen in Asche verwandelt und in alle Winde zerstreut zu werden. Nur die rote Laterne vorn am Bug des Schiffes brannte noch. Sie hing beinahe zu tief, um etwa eintreffenden Dampfbooten als Signal zu dienen. Aus dem Kämmerchen des Kapitäns fielen nur verstohlen kaum bemerkbare Lichtstreifen durch die schmalen Türritzen ins Freie. Obwohl jeden Gedanken an eine unmittelbare Gefahr zurückweisend, äußerte sich der durch Erbsenblüte wachgerufene Argwohn doch in den Vorsichtsmaßregeln, welche er traf, bevor er sich zur Ruhe begab. Beide Türen, sowohl die in die Kajüte öffnende, als auch die andere, durch welche man auf die Galerie hinaustrat, verriegelte er fest von innen. Auf das in geringer Höhe oberhalb seines Bettes angebrachte Tragebrett legte er Bowiemesser und Revolver neben die brennende Lampe. Um aber auf alle Fälle vollständig gerüstet zu sein, entledigte er sich nur seines Rockes, worauf er sich oben auf sein Bett warf. Einen letzten zufriedenen Blick sandte er zu der Lampe und den im Bereich seiner Hände befindlichen Waffen hinauf, einen letzten Blick auf die sicher befestigten Türen, und einige Minuten später, da verrieten die langen und tiefen Atemzüge, daß der Körper nach den Anstrengungen einer beschwerlichen Flußreise sein Recht verlangte und ein gesunder Schlaf seine Sinne gefesselt hielt. –

Eine halbe Stunde hatte Bright so dagelegen, als eine eigentümliche Erschütterung, wie wenn er samt dem Bett hin und her geschwungen worden wäre, ihn wieder ermunterte. Schlaftrunken rieb er sich die Augen; das Licht, obwohl noch auf dem Tragebrett stehend, schien sich, begleitet von leisem Knirschen und Rollen von ihm zu entfernen. Anfänglich glaubte er sich noch unter der Einwirkung eines Traumes zu befinden; als er aber, von plötzlichem Argwohn beschlichen, sich aufrichtete und nach den Waffen griff, da überzeugte er sich, daß dieselben wohl an zwölf Fuß weit aus seinem Bereich gerückt waren. Erschrocken wollte er emporspringen, als ein heftiger Stoß das zum Stillstand gelangende Bett beinahe umwarf; zugleich entdeckte er, daß statt der früheren weiß angestrichenen Holzwände schwarze, anscheinend leere Räume ihn umgaben. Bevor er indessen begriff, daß der in Rollen laufende Boden seiner Koje sich mit ihm in den untersten Schiffsraum hinabgesenkt hatte, fühlte er sich von starken Armen gehalten, während knochige Fäuste ihm trotz seines verzweiflungsvollen Ringens einen Knebel in den Mund zwängten und seine Glieder mittels dünner, schmerzhaft ins Fleisch eindringender Stricke fesselten. Mit dem letzten Widerstande schwanden auch seine Sinne. Wie durch einen Schleier hindurch bemerkte er vermummte Gestalten, nach der Beschreibung der Quadrone, welche sich über ihn hinneigten. Eine Türe wurde aufgestoßen. Zu ihm herein strömte frische Nachtluft; dicht vor ihm plätscherte es geheimnisvoll. Man hob ihn empor. Ein dumpfes Gefühl, als ob in der nächsten Minute die Fluten des Mississippi sich über ihn schließen würden, bemächtigte sich seiner.

Anstatt ihn aber in den Strom zu versenken, legte man ihn in ein neben dem Dampfer befestigtes Boot. Er vernahm noch das unheimliche Knirschen, mit welchem der bewegliche Fußboden der Koje in seine alte Lage zurückrollte, dann gewahrte er, wie fünf Männer in langen Talaren und weißschimmernden Hauben bei ihm in dem Fahrzeug Platz nahmen und dasselbe alsbald geräuschlos in die Strömung hinausschoben. Nur geringer Nachhilfe bedürfend, glitt das Boot im Schatten der sich über den Wasserspiegel hinneigenden Uferwaldung dahin. Alle in demselben Befindlichen schwiegen; munteres Plätschern und Gurgeln begleitete seinen Lauf. Des Kapitäns gepreßtes Röcheln erstarb unter einer Decke, welche man lose über ihn hingeworfen hatte.

Das Totenschiff, wie man das unhörbar einhergleitende

Fahrzeug hätte nennen mögen, befand sich kaum zweihundert Ellen weit von dem Dampfer, als es aus dessen Warenraum wie auf Eulenfittichen nach dem Bugspriet hinüber schwebte. Ein leises Knistern, ein flüchtiges bläuliches Aufblitzen, und zurück schwebte es nach dem Winkel, in welchem der Irländer Mike schon seit Stunden im festesten Schlafe lag.

»Euer Herr befindet sich in Todesgefahr«, flüsterte Erbsenblüte dem Träumenden zu. »Gebt keinen Laut von Euch«, beschwor sie ihn, als er sich grollend erhob und nach der Ursache der unzeitigen Störung fragte – »um Gottes willen keinen Laut, oder Ihr seid die Ursache seines Verderbens! Bewaffnet Euch ohne Säumen und folgt mir. Man hat Euren Herrn gewaltsam fortgeschleppt; sein Leben hängt an einem Haar. Fragt mich jetzt nicht weiter; später sollt Ihr alles erfahren; nur so viel: der Cu-Clux-Clan bemächtigte sich seiner.«

»Bei der ewigen Verdammnis«, fluchte zähneknirschend der Irländer, dessen Lebensgeister bei Nennung des verhängnisvollen Namens plötzlich rege wurden, »ich hab's vorausgesagt, wenn er die Drohungen der Schurken verlachte, daß sie ihn dennoch zu finden wissen würden«; dann schnallte er den Ledergurt mit der Pistole und dem Messer um seine Hüften, und neben Erbsenblüte hintretend bekräftigte er durch einen polternden Fluch, daß er nunmehr so nüchtern sei wie ein neugeborenes Kind.

Erbsenblüte antwortete nicht mehr, sondern seine Hand ergreifend führte sie ihn durch den dunklen Warenraum nach der Tür hinüber, durch welche man Bright fortgeschafft hatte. Sie waren kaum auf der Außenseite der Bretterwand eingetroffen, wo nur die niedrige Brüstung sie von den Fluten schied, als von dem Vorderteil des Schiffes her ein von drei Männern geführtes Boot neben sie hinglitt, sie auf ein leises Zischen der Quadrone aufnahm und demnächst ohne Zeitverlust seine Fahrt südwärts fortsetzte. Zwei der Männer arbeiteten angestrengt aber vorsichtig mit Rudern, welche man zur Verhinderung jeglichen

Geräusches mit Zeugstreifen umwunden hatte. Es waren Neger, und zwischen ihnen kauerte sich der Irländer nieder, während Erbsenblüte sich zu dem das Steuer führenden Manne begab und vor ihm auf die Knie sank, ihre Hände auf seinem Schoße faltend.

»Charles, unser Kind – wo ist es?« seufzte sie leise in unverkennbarer Todesangst.

»In Sicherheit, Erbsenblüte, Gott sei Dank!« antwortete der Mulatte; »in Sicherheit und wohl und munter. Es befindet sich auf der andern Seite des Arkansas in den Armen meiner Schwester, von wo wir es abholen werden.«

»Gott sei Dank!« flüsterte die Quadrone, und dennoch klang es wie ein heller Jubelruf. Dann ihre ganze Ruhe und Überlegung zusammenraffend fragte sie leise:

»So hast du meine Zeichen verstanden?«

»Ich verstand, daß die Zeit zum Handeln gekommen und der Kapitän an Bord sei; das übrige erforschte ich mit den Gefährten. Wir trafen auf dem Farmhaus ein, gerade als der Besitzer sich wieder mit seinem Bündel nach der Mördergrube auf den Weg begab, der sicherste Beweis, daß der Kapitän noch in dieser Nacht dorthin geschafft werden würde. Zeit war also nicht mehr zu verlieren. Wir waren unserer vier. Ein Weilchen zögerten wir; dann drangen wir in das Haus ein, und bevor jemand unsere Absicht ahnte, lag die ganze Familie des Farmers gefesselt und geknebelt auf den Betten. Ein Leid fügten wir niemand zu; wohl aber drohten wir, daß außerhalb des Hauses eine Schildwache stehe, welche jeden Versuch zur Flucht, selbst einen Hilfeschrei, mit einem Schuß durchs Fenster bezahlen würde. Dann nahm ich das Kind und schleunigst begaben wir uns auf die Flucht. Meine Schwester erwartete mich mit dem Boot am Ufer des Arkansas; nachdem wir sie mit dem Kinde in Sicherheit gebracht hatten, eilten wir auf das diesseitige Ufer zurück, um des Zeichens von dir gewärtig zu sein.«

»Es ist gut so, Charles«, flüsterte die Quadrone besorgt zurück; »nun aber gilt es, den Kapitän zu retten. Ich versprach es ihm; außerdem ist es uns nur unter seinem Schutz möglich, aus dieser Gegend zu entkommen. Wir folgen ihm jetzt nach, das sehe ich, allein wie soll es gelingen, ihn der Übermacht zu entreißen?«

»Dies vorher zu sagen, übersteigt meine Kräfte«, erklärte Charles zweifelnd; »mit Gewalt richten wir freilich nichts aus, allein nichts ist verabsäumt worden, was dazu dienen könnte, die Schurken zu überlisten. Nachdem wir uns mit dem Kinde eine kurze Strecke von der Farm entfernt hatten, schlich William zurück, um die Cu-Clux-Männer in ihrem Tun zu beobachten. Der William aber ist ein so entschlossener und gewandter Bursche, wie man nicht leicht einen zweiten findet; von ihm dürfen wir zuversichtlich erwarten, daß er keinen Schritt umsonst tut, noch weniger duldet, daß wir in unsern Untergang rennen. Er erwartet uns irgendwo auf dem Ufer. Der Mann, welchen du mitbrachtest, ist ihm zu trauen?«

»Des Kapitäns Diener; er ist nur noch nicht vertraut mit der Sachlage.«

»Gut, so begib dich zu ihm und bereite ihn auf alles vor. Warne ihn vor jedem Geräusch und sei es noch so leise. Ich selbst muß meine Blicke auf das Buschwerk gerichtet halten, um des Williams Zeichen nicht zu übersehen oder zu überhören.«

Erbsenblüte tat, wie ihr geheißen wurde; dann aber erzeugte das Boot in seinem gemäßigten Lauf kein größeres Geräusch, als die Treibholzstämme, welche von der Strömung dem fernen Golf von Mexiko zugetragen wurden. Selbst der Quadrone Stimme, indem sie vorsichtig erklärte, drang nicht über das lauschende Ohr des Irländers hinaus. Nur einmal knisterte und rauschte es wenig auffällig, als die Wand des Bootes die Ufervegetation streifte und seine Fracht um das Gewicht eines doppelt bewaffneten Mannes vergrößert wurde. –

Etwa dreihundert Schritte von der Stelle, auf welcher William, der Kundschafter, sich den Gefährten zugesellte, verband ein natürlicher Kanal den Mississippi mit einem umfangreichen Sumpfe. In diesen lenkten die Cu-Clux-

Männer ihr Fahrzeug. Den Gefangenen betrachteten sie offenbar bereits als einen toten Mann, denn nachdem sie auf dem offenen Fahrwasser in den versteckten Kanal eingebogen waren, scheuten sie sich nicht länger, laut die Art zu besprechen, in welcher sie ihren wütenden Rachedurst zu befriedigen, wohl gar zu versüßen gedachten. Die Fahrt in dem Kanal dauerte kaum zwei Minuten. Dann lief das Fahrzeug auf. Fast gleichzeitig drang aus dem Schatten des nahen Gebüsches die Stimme eines Mannes in dasselbe nieder.

»Bringt ihr ihn lebendig?« fragte er mit düsterer Ruhe.

»Lebendig, wenn er nicht an seinem Knebel erstickte«, lautete die schadenfrohe Antwort.

»Um so besser«, hieß es weiter, »dieser nordische Hund muß, bevor er zur Hölle fährt, die Überzeugung gewinnen, daß die Sezession noch lebt und neue Wurzeln treibt. Ihr werdet ihn von hier aus tragen müssen, denn lebt er überhaupt noch, soll er auch unser Gerichtsverfahren genau kennenlernen. Verdammt, wir wollen ihm sogar Gelegenheit zu einer Verteidigungsrede bieten.«

Nach einigen vergeblichen Bemühungen, das Boot durch den Schlamm weiterzuschieben, gab man es auf, die Richtstelle auf dem Wasserwege zu erreichen. Der Gefangene wurde auf festen Boden gehoben, und man war schon im Begriff, ihn auf die Schultern zu laden, als die Schwierigkeit hervortrat, in der schwarzen Finsternis mit der Bürde durch das hindernde Unterholz hindurchzudringen. Eine kurze Beratung erfolgte, dann kam man überein, von der Richtstätte eine bereits zu ähnlichen Zwecken benutzte, aus Zweigen geflochtene Tragbahre und einige flackernde Feuerbrände herbeizuholen und auf diese Weise die Arbeit zu erleichtern. Nur ein Mann blieb als Wache zurück, mit der höhnischen Weisung, einen etwaigen Fluchtversuch dadurch zu vereiteln, daß er dem Gefangenen durch einen Schuß die Beine zerschmetterte. Gleich darauf herrschte bei dem leeren Boot Stille; das entsetzliche Röcheln des Gefesselten erhöhte den grausigen Eindruck derselben; ebenso grausig tönten die gedämpften Stimmen der sich nach der Richtstätte begebenden Verbrecher herüber. Der Wachtposten hatte sich an einen Baum gelehnt und stierte nach der Richtung hinüber, in welcher ein das Buschwerk streifender Lichtschein ihm die Versammlungsstätte der Clansgenossen verriet.

Da fühlte er eine tastende Hand auf seiner Schulter. Hastig kehrte er sich um. Doch die kurze Berührung hatte genügt, den verschlagenen William über sein Ziel zu belehren. Ein gellender Hilferuf schallte wohl durch die Nacht, allein er war kaum laut geworden, als er unter der Gewalt erstarb, mit welcher Williams kurzes schweres Beil den umhüllten Schädel des Elenden traf, demnächst die Kappe von seinem Haupte riß und durch drei oder vier neue Schläge an dem Zusammenbrechenden das begonnene Werk vollendete.

»Fort ins Boot, oder wir sind alle verloren!« rief er den Gefährten und Mike zu, die alsbald hinter ihm durchs Dickicht brachen, und nach einigem Umhertasten gelang es ihm, des Kapitäns Fesseln zu durchschneiden und den Knebel aus seinem Munde zu entfernen; »fort mit Euch, Kapitän! Ermannt Euch und fort, wenn Ihr nicht ein toter Mann sein wollt!«

Doch Bright lag wie im Starrkrampf da. Er begriff das Gefahrvolle seiner Lage; er litt in jenen Sekunden klaren Bewußtseins und dennoch gänzlicher Hilflosigkeit mehr, als in der zuletzt verflossenen Stunde, und dennoch vermochte er sich nicht zu rühren. Erst als eine Rotte seltsam vermummter Gestalten herbeistürmte, als der Schein von deren schwelenden Holzfackeln bis zu ihm drang und er zu seinem Entsetzen dicht neben sich die Leiche des Dampfbootwirtes erkannte, durchströmte es wie ein elektrischer Schlag seine Glieder. Geführt von Mike und Charles und gefolgt von den beiden andern Freunden, flüchtete er dem Strome zu, wo das Boot zu ihrer Aufnahme bereit lag, und bevor noch die bei dem Erschlagenen eintreffenden Mörder sich von dem Fehlen des Gefangenen überzeugten, schoß das Fahrzeug mit allen Geretteten in die Strömung hinaus. Nicht einmal eine Kugel wurde den Fliehenden nachgesendet. Die mit unglaublicher Kühnheit ausgeführte Befreiung erweckte unter den Clansgenossen den Verdacht, daß sie verraten und umstellt seien, infolgedessen jeder zunächst an seine eigene Rettung dachte.

Die Flüchtlinge erreichten unterdessen wohlbehalten das jenseitige Ufer, wo stilleres Wasser es ihnen erleichterte, stromaufwärts zu rudern. Erst als sie oberhalb der Mündung des Arkansas wieder nach dem rechten Ufer hinübersteuerten, erwachte Kapitän Bright aus der Betäubung, welche sich, sobald er das Boot betreten hatte, um seine Sinne legte.

»Bei Gott«, beteuerte er in seiner Lieblingsweise, »das war ein knappes Entkommen, und den möchte ich sehen, der heute noch mit dem Zerbrechen der Sklavenketten solch braver Burschen nicht einverstanden wäre.«

Gleich darauf stieß das Boot ans Ufer, wo des Mulatten Schwester der beglückten Mutter ihr gerettetes Kind ans Herz legte und dann ebenfalls in dem Boote Platz nahm.

Bright glaubte seinen Sinnen nicht trauen zu dürfen, so überwältigend hatten die Ereignisse der letzten Stunden auf ihn eingewirkt.

Sie waren kaum wieder vom Ufer abgestoßen, als aus dem in ihren Gesichtskreis tretenden Dampfer die glühende Lohe hoch emporschlug. Damit schwand der letzte Grund für Bright, sich weiter um seine zurückgebliebenen Reiseeffekten zu kümmern. Er begriff, daß des Wirtes verbrecherische Genossen, nachdem er selber einen jähen Tod gefunden, vor allen Dingen danach trachteten, die Spuren zu vernichten, welche nach des Kapitäns Entkommen zu ihrer Entdeckung führen konnten.

Das nächste Ziel der Flüchtlinge war eine nördlichere Holzstelle, auf welcher die St. Louis-Dampfboote zu landen pflegten. Freier und furchtloser klapperten die Ruder. Der Osten rötete sich milde. Am Herzen der beglückten jungen Mutter schlummerte ihr Kind. Selbst die sonst so gesprächigen Neger schienen nach den jüngsten Ereignissen ihre Mitteilungsgabe verloren zu haben.

Die Flucht aus dem Rebellen-Lager

Aus den Erinnerungen eines deutschen Unionssoldaten

Mit sechsundzwanzig Kameraden vom 7ten Regiment war ich in die Gewalt der Sezessionisten geraten, und seit vierzehn Tagen schmachtete ich bereits auf dem Gefangenenfelde von Andersonville.

Schon vorher waren einzelne Gerüchte über jene Stätte zu uns gedrungen, allein grausig, wie sie klangen, sie verdienten kaum, ein Schatten der Wirklichkeit genannt zu werden, wie ich dieselbe in dem kurzen Zeitraum von vierzehn Tagen kennenlernte. Das Feld selbst bestand aus einem Stück Waldland, welches, 450 Schritte im Geviert, mit einer Plankenwand umgeben war. Innerhalb dieser Einfriedigung und parallel mit derselben lief in der Entfernung von 15 Fuß ein kaum drei Fuß hoher Zaun ganz um das Feld herum. Der auf diese Weise hergestellte schmale Raum diente den Schildwachen als Verkehrsweg, die zugleich den strengen Befehl hatten, jeden ohne Barmherzigkeit zu erschießen, der sich über den niedrigen Zaun hinaus wagen würde. Dem Zaun war infolgedessen der Name »Totenlinie« beigelegt worden, und daß die entarteten Rebellensöldlinge für Rechtfertigung dieses Namens mit allem Eifer sorgten, dafür bürgte die Belohnung von dreißig Tagen Urlaub, welche für jeden erschossenen Unionisten dem Täter bewilligt wurden. Ich selbst war Augenzeuge, daß ein alter deutscher Soldat, gerade als er die Hand unter dem Zaun fort nach einem verschimmelten Brot ausstreckte, vor der mörderischen Kugel eines Wachtpostens leblos zusammenbrach. Und wie manchen sah ich, der, von Hunger und Wahnsinn getrieben, gleichgültig die Totenlinie überschritt, um auf kürzestem Wege aller seiner Leiden enthoben zu werden.

Es war eine entsetzliche Zeit, doppelt entsetzlich, weil, statt der ursprünglich bestimmten zehntausend Gefangenen, deren an die dreißigtausend daselbst zusammengedrängt und bei der unzureichenden verdorbenen Kost und dem schmutzigen, in einem schmalen Bett durch das Feld rieselnden Wasser zu einem langsamen, martervollen Tode bestimmt waren. Hierzu aber gesellten sich die verpestete Atmosphäre, die über der ganzen Stätte schwebte, und der Anblick der zu Skeletten abgemagerten älteren Gefangenen, von welchen viele der Raserei und dem Blödsinn anheimfielen. Welche Ernte hielt dort der Tod! Die Zahl der elendiglich Umgekommenen betrug im Durchschnitt monatlich zweitausend, eine geringe Ziffer, wenn man erwägt, daß an einem Augustmorgen allein zweihundertundsieben Gestorbene zusammengesucht, aufgeschichtet und davongefahren wurden! Es war eine Menschenschlächterei im Großen. Derjenige aber, welcher als Kommandant dieser Gefangenenstation sich rühmen durfte, ein gewisses System in das teuflische Morden gebracht zu haben, der nach Willkür die Unglücklichen in den Block spannte, sie mittels schwerer Ketten zusammenfesselte und die hinfälligen Körper mit Kanonenkugeln belastete, dieser Mann war ein gewisser Heinrich Wirtz aus Zürich, ein in seiner Heimat verachteter Schurke, der sich dort schon strafbarer Vergehen schuldig gemacht hatte, der aber in besonderer Anerkennung seiner Grausamkeit von den Rebellen zum Kommandanten dieses grausigen Postens ernannt worden war. Entsprang diesem Tiger doch ein besonderer Genuß aus den Fluchtversuchen der Unionisten. Für solche Fälle hielt er auf Menschenjagd abgerichtete Schweißhunde in Bereitschaft, welche die Spuren der

Flüchtlinge selten verfehlten und diese vor den Augen ihres teuflischen Herrn erwürgten. Mehr als dreizehntausend Gefangene sollen unter der Behandlung dieses Scheusals umgekommen sein, und unter diesen wer weiß wie viele von seiner eigenen Hand.

In einer solchen Umgebung befand ich mich also seit vierzehn Tagen, als ich, von Verzweiflung getrieben, den Entschluß faßte, meine letzten Kräfte zu einem Fluchtversuch aufzubieten. Mißlang derselbe, so wurde ich wenigstens von meinen namenlosen Qualen erlöst, anstatt, wie so viele meiner Unglücksgefährten, im Wahnsinn langsam dahinzusiechen.

Mehrere Tage hatte ich mich mit solchem Gedanken herumgetragen und, alle Verhältnisse wohl erwägend, zugleich mit dem Leben abgeschlossen – denn auf eine scharfe Verfolgung mußte ich gefaßt sein –, als sich mir plötzlich und unerwartet die Gelegenheit zur Ausführung meines Planes bot. Auf Erfolg rechnete ich kaum, doch meine Sehnsucht, die entsetzlichen Szenen hinter mir zurückzulassen, war so unwiderstehlich, daß ich die Möglichkeit des glücklichen Entkommens mehr als Nebensache betrachtete. »Fort, fort«, sauste es mir beständig in den Ohren, »nur fort von hier, gleichviel ob in den Tod oder zur Freiheit!« Aber gerade dieser Nichtachtung meines Lebens verdankte ich es wohl am meisten, daß ich meine Kaltblütigkeit bewahrte und vor nichts zurückschreckte, was zu meiner Rettung beitragen konnte. Es hatte eben die Zeit der Gefangenschaft abstumpfend auf mein Gemüt eingewirkt; ich kannte weder Mitleid mit andern, noch mit mir selbst, und wie ein Trost erschien mir fast die Aussicht, vor meinem Dahinscheiden noch den einen oder den andern meiner Verfolger mit in den Tod hinabzureißen.

Es war kurz vor Sonnenuntergang, und wie eine greifbare Pestatmosphäre lagerte es über dem Gefangenenfelde, als ich mich in der Nähe der Totenlinie niederkauerte, die Arme auf meine Knie stützte und, um das dumpfe Geräusch in meiner Umgebung von mir auszuschließen, mir mit beiden Händen die Ohren zuhielt. Die Blicke hatte ich stier auf einen Unglücksgefährten gerichtet, der dicht neben dem Zaun auf dem Rücken lag und eingeschlafen war. Ein Gefühl des Neides beschlich mich, indem ich mir vergegenwärtigte, daß er wenigstens auf kurze Zeit allen Qualen entrückt sei, sein Geist wohl gar in der Heimat im Kreise treuer Angehörigen weile. Ja, ich beneidete ihn um seine Ruhe, und dennoch gönnte ich sie ihm von Herzen, denn er sah so bleich, so abgehärmt aus, daß man, wäre sein Schlummer nicht unruhig gewesen, ihn hätte für eine Leiche halten können. Schwer hob und senkte sich seine Brust; seine Fäuste ballten sich krampfhaft, wie wenn er von Alpdrücken heimgesucht worden wäre, und als habe er ein Phantom von sich abschütteln wollen, suchte er seinen Körper in eine andere Lage zu bringen. Er wurde immer unruhiger, so daß ich die Neigung empfand, ihn zu wecken. Ich überlegte noch, ob seine Träume wohl beängstigender sein könnten als die gräßliche Wirklichkeit, als es ihm endlich gelang, sich herumzudrehen; der etwas abschüssige Boden kam ihm dabei zustatten, und er wälzte sich gerade unter den untersten Zaunriegel, also nicht ganz über die Totenlinie fort. Er hatte noch keine ruhige Lage gewonnen, da wurde ich plötzlich in grauenerregender Weise an die Bedeutung des Zaunes erinnert. Ein Schuß, begleitet von einer scheußlichen Lästerung, krachte von der Plankeneinfriedigung herüber. Der schlummernde Gefangene streckte sich aus, dann schlief er so ruhig und still, wie gewiß noch nie in seinem Leben. Die Kugel eines Wachtpostens hatte ihm den Schädel zerschmettert und ihn dadurch schmerzlos von allen irdischen Leiden befreit.

»Dreißig Tage Urlaub wären verdient!« höhnte der feige Mörder. Man achtete nicht auf ihn; wir waren an Szenen dieser Art zu sehr gewöhnt, um leicht aus unserm dumpfen Brüten wachgerufen zu werden. Ich selbst hatte meine Stellung nicht verändert. Mit ähnlichen Empfindungen, wie in früheren Jahren auf das Fallen dürrer Blätter oder auf einen Baum, der vor der Axt eines Holzschlägers zu Boden stürzte, starrte ich auf den blutigen Leichnam. Wiederum versetzte ich mich im Geiste in die Lage des Ärmsten. Von schwarzen Ahnungen erfüllt, fragte ich mich, ob ich in nächster Zeit ebenso daliegen würde. Da kreiste das Blut mir plötzlich fiebrig durch die Adern, als hätte es mir die Schläfen sprengen wollen. Ängstlich betastete ich meinen rechten Stiefel, in dessen Schaft ich ein langes Bowiemesser verborgen trug – das Erbstück eines in meinen Armen gestorbenen Kameraden –, dann aber arbeiteten meine Lebensgeister mit einer Regsamkeit, wie kaum je zuvor in den glücklichsten und sorgenfreisten Tagen. Worüber ich bisher vergeblich grübelte, es lag jetzt klar vor mir; ich wußte, wie ich es zu beginnen hatte, die Einfriedigung zu verlassen, und befand ich mich erst außerhalb derselben, dann mochte kommen, was da wollte, wenn sich nur die Gelegenheit bot, kämpfend und in der Verteidigung meines Lebens zu sterben, anstatt wie ein schädliches Tier hinterlistig erschossen zu werden. Doch was meinen Geist beschäftigte, äußerlich blieb ich so ruhig, als hätte nicht mehr Leben in mir gewohnt, als in dem armen Leichnam, auf welchen ich nunmehr meine ganze und einzige Hoffnung baute. Ich saß noch auf meiner Stelle, als die Sonne längst untergegangen war; ich saß noch da, als ringsum die Unglücksgenossen sich zum Schlafe auf die Erde hinstreckten, und gewiß mancher unter ihnen, um nie wieder zu erwachen. Auch mich zählte man zu den dem Tode Geweihten, denn mehrfach vernahm ich die mitleidige Bemerkung, daß der Wahnsinn sich meiner bemächtigt habe und ich wohl nicht lange mehr zu leiden brauche.

So kam die Mitternachtsstunde heran. Es war eine liebliche Sommernacht. Prachtvoll erhellten die Sterne die oberen Luftschichten, während nahe dem Erdboden alles mit dem Schatten der Bäume zusammenfiel; nur der Streifen zwischen der Totenlinie und dem Plankenzaun zeichnete sich noch matt aus. Die Wachtposten hatten sich hinter letzteren zurückgezogen, um gegen einen Überfall der verzweifelnden Gefangenen gesichert zu sein und mit größerer Bequemlichkeit etwaige Flüchtlinge niederschießen zu können. In Zwischenräumen von zwölf bis zwanzig Schritten sah man die Köpfe und geschulterten Musketen der Soldaten schattenähnlich über die Plankenwand emporragen. Langsam bewegten sie sich einher, aufmerksam nach der Totenlinie hinüberspähend. Unheimlich lief nach jeder halben Stunde die Angabe der Zeit um das Feld herum, indem die Wachtposten sich gegenseitig in durch Nummern bestimmter Reihenfolge anriefen und es dadurch den wachthabenden Sergeanten ermöglichten, sich aus der Ferne von der genauen Handhabung des Dienstes zu überzeugen.

Zoll für Zoll hatte ich mich der Stelle des Zaunes genähert, auf welcher der erschossene Unglücksgefährte lag, und mich dicht neben ihn hingestreckt. Die Dunkelheit kam mir dabei zustatten, und dennoch durfte ich meine Bewegungen nur mit der größten Vorsicht ausführen; denn wie meine Augen, so hatten sich auch die unserer Henker an die unzureichende Beleuchtung gewöhnt, und das leiseste ihnen verdächtig erscheinende Geräusch verursachte vielleicht, daß mir eine Kugel in Begleitung einer Ladung Rehposten zugeschickt wurde. Doch ich war auf meiner Hut; die Blicke beständig auf den oberen Rand der Einfriedigung gerichtet, benutzte ich jede Sekunde, um den Leichnam wieder auf das Feld zurückzuziehen. Es war eine schwere, sehr schwere Arbeit, zumal meine Kräfte schon bedeutend geschwunden waren und ich in der ungünstigen Lage nur den einen Arm gebrauchen konnte; allein es gelang mir allmählich, und zwar so wenig auffällig, daß selbst die Leidensgenossen, die nur wenige Schritte von mir unter einem Baume den Schlaf herbeisehnten, nichts merkten.

Zwei Stunden mochte ich unter Aufbietung meiner ungeteilten körperlichen und geistigen Kräfte bei dem schrecklichen Werk zugebracht haben, da ruhte der Erschossene innerhalb der Einfriedigung, ähnlich einem

Schlafenden und mit einem zerfetzten Mantel bis über den Kopf zugedeckt, wogegen ich genau dieselbe Lage einnahm, wie ich sie an jenem beobachtete. Aber auch in unserem Äußeren unterschieden wir uns kaum voneinander. Wir trugen dieselben unsaubern, zerlumpten, graublauen Uniformstücke.

So verrann wiederum eine lange Zeit, eine Zeit, die mir wie eine Ewigkeit erschien, und dennoch war dieser Umstand ein Segen für mich. Der kalte Tau erstarrte mich fast, kühlte aber mein fiebrig wallendes Blut, daß ich mich immer mehr mit meiner verzweifelten Lage vertraut machen, mich geistig auf die kommenden Dinge vorbereiten konnte.

Endlich, endlich – der Tag begann zu grauen – vernahm ich das Poltern des Wagens, der an jedem Morgen zwischen der Totenlinie und der Plankenwand um das Feld herumfuhr und dort zunächst den Weg von erschossenen oder von den Mitgefangenen hinausgewälzten, an Krankheiten gestorbenen Unionisten säuberte. Ein Schauder durchrieselte mich; doch schon nach wenigen Minuten verließ mich die letzte Spur von Schwäche, und mit einer Kaltblütigkeit, die mir heute noch unbegreiflich, zählte ich, wie oft der Wagen anhielt, um den ihn begleitenden Mannschaften Zeit zu gewähren, die einzelnen Toten aufzuladen. Achtmal hatte er, von dem Zeitpunkte an, in welchem ich zuerst das Poltern unterschied, seine Fahrt unterbrochen, als er endlich auch neben mir stillehielt.

»Der kommt auf meine Rechnung, rief über die Plankenwand ein Rebellenscherge, der offenbar dem Wagen gefolgt war.

»Kümmert uns nicht!« riefen die mich umstehenden Männer zurück, wir hätten viel zu tun, sollten wir über jeden Buch und Rechnung führen.«

»Die Kugel ist ihm durch den Kopf gegangen«, bemerkte der Wachtposten unwirsch, »ich hatte gerade die Abendwache!«

»Und 'n schlechter Schuß war's obendrein«, antworteten die Leichenbesorger gleichmütig, indem sie mich an den Armen und Beinen ergriffen und von hinten auf den Wagen schwangen, »muß mindestens 'n halbes Dutzend Stunden nachträglich gelebt haben, denn er ist noch nicht steif und Wärme sitzt auch noch drin!«

»Meinetwegen mag er noch sechs Wochen warm bleiben«, schmähte der um seine dreißig Tage Urlaub betrogene Rebelle, während die Pferde sich wieder in Bewegung setzten, »tot ist tot, und verdammt will ich sein, wenn ich meiner nächsten Beute nicht den Skalp vom Kopfe streife, um mich bei dem Wirtz auszuweisen!«

Zwei Leichen wurden noch zu mir auf den Wagen geworfen, dann erreichten wir die Ecke der Einfriedigung, wo eine Toröffnung vor uns lag. Wiederum wurde angehalten. Man stritt sich, ob man mit der Ladung zufrieden sein oder noch eine Strecke auf der andern Seite des Feldes hinunterfahren solle, entschied sich indessen für ersteres, und eine sorglosere Unterhaltung wurde wohl selten zwischen fleißigen Feldarbeitern geführt, als hier von den verworfenen Untergebenen eines noch verworfeneren Kommandanten, indem sie die ihnen gewordenen Aufträge erfüllten.

Wohin der Wagen seine Richtung nahm, ich weiß es nicht; ich entsinne mich nur meines Schreckens, als er nach etwa viertelstündiger Fahrt plötzlich stillstand und man ohne Säumen ans Werk ging, abzuladen. Wußte ich doch nicht, ob man die Leichen ins Wasser, in eine Kalkgrube, oder vorläufig nur auf die Erde warf; die Augen zu öffnen aber wagte ich nicht, weil ich einesteils Entdeckung befürchten mußte, dann aber beim Anblick des mir bestimmten Schicksals mir vielleicht der Mut gefehlt hätte, alles über mich ergehen zu lassen. Lange Zeit zum Nachdenken blieb mir nicht; schon in der nächsten Minute befanden sich auf dem Wagen zwei Männer, die mit sehr wenig Umständen die Leichen da anfaßten, wo es ihnen am bequemsten war, und sie bald auf der Seite über die Räder fort, bald hinten vom Wagen stießen. Ich war der vierte, der abgeladen wurde. Meine Füße ragten etwas hinten über das Wagenbrett hinaus. Einer der unten befindlichen Arbeiter bemerkte dies, und um seinen Kameraden zu helfen, ergriff er mich, worauf er mit aller Kraft zu ziehen begann. Anfänglich blieb ich meiner Rolle getreu, als aber nur noch meine Schultern auf dem Wagenbrett ruhten, gab ich unbewußt dem in jedem Menschen ruhenden, mächtigen Selbsterhaltungstriebe nach, und wie um mich gegen einen allzu schweren Fall und zu heftiges Aufschlagen mit dem Kopfe zu schützen, spreizte ich meine nach unten hängenden Hände.

»Der Hund von einem Unionisten lebt noch!« rief der Mann, der mich so weit vom Wagen gezogen hatte, und offenbar von Grauen erfüllt, ließ er meine Füße fahren. Dieser Ausruf aber und die unvorhergesehene Bewegung waren Ursache, daß ich die so lange bewahrte Überlegung verlor. Ich schlug die Augen auf, was den Eindruck des Schrecklichen auf die umstehenden Leute noch erhöhte, zugleich aber gab ich meinem Körper einen Schwung, daß ich auf die Füße zu stehen kam, und die rechte Hand blitzschnell in meine Jacke schiebend, umklammerte ich den Griff des daselbst versteckten Messers.

»Nehmt euch in acht!« schrie ein abwärts stehender Arbeiter, der die Bewegung bemerkte, seinen vollständig verwirrten Genossen zu. Doch mehr als diese riefen seine Worte mich zum Bewußtsein meiner Lage; einen Blick sandte ich um mich, und den sich mir bietenden Vorteil der nächsten Sekunden nicht unterschätzend, stürzte ich dahin, wo nur ein Mann bereit stand, mir den Weg zu vertreten. Der Elende, hielt er mich für unbewaffnet oder glaubte er, daß ein zum Leben erwachter Scheintoter vor der leichtesten Berührung zusammenbrechen müsse, genug, er streckte seine Arme nach mir aus, in der besten Absicht, meine Flucht zu verhindern. Mich dagegen durchströmte in jenem Augenblicke ein Gefühl, als ob meine Kräfte sich verdoppelt hätten; mit einem gewaltigen Messerstoß warf ich den nächsten Feind zu Boden, und die blutige Waffe fortwährend zur Verteidigung bereit, stürmte ich davon, so schnell meine Füße mich zu tragen vermochten. Mir nachzusetzen fiel niemand ein; die sonst gewiß verhärteten Bösewichter trauten augenscheinlich ihren Sinnen nicht, als sie einen aus ihrer Mitte zu Boden stürzen und eine ihrer Leichen mit rasender Eile die Flucht ergreifen sahen. Als sie aber ihr erstes, an Aberglauben grenzendes Erstaunen überwunden hatten und von ihren Revolvern Gebrauch machten, da befand ich mich bereits außerhalb der sicheren Schußweite. So viel Kugeln sie mir auch nachsendeten, ich hörte sie wohl pfeifen, einzelne auch in meiner Nähe einschlagen, allein ich selbst blieb unversehrt. Anfänglich befürchtete ich, man würde die Pferde ausspannen und mir nachsetzen, zumal ein freies Feld vor mir lag, doch bald genug erfuhr ich, weshalb man sich diese Mühe nicht nahm.

»Laufe und sei verdammt!« tönte eine gellende Stimme mit dem Ausdruck teuflischen Spottes mir nach, »laufe! Je größer der Vorsprung, um so lustiger die Jagd!«

Nur zu gut verstand ich die Meinung dieser Worte, und das Herz schnürte sich mir zusammen. Bei einer Verfolgung durch Menschen wäre immer noch ein Entkommen, oder wenigstens eine Verteidigung bis zum letzten Atemzuge möglich gewesen, vor den Zähnen blutlechzender Schweißhunde dagegen konnte mich nichts retten.

Um die Richtung, welche ich fliehend einschlug, hatte ich mich nicht gekümmert. Zunächst trachtete ich nur danach, mich der Gewalt meiner Feinde zu entziehen, dann aber die in der Entfernung von etwa tausend Schritten sich weithin ausdehnende Waldung zu gewinnen. Mich erfüllte die trügerische Hoffnung, im Dickicht durch Schlagen von Winkeln die Hunde zu verwirren und auf falsche Fährten zu locken. Mit ungeschwächter Eile dahinstürmend, erreichte ich den Saum des Waldes binnen weniger Minuten. Dort blieb ich stehen, um Atem zu schöpfen und mir die Richtung einzuprägen, in der ich den Rebellen nicht wieder gerade in die Hände lief. Die Stätte, auf welcher die Toten täglich eingescharrt wurden, befand sich noch in meinem Gesichtskreise. Es war eine Reihe alter Sandgruben. Zwei Männer standen dort, offenbar meine Bewegungen aufmerksam bewachend. Die anderen hatten dagegen mit dem Verwundeten auf dem leeren Wagen Platz genommen, der in voller Flucht nach der Gefangenenstation zurückkehrte. Ich konnte also zuversichtlich darauf rechnen, daß nach Ablauf einer Viertelstunde Wirtz von allem in Kenntnis gesetzt war; eine halbe Stunde nahm es höchstens fort, bis dieser selbst und eine Anzahl seiner verbrecherischen Genossen sich beritten gemacht und die Schweißhunde losgekoppelt hatten, und wie lange sie dann noch gebrauchten, um mit ihren frischen Kräften einen halb verhungerten und nur noch von der Verzweiflung aufrecht erhaltenen Flüchtling einzuholen und niederzumachen, das vorher zu bestimmen bedurfte es keines ungewöhnlichen Scharfsinns. Mit einem Gefühl gänzlicher Erschlaffung und Ratlosigkeit wartete ich, bis der Wagen hinter Bäumen und Buschwerk verschwunden war; einen gleichsam ersterbenden Blick sandte ich zur Sonne hinüber, deren Strahlen eben erst zu wirken begannen, dann kehrte ich mich ab, um in die sich vor mir ausdehnende Waldung einzudringen. Langsam, wie ein Berauschter, verfolgte ich meinen hindernisreichen Weg. Der unerschütterliche Mut, der mich vor kurzem noch beseelte, er war von mir gewichen; die entsetzliche Spannung, in welcher ich die letzten Stunden verlebte, schien ihn vollständig gebrochen zu haben. Im Geiste sah ich bereits die wütenden Hunde auf meiner Fährte, hörte ich das jauchzende Geheul, mit welchem sie die Witterung von mir begrüßten. Langsam verfolgte ich meinen Weg; ob die grimmigen Bestien mich etwas früher oder später einholten, was war daran gelegen!

Eine Viertelstunde war ich, wie meiner Sinne beraubt, umhergetaumelt, wenig auf die Richtung meiner Schritte achtend, als ich plötzlich einen Bach vor mir sah, der sich am Rande einer Sumpfniederung hinschlängelte. Mechanisch kniete ich nieder, um meinen heißen Gaumen zu kühlen und aus der hohlen Hand zu trinken; aber als hätte ich mit den wenigen Tropfen neue Lebenskraft eingeschlürft, sprang ich wieder empor. Ich sagte mir, daß vor fließendem Wasser die Organe selbst des schärfsten Schweißhundes ihren Dienst versagen müßten, und entwarf eben mit Gedankenschnelligkeit einen neuen Plan zu meiner Rettung, welchen ich ebenso schnell ausführte. Eine kurze Strecke hielt ich mich noch auf dem Ufer des Baches, die Richtung stromaufwärts verfolgend; dann stieg ich in die klaren Fluten hinab, die mir nur wenig über die Knie reichten, und so schnell, wie es der trügerische Boden gestattete, eilte ich stromabwärts. Wohl eine Viertelstunde hatte ich in dieser Weise meine Flucht fortgesetzt, vorsichtig darauf achtend, daß ich die über dem Wasserspiegel emporragenden Schilfbüschel nicht streifte, als ich die Mündung eines natürlichen Kanals entdeckte, der, aus dem Sumpf kommend, sich mit dem Bach vereinigte. Ohne zu zögern, bog ich in den Kanal ein; doch wenn dadurch, daß derselbe nur totes Wasser hielt, ich mit keiner Strömung zu kämpfen hatte, so erschwerte auf der andern Seite meine Bewegungen, daß ich fast bis an die Hüften in den Morast einsank und nur unter großer Anstrengung meine Füße wieder zu befreien imstande war. Diese Schwierigkeiten aber wuchsen mit meinem Vordringen, denn obwohl dichtes Buschwerk und ein unbeschreibliches Rankengewirre nach allen Richtungen hin meine Aussicht begrenzte, so bestand der Boden doch nur aus Morast, aus welchem sich im Laufe der Zeit eine trügerische Moosnarbe gebildet hatte, höchstens stark genug, Sumpfvögel und leichtfüßige Kaninchen zu tragen. Mit dem Mute der Verzweiflung drang ich indessen immer weiter vor, und bei den Windungen, welche der Kanal beschrieb, war der eigentliche Wald schon ein Weilchen aus meinem Gesichtskreise entschwunden, als plötzlich aus weiter Ferne das eigentümliche Geheul zu mir herüberdrang, mit welchem einige

Schweißhunde die aufmunternden Zurufe ihrer jagdlustigen Herren beantworteten.

Wiederum drohten meine Kräfte mich zu verlassen, und um mich vor dem Umsinken zu bewahren, ergriff ich die in den Kanal hineinragenden Wurzeln einer gewaltigen Sumpfpappel. Ratlos spähte ich um mich, erwägend, ob es nicht vorzuziehen sei, meine Kräfte zu schonen und, auf den Wurzeln sitzend, mit der Waffe in der Hand die in dem Morast unbeholfenen Feinde zu erwarten, als über mir ein höhnisches Lachen mein Blut förmlich erstarren machte. Entsetzt sah ich empor, und wie ein Schleier legte es sich vor meine Augen, als ich einen halbnackten Neger von herkulischem Körperbau erblickte, der eine schwere Keule über seinem Haupte hielt, offenbar mit der Absicht, mir den Kopf zu zerschmettern.

»Ihr jetzt sterben hier im Sumpf wie verfluchter Alligator«, sprach er grinsend, indem die wulstigen Lippen weit von den elfenbeinartigen Zähnen zurückwichen, und bei seiner Bewegung vier von einem um seine Hüften geschlungenen Strick niederhängende Revolver klirrend zusammenschlugen. »Ich Euch verdammten Schädel einschlagen, denn Ihr nichts zu suchen habt in diesem Walde hier!«

»Ich bin ein Unionist, der vor einer Stunde erst entfloh«, rief ich, meine Stimme dämpfend, zu dem furchtbaren Menschen empor, und ich fühlte, wie ich immer tiefer in den Morast einsank, »ich habe für die Befreiung der Farbigen gekämpft, und es kann nicht Euer Wille sein, daß ich durch einen Farbigen sterbe!«

»Ob Unionist oder Sezessionist«, erklärte der schwarze Riese mit einem wunderlichen, fast bedauernden Ausdruck, »Ihr jetzt sterben von dieses erstaunlich schwere Holzblock. Ohnehin nicht viel an solch 'nem halbtoten Mann gelegen; ich nur einen Schlag führen, und dann Ihr los sein all Eure Qual. Ihr kommen nur um Kleinigkeit nach diese Seite, damit gut treffen. Ich nicht gern schießen mit diese Pistolen hier, weil sehr knallen und Knall rufen verfluchte Rebellen diesen Weg.«

»Seid barmherzig«, flehte ich in meiner Todesangst, »Ihr könnt die Rebellen nicht tiefer hassen, als ich es tue!«

»Nichts da«, erwiderte der Schwarze, doch senkte er die Keule, »damit Ihr aber nicht zur Hölle fahren und denken, ich sein ein schlechter Nigger, ich Euch zuvor sagen, daß ich ein ehrenwerter, feiner, schwarzer Gentleman. Ja, ich retten ein weißes Menschenleben und mit ihm wohnen schon Wochen in diesen Sumpf, und ich schwören bei allen Himmeln, daß ich ihm bringen zu seine Verwandte, und Korn ist mein Name und Korn halten sein Wort. Wenn ich Euch schenken lumpiges Leben, dann Leute mit Hunden – hör ihm schon kommen, – Euch nachfolgen und gehen diesen Weg und ich dann sein verraten. Darum lieber einschlagen Euern Schädel, und wenn Hunde Euch finden, dann Euch reißen in Stücke und gehen mit blutige Nase bei seinem Herrn, und Rebellen denken, Ihr tot sein und gehen zufrieden nach Hause. Ihr also seid vernünftig und haltet still, in eine Sekunde und 'ne halbe ist alles abgemacht«, und seine Stellung etwas ändernd, traf er Anstalt, seinen gräßlichen Vorsatz mit größter Gemütsruhe auszuführen.

Entsetzt wich ich so weit zurück, wie ich konnte, ohne meinen Halt zu verlieren.

»Habt doch Erbarmen«, flehte ich, denn die Aussicht, förmlich geschlachtet zu werden, erschien mir fast noch schrecklicher, als unter den Zähnen der grimmigen Hunde zu verenden, und raubte mir die letzte Spur männlicher Entschlossenheit. »Ihr sagt, daß Ihr ein Menschenleben beschützt, warum wollt Ihr nicht, daß ich Euch dabei zur Seite stehe? Zwei Männer sind stärker als einer, und Ihr habt da mehr Waffen, als Ihr gebrauchen könnt, und wenn Ihr mir einen Revolver gäbet, würde es Euch nie gereuen, so treu wollte ich zu Euch stehen.«

Der Neger ließ seine Keule sinken und kratzte sich hinter den Ohren.

»Ihr nicht ganz unrecht haben«, versetzte er nachdenklich, »wenn ich nur wissen, ob Euch trauen dürfen.«

»Sollte ich mich als einen Verräter ausweisen, stände es Euch ja noch immer frei, mich aus dem Wege zu räumen«, sprach ich hastig und mit neu erwachenden Lebenshoffnungen, »seid daher verständig, und hegt Ihr noch Zweifel, so führt mich zu Eurem Schützling und fragt ihn, und spricht auch der mir das Leben ab, so will ich sterben ohne einen Laut der Klage.«

Diese Bemerkung besiegte offenbar die letzten Bedenken des Negers, denn er stellte die Keule neben sich auf die Erde, worauf er mir die Hand reichte und mich wie einen Federball neben sich auf die feste Uferstelle hob. Dann lauschte er ein Weilchen auf die Hunde, die, nach dem Schall zu schließen, bereits in den Wald eingedrungen waren und jauchzend meiner Fährte nachfolgten.

»Nur zwei«, sprach er mit einem gewissen Wohlgefallen, »und zwei Hunde nicht sehr viel. Ihr erstaunlich klug gewesen, weil im Wasser gehen; denn sie jetzt nicht so leicht finden uns, und wenn finden, wir ihm besorgen. Verdammt, in diesem Sumpf ich wollte leben hundert Jahre, und verfluchte Rebellen mich schwerlich aufspüren; alle zugrunde gehen und versinken; ich allein kennen Weg und wissen, wohin Füße stellen.«

Wiederum lauschte er. Das Jauchzen der Hunde, die mancherlei Kreise schlugen, befriedigte ihn, denn er nickte beifällig. Dann forderte er mich auf, genau in seine Fußstapfen zu treten, und ohne das leiseste Mißtrauen gegen mich drang er auf dem Ufer des Kanals tiefer in die Sumpfwaldung ein. Zehn Minuten mochten wir unsern hindernisreichen Weg, bald watend, bald springend, verfolgt haben, als wir einen gegen sechzehn Fuß breiten Graben erreichten, der uns das weitere Vordringen abzuschneiden schien. Derselbe war ein totes Nebenwasser des nicht allzu fernen Flusses und auf beiden Seiten mit Schilf und Binsen dicht bewachsen. Nur in der Mitte befand sich ein kaum sechs Fuß breiter, schwarzer Wasserspiegel.

Beständig vor sich hin plaudernd, bog der Neger das Schilf auseinander, und auf eine schmale, aber starke Planke zeigend, forderte er mich auf, den Graben zu überschreiten. Ich hatte kaum das andere Ufer erreicht, als das Heulen der Hunde, welches wir in der letzten Zeit kaum beachteten, einen gewissen triumphierenden Ausdruck erhielt und, begleitet von wildem »Hussah«, sich schnell näherte. Es unterlag keinem Zweifel, man hatte meine List durchschaut, und die Reiter und Hunde folgten dem Bach, in welchem ich meine Spuren zu verbergen meinte, in vollster Jagd stromabwärts. Ausgezeichnete Hunde mußten es übrigens sein, welche Wirtz zu seinen Menschenjagden benutzte, denn ich unterschied deutlich, daß dieselben nur eine kurze Strecke über die Mündung des Kanals hinausschossen und eine Weile schwiegen, dann aber mit verdoppeltem Wutgeheul über den Bach setzten und den Kanal, auf dessen Ufer der Neger noch immer überlegend stand, als Richtung wählten. Ein Gejauchze, als ob die Tiere in furchtbarster Weise mißhandelt worden wären, verriet ihr Eintreffen auf dem Punkte, auf welchem ich mich dem Neger zugesellte, und bevor sie noch viele Schritte auf der nunmehr leicht zu haltenden Fährte zurückgelegt hatten, befand sich der schwarze Riese an meiner Seite. Sein wildes Gesicht leuchtete förmlich vor Entzücken, und mir den Strick mit den vier Revolvern einhändigend, forderte er mich auf, eine solche Stellung einzunehmen, daß die Hunde, sobald sie vor der Planke einträfen, einen vollen Anblick von mir erhielten.

»Aber nicht schießen!« schärfte er mir dringend ein, »und wenn ich winken, dann so weit fortgehen in diese Richtung, daß Männer nicht sehen meinen Freund; denn ich denke, sie nicht umkehren, ohne Nase gesteckt zu haben in diesen Sumpf hier.«

Er sprach noch, da betrat er schon wieder die Planke; gleich darauf sah ich, wie er auf der andern Seite ins Wasser stieg und kaum eine Elle weit von der Planke so tief niedertauchte, daß nur sein schwarzer Wollkopf sichtbar blieb, gegen die Blicke der Verfolger dagegen ihn das dichte Schilf schützte. Was er eigentlich bezweckte, war mir unklar; ich leistete seinem Verlangen indes pünktlich Folge, und keine zwei Minuten hatte ich vor einer offenen Stelle der Ufervegetation auf den Knien gelegen, als ich die beiden Hunde entdeckte, wie sie heulend auf der frischen Fährte einherwateten.

»Faß ihn! Hussah! Gebt's dem verdammten Deutschen!« tönte es dumpf von dem Walde herüber. Jauchzend antworteten die zur Wut gereizten Bestien. Nur noch ein Sprung trennte sie von dem Graben, als sie plötzlich die Köpfe emporwarfen und meiner ansichtig wurden. Sie schreckten zusammen, als hätte sie es überrascht, ihr Opfer nicht in voller Flucht zu sehen; dann aber in ein durch Mark und Bein dringendes Geheul ausbrechend, stürzten sie blindlings auf die Planke zu, deren Anblick sie indessen veranlaßte, sich nicht dem Wasser anzuvertrauen, sondern den bequemeren Weg zu wählen. Sie kamen nicht weit, kaum eine halbe Elle über den Schilfstreifen hinaus; denn indem sie ihre Eile mäßigten, um auf der schlüpfrigen Bahn nicht auszugleiten, ließen sie dem Neger genügend Zeit, den vordersten mit Blitzesschnelligkeit an den Hinterfüßen zu ergreifen und unter Wasser zu ziehen, ein Verfahren, welches er ebenso gewandt wiederholte, sobald der zweite Hund in gleicher Höhe mit ihm angelangt war.

»Hussah! Faß ihn!« tönte es vom Walde herüber, begleitet von nachgeahmtem indianischen Gellen, denn das plötzliche Verstummen des Geheuls erklärte man sich unzweifelhaft, daß man mich unter den Zähnen der grimmigen Bestien verendend meinte. Auf dem Spiegel des Grabens war dagegen nichts sichtbar, als einige durcheinander wirbelnde Strudel, aus welchen, wie Schnüre gewaltiger Glasperlen, platzende Luftblasen hervorquollen, zuweilen auch eine schnell wieder verschwindende Hundepfote oder eine schwarze Nase, dann aber das teuflisch grinsende Gesicht des Negers, der bis unters Kinn in dem sich schnell trübenden schlammigen Wasser kauerte und gleichsam spielend die beiden Tiere ertränkte.

»Faß ihn! Gebt's ihm!« gellten die Stimmen der Rebellen durch die Sumpfwaldung.

»Ja, gebt's ihm!« höhnte der Neger. Dann, nachdem er sich überzeugt hatte, daß seine Opfer unfähig geworden, Widerstand zu leisten, richtete er sich auf, wodurch seine breite Brust sichtbar wurde, und den einen Hund zwischen seine Knie klemmend, zog er mit der frei gewordenen Hand das noch unter Wasser befindliche Messer aus seinem Gurt, worauf er mit großer Gemütsruhe beiden Tieren die Kehle durchschnitt und sie untersinken ließ. Ich war näher getreten und starrte, obwohl freier aufatmend, doch mit einem gewissen Entsetzen auf den Neger hin, der mit sichtbarer Spannung nach dem Walde hinüberlauschte. Das aufmunternde Geschrei war verstummt; statt dessen drangen scharfe Pfiffe herüber, mit welchen man die Hunde lockte, und Flüche, in deren Begleitung man die verschiedenen Meinungen austauschte. Das lange Schweigen der Hunde mußte meine Verfolger schließlich beunruhigen, denn aus den einzelnen Worten, welche ich verstand, ging hervor, daß sie die furchtbarste Rache an mir zu nehmen gedachten, wenn ich die unersetzlichen Tiere im Kampfe vielleicht besiegt haben sollte.

»Weit kann er nicht sein!« wurde mehrfach wiederholt, »Schußwaffen hat er ebenfalls nicht, und wohin seine Füße ihn trugen, können auch andere Leute ihren Weg finden.«

Bei diesen Worten kehrte mir der Neger sein breites Antlitz zu; ein hoher Grad von Verlegenheit war auf seinen schwarzen Zügen ausgeprägt.

»Sie kommen diesen Weg, die Schurken, oder ich will verdammt sein«, sprach er mit gedämpfter Stimme, jedoch schnell zurückkehrendem Selbstbewußtsein, »sie aber nicht dürfen über diesen Graben, oder sie finden guten Weg und dann wir alle hängen.«

»Wir können sie daran hindern«, erwiderte ich ebenso vorsichtig, »hier sind vier geladene Revolver, auf jeden von uns zwei. An geeigneter Stelle legen wir uns in einen Hinterhalt und schießen jeden nieder, der in unsern Bereich tritt.«

»Nichts da«, antwortete der Neger, und er machte eine Bewegung, als ob er sich in dem trüben Schlamm unendlich wohl befunden habe, »ich machen einen andern erstaunlich feinen Plan; denn Knallen mit Revolver rufen immer mehr Rebellen herbei, und das sehr gefährlich. Ich daher lieber nehmen keinen und seiend zufrieden mit dieses Messer. Ihr aber wohl aufmerken, was ich jetzt kalkuliere. Ihr bleiben dort drüben und Euch so verstecken, daß niemand Euch sehen, Ihr aber sehen das Brett und mich hier. Dann seiend Ihr ganz still, und nur erst, wenn Rebellen zu viel und zu stark für mich, mögt Ihr niederschießen alle; aber nicht vorher, nein, nicht vorher. Ich mir nämlich denkend, daß ich machen allein das Geschäft erstaunlich schön.«

Der Neger hatte mir schon so untrügliche Beweise seiner schlauen Berechnung geliefert, daß ich keinen Widerspruch zu erheben wagte. Seinen Anordnungen gemäß legte ich mich daher hinter einen Sassafrasstrauch so in das feuchte Moos nieder, daß ich zwischen den unteren, weniger belaubten Zweigen hindurch nicht nur die Brücke und den Neger zu bewachen, sondern auch den schmalen Kanal eine Strecke mit den Blicken zu verfolgen vermochte. Grinsend flüsterte mir der Schwarze zu, daß die Augen des verdammtesten Krokumdeils mich nicht entdecken würden, tiefer nestelte er sich dabei in das dicht bestandene Schilf ein, eine Anzahl Halme einknickend und über sein Haupt hinziehend, und dann war es so still ringsum, daß das Singen der zahllosen peinigenden Moskitos wie ein endloser feiner Akkord das Ohr erfüllte.

Die Stimmen in dem Hochwald hatten sich getrennt. Nur gelegentlich unterschied ich einzelne, indem sie sich gegenseitig anriefen und zur Vorsicht mahnten. Diese letzteren aber rückten uns von Minute zu Minute näher, und wohl zehn Minuten verrannen, bis ich endlich einen Mann in Halbuniform entdeckte, der, die schußfertige Büchse vor sich in den Händen, behutsam auf dem Ufer des Kanals einherwatete, zuweilen auch bis über die Knie in den Morast einsank. Einige Minuten später tauchten noch zwei Männer im Hintergrunde auf. Dieselben trugen ebenfalls ihre Büchsen schußfertig vor sich; eine gewisse militärische Ordnung beobachtend, wachten sie über die Sicherheit des Spähers. Sie befanden sich ungefähr sechzig Schritte weit hinter ihm, also gerade weit genug, um, im Falle er angegriffen wurde, seinen Feind mit aller Ruhe niederschießen zu können. Es waren also recht erfahrene Burschen, und ich zitterte für das Leben meines schwarzen Freundes und für das meinige, indem ich erwog, daß wir den Präzisionswaffen unserer Verfolger nur die unsicheren Revolver entgegenzusetzen hatten.

Schritt für Schritt und mißtrauisch um sich lauschend rückte der Kundschafter uns näher. Der Neger hörte ihn und hatte sich bis an die Unterlippe in das schlammige Wasser niedergekauert. Wäre unsere Lage nicht eine so furchtbare gewesen, so hätte ich lachen können über die Beweglichkeit, mit welcher die dicken Augäpfel in meines Freundes Kopf herumrollten, und die höchst weise Miene, mit welcher er in dem scheußlichen Bade an einem Schilfhalm kaute. Er schien ein Mißlingen seines Plans geradezu für unmöglich zu halten, und da er nicht um sich sehen konnte, berechnete er aus den Stimmen unserer Feinde genau, wie viele es ihrer waren und welche Stellung sie zueinander genommen hatten.

Als der Späher vor dem Brett eintraf, glaubte ich, mein Herz müsse stillstehen, ein so hoher Grad von Spannung hatte sich meiner bemächtigt. Nur noch eine Minute, und er befand sich nach meiner Überzeugung mir zur Seite. Das Wasser plätscherte, als er die ersten Schritte auf dem schwanken Brett tat und dadurch bis an die Grenze des Schilfstreifens gelangte. Hier blieb er plötzlich stehen, und nachdem er einen Blick um sich geworfen, kehrte er sich mit einer Bewegung des Erstaunens seinen Genossen zu.

»Bei der ewigen Verdammnis!« rief er aus, jetzt ist mir alles klar! Blut und Schlamm im Wasser; hier hausen Alligatoren und der Flüchtling ist samt den Hunden deren Beute« – –

Weiter kam er nicht. Während er sprach, hatte sich neben der durch seine Last etwas ins Wasser hinabgedrückten Planke eine schwarze Hand leise aus den Fluten erhoben, dann aber mit Blitzesschnelligkeit seinen Fuß oberhalb des Knöchels umklammert und mit einer solchen Gewalt nach sich gerissen, daß er seine Büchse im Falle losdrückend, der Länge nach ins Wasser schlug.

»Hilfe!« kreischte er auf dem Gipfel seines Entsetzens; dann war nur noch das Rauschen des Wassers vernehmbar, indem er sich dem eisernen Griff von des Negers linker Faust zu entwinden suchte, die sich mit unglaublicher Gewandtheit um seine Kehle legte und ihn unter Wasser hielt.

Die beiden anderen Rebellen, sobald sie den Todesschrei ihres Genossen hörten und ihn stürzen sahen, blieben erschrocken stehen. Erst nachdem sie, wie beratend, einige Worte miteinander gewechselt hatten, bewegten sie sich wieder, jedoch mit erhöhter Vorsicht um sich spähend, vorwärts. Die Erwähnung der Alligatoren hatte ihnen offenbar Furcht eingeflößt; überall meinten sie die furchtbar bewaffneten Kiefer dieser Sumpfscheusale zu entdecken; und als sie endlich bis auf zehn Schritte an die Brückenplanke herangekommen waren, da hatte ihr Genosse längst seinen letzten Atem aus dem Schlamm emporgesendet. Der Neger aber drückte ihn mit seinen Füßen in den Morast ein, sich selbst so tief hinabbeugend, daß nur ein schmaler Zwischenraum zwischen seinen Nasenlöchern und dem Wasser blieb.

»Verdammt, das ganze Wasser ist ein Blut«, sprach der eine Rebelle, sich noch einen Schritt nach vorn bewegend, »ich hätte nicht geglaubt, daß auch in diesem Teil des Landes Alligatoren hausen.«

»Geht noch etwas näher«, erwiderte der andere, »und wenn Ihr's nicht glaubt, werdet Ihr's erleben, wie bald sie Euch herunterholen. Beim Satan, wäre ich doch ein Esel, wollte ich mich der Gefahr aussetzen, bei lebendigem Leibe verzehrt zu werden. Den verdammten Deutschen hat der Teufel geholt, die beiden besten Hunde und einen gesunden Burschen obendrein, das wäre wohl genug für heute.«

Sein Genosse reckte den Hals lang aus, um einen weiteren Überblick über den Graben zu gewinnen.

»Alles Blut«, sprach er nachdenklich, »und nirgends 'ne Spur von ihm. Die Bestien haben ihn unter Wasser gezogen, um ihn dort ungestört zu verspeisen. Verdammt, gegen Unionisten will ich fechten, und wenn's ihrer zwanzig sind, allein hängen will ich, fällt mir's ein, mit 'nem halben Dutzend Alligatoren anzubinden.«

Vorsichtig kehrte er sich um, und besorgt nach allen Seiten spähend und das wunderbare Ereignis lebhaft verhandelnd, schlugen beide den Rückweg ein.

Erst nachdem die Stimmen der vereinigten Verfolger im Walde verhallt waren, kroch der Neger aus seinem nassen Versteck hervor. Sich mir zugesellend, beschwor er mit allen erdenklichen Eiden und mit gedämpftem triumphierenden Lachen, daß die Rebellen so leicht keinen Hund mehr der Gefahr aussetzen würden, von den Krokumdeils gefressen zu werden. Dann reinigte er sich am nächsten Wasser vom Schlamm und Blut; auch ich mußte die Spuren meiner Flucht von Gesicht und Kleidern entfernen – »von wegen des weißen Lebens« – wie er meinte, worauf wir immer tiefer in die Sumpfwaldung eindrangen. Nach längerer mühevoller Wanderung erreichten wir eine inselartige Bodenerhebung, auf welcher wir trockenen Fußes einherzuschreiten vermochten. Noch eine kurze Strecke, und vor uns lag eine von Zweigen hergestellte Laube, die zeitige Heimat des Negers. Mich durch Zeichen ermahnend, kein Geräusch zu erheben, führte er mich vor den Eingang derselben, mit dem Finger in die Laube hineinweisend.

»Mich ihr tragend einen langen Weg«, flüsterte er geheimnisvoll, »ihre Mutter ist vor Elend gestorben, ihr Vater totgeschossen, und mich bringend süßes Herz nach dem Norden zu seinen Verwandten. Armes kleines Herz! Es so schrecklich unglücklich geworden und besitzen keinen Cent mehr; ich es aber lieben mächtig, armes süßes Herz«, und Tränen, so groß wie kleine Haselnüsse rollten über des Burschen schwarze Wangen.

Wie gebannt blieb ich stehen; meine Augen hingen an einem rührenden Bilde. Zwischen gedörrtem Schilfgras und umgeben von kleinen Vorräten an Lebensmitteln lag schlummernd ein holdes Kind, ein liebliches Mädchen von höchstens zehn Jahren. Süßer Friede ruhte auf dem freundlichen, von dichten braunen Locken umwallten Gesichtchen. Gesunder Schlaf hatte die runden Wangen rosig gefärbt. Die arme Waise schien keinen Begriff von den Verlusten zu haben, welche sie erlitten hatte. Meine Blicke störten endlich ihren Schlummer. Sie schlug die großen blauen Augen auf.

»Ein Freund, mein Süßherzchen«, sprach der Neger wunderbar weich, indem er auf das Schilfgras niederkniete, »ein sehr guter Freund, welchen ich findend draußen im Walde, und mein Süßherzchen jetzt nicht mehr allein, wenn alter häßlicher Korn sich nachts fortstehlen und von andere Niggers Lebensmittel. holen. Und bald von hier fortgehen, andere Niggers mir alles versprochen.«

»Mein guter schöner Korn«, lachte das Kind zutraulich, die schwarze Faust, die eben noch den Mordstahl führte, schmeichelnd zwischen seine Händchen nehmend. »Es ist so wundervoll hier, ich möchte noch ein Weilchen hier wohnen bleiben.«

»Noch einige Tage«, antwortete der schwarze Korn mit einem triumphierenden Blick auf mich, dann ordnete er mit der Zartheit einer Mutter die Kleider und das Haar seines Lieblings, worauf er schleunigst ans Werk ging, über einem winzigen, mit trockenen Reisern genährten Feuerchen eine gute Mahlzeit für uns alle zu bereiten. Ich selbst befreundete mich sehr schnell mit der lieben Kleinen, und in dem regen Verkehr mit ihr verwischten sich bald die empfangenen schrecklichen Eindrücke.

Beinahe drei Wochen blieben wir noch in unserem sicheren Versteck. Dann waren des getreuen Korn Vorbereitungen zur Fortsetzung unserer Flucht beendigt. Wir schlugen uns eines Abends, er das Kind tragend, bis zum Flusse durch, wo ein mit vier flüchtigen Negern bemanntes leichtes Boot unserer harrte, um uns dem Ohio-Strom und damit den von den Unionisten gehaltenen Landesteilen zuzutragen. Ohne weitere Zwischenfälle erreichten wir unser Ziel. Wir ruderten des Nachts und rasteten am Tage an geeigneten Stellen, bis endlich jede Vorsicht überflüssig wurde und wir uns frei und offen zeigen durften.

Den getreuen Korn und sein Süßherzchen begleitete ich bis unter das Dach, unter welchem das liebliche Kind mit Tränen der Wehmut willkommen geheißen wurde. Ich legte Zeugnis ab für meinen schwarzen Retter, ich überzeugte mich, daß ihm ein Los bereitet wurde, wie er es sich vielleicht nie hätte träumen lassen; dann kehrte ich mit neuen Kräften und frischen Mutes zu meinem Regimente zurück.

Ein Tag auf dem Ufer des Colorado

Etwa fünfhundert englische Meilen hatten wir vom kalifornischen Golf aus auf dem Rio Colorado unter den unsäglichsten Mühen und Beschwerden zurückgelegt. Der »Explorer«, das uns von der Vereinigten Staaten-Regierung gelieferte kleine, offene eiserne Dampfboot, lag hart an dem sandigen Ufer vor Anker. Stückweise hatten wir dasselbe von Philadelphia über Panama nach San Francisco, und von dort mittels eines leichten Küstenfahrers um die Halbinsel von Kalifornien herum bis in die Mündung des

von uns zu erforschenden Stromes schaffen lassen. Dort wurde es zusammengefügt und ohne Säumen dem uns nachfolgenden Maultiertrain voraus die Reise nördlich angetreten. Nach den jüngsten schweren Anstrengungen, bedingt durch die Übergänge über Stromschnellen und mit Steingeröll bedeckte Untiefen, hielten wir Rasttag. Gemächlich ruhten unsere Leute auf dem weichen Sande. Der Himmel war wolkenlos. In vollem Glanze strahlte die Sonne auf die schreckliche Felsenwüste und den rauschenden Strom nieder. Sie beleuchtete die falbe, trostlose Umgebung in einer Weise, welche die Augen blendete und schmerzte. Schon in der Frühe begann der feine Flugsand vor der erwachenden Brise emporzuwirbeln und verkündete einen jener lästigen Sandstürme, gegen deren peinigende Wirkung man vergeblich nach einem sichern Zufluchtsort späht.

Einige Schritte unterhalb des Lagers befand sich in dem nachgiebigen Ufer eine höhlenartige Ausspülung, welche ihr Entstehen dem zeitweise von der benachbarten, stark ansteigenden Kiesebene niederströmenden Regenwasser verdankte. Dieselbe lag versteckt hinter Ranken und Wurzeln und versprach notdürftigen Schutz gegen den aufspringenden Sturm, welchem die auf dem beweglichen Sande errichteten Zelte unmöglich widerstehen konnten. Gemeinschaftlich mit den Kameraden ging ich ans Werk, die Höhle von dem Gestrüpp zu säubern, nur so viel zurücklassend als erforderlich, die Bedachung einigermaßen zu ersetzen. Der Boden wurde hierauf geebnet und mit Weidenzweigen dicht bedeckt, und so entstand nach kurzer Zeit unter unsern Händen eine vergleichsweise bequeme Hütte, welche geräumig genug war, unsere aus sieben Mitgliedern bestehende Gesellschaft zu beherbergen. Dort nun saßen und lagen wir während des größten Teils des Tages. Denn der Sturm tobte ununterbrochen, trieb dichte Flugsandwolken vor sich her und machte den Aufenthalt im Freien geradezu unerträglich. Sogar in unserer Höhle empfanden wir seine peinigende Wirkung. Fortgesetzt bedeckten uns dicke Staublagen, und wo ein Sonnenstrahl in unsere Zufluchtsstätte hereinzitterte, da blitzten Millionen von kaum sichtbaren Bestandteilchen, welche die Luft erfüllten und sich leicht mit dem Atem vermischten. Doch nicht allein die Luftröhren wurden schmerzhaft angegriffen, sondern auch die Zähne, welche man kaum, gleichviel ob beim Einnehmen der reich mit Sand gewürzten sehr dürftigen Speisen oder beim Sprechen, aufeinander zu setzen wagte.

Der Abend rückte heran, der Sturm legte sich, so daß wir, ohne vom Rauch belästigt zu werden, ein kleines Feuer in der Höhle unterhalten durften. Es trug dazu bei, daß die Unannehmlichkeiten des Tages vergessen wurden und daß man heiter und ohne Besorgnis um die ungewisse Zukunft nur der Gegenwart lebte.

Dem Reisenden ferner, abgeschiedener Regionen bieten sich oft Szenen, welche den Wunsch in ihm erwecken, dieselben als unzerstörbares Bild mitführen und auch anderen zugänglich machen zu können. Doch nicht jedesmal die ungehemmte Aussicht auf die erhabenen Werke einer schöpferischen und weise ordnenden Naturkraft oder eine besondere Wichtigkeit des Momentes ist es, was solchen

Wunsch gebiert, sondern häufig eine zufällige malerische Zusammenstellung von Personen und Gegenständen in entsprechender Umgebung, und wo eine eigentümliche Beleuchtung das Bild vervollständigt und gleichsam charakterisiert. Empfänglichen Gemütern prägen solche Szenen sich unauslöschlich ein; selbst lange Jahre vermögen derartig gewonnenen Eindrücken und Rückerinnerungen nichts von ihrer Lebensfrische zu rauben.

Nur wenige Fuß von dem Ausgang der Höhle brandete der Strom in seiner unabänderlichen Weise über Felsengerölle einher. Mattes bläuliches Licht ruhte auf Wüste, Berg und Wasser. In jeder tanzenden Welle spiegelte sich der hochstehende Mond. Regungslos lag das kleine Eisenschiff vor der Stromschnelle; regungslos wie die Felsenmauern, welche auf dem jenseitigen Ufer den ungestüm einhereilenden Fluten entstiegen; regungslos wie der »Berg der Toten«, eine malerische, mit geisterhaften Lichtreflexen geschmückte Gebirgsgruppe, in welcher nach den Anschauungen der Eingebornen die Geister der Verstorbenen zum ewigen Frieden, zum ewigen Überfluß eingehen. Beängstigendes Schweigen ringsum. Selbst die sonst zur nächtlichen Stunde regsamen Wölfe schienen die starre Einöde zu fürchten und zu meiden. Nur der Strom rauschte und brauste und erfüllte die stille Abendluft mit seiner hohlen, eintönigen Musik.

Vom flackernden Feuer erhellt und seltsam kontrastierend zu dem bläulichen Mondlicht erweiterte sich die Höhle in das Ufer hinein. Die schroffen Sandwände, gehalten von blätterlosen Ranken und zähen Wurzeln, erschienen rotglühend; rastlos spielte der aufsteigende Rauch mit den niederhängenden Zweigen und Moosgeweben der durchbrochenen Bedachung. In gedrängtem Kreise lagen um das Feuer bärtige Weiße und grell bemalte Indianer. Die farbige wollene Decke fehlte keiner einzigen Gestalt und verbarg teilweise die kurzen Waffen, die in jedem Gurt blitzten. Büchsen, Bogen und gefüllte Köcher hingen an vorspringenden Wurzeln oder lehnten an den Wänden.

Die kurzen Tonpfeifen dampften und erhöhten gleichsam den Ausdruck der Zufriedenheit auf allen Physiognomien. Abhängig von den Flammen wechselte die glühende Beleuchtung der Züge, der faltenreichen Decken und der abgetragenen und versengten Kleidungsstücke. Aus denselben Ursachen wuchsen und schwanden die Schatten, welche, ähnlich einem Heer mißgestalteter Kobolde, auf den Wänden umhertanzten.

Mancher Gedanke, manches Wort galt der fernen Heimat, von welcher uns die entsetzlichsten Wüsten trennten. Allmählich aber paßte die Unterhaltung sich gewissermaßen der Umgebung an, je nachdem die Phantasie planlos die endlosen westlichen Wildnisse durcheilte, bald hier bald dort rastete und die in weiterer Vergangenheit liegenden Erfahrungen zusammentrug. –

»Spinnt uns ein Garn, Peacock!« hieß es lustig, wie um sich dadurch wehmütiger Betrachtungen zu erwehren.

»Nur Seeleute spinnen Garne«, antwortete Peacock, unser, der nachfolgenden Maultierherde um eine Tagereise weit vorausgeeilter Trainmaster, und ein so sorgloser Kalifornier, wie nur je einer den Lasso schwang und das glühende Brandeisen auf lebenswarme Pferdehaut preßte.

»Wer so oft das Grasmeer Missouris durchsegelte wie Ihr, hat sicher gelernt, ein Stückchen Garn abzuwickeln«, bemerkte ein anderer.

Peacock lächelte behaglich, warf einen sinnenden Blick auf unsere beiden riesenhaften Mohave-Begleiter und auf den Diegeno-Indianer, der sich als Dolmetscher uns angeschlossen hatte, dann hob er an:

»So gern ich den Indianern aus dem Wege gehe und einen Kampf, in welchem nicht viel Ehre zu gewinnen, zu vermeiden suche, hab' ich doch darüber nachgedacht, wie schnell wir mit einigen Hundert von diesen nackten Mohaves und Chimewhuebes fertig werden würden. Anders ist's, wenn man Krieger von den Stämmen der Sioux, Arapahoes und Scheyennes vor sich hat; Karamba! Männer, die zum Teil mit guten Kentucky-Büchsen bewaffnet sind und sich auf die Führung derselben verstehen.

Hab' einen Freund, Major Bridger heißt er, und der ist einer der verwegensten Indianerbekämpfer, Viehzüchter und Tauschhändler, die jemals die Rocky-Mountains überschritten. Seit wenigstens sechsunddreißig Jahren verkehrt er im Quellgebiet des Missouri wie des Columbia mit den Eingebornen. An Blacks Fork, einem Arm des Green River, dessen Wasser hier im Colorado an uns vorüberfließt, gründete er zum Schutz seiner Leute und Waren einen größeren Handelsposten, der nach ihm selber Fort Bridger genannt wurde. Die Emigrantenstraße nach Kalifornien führt dort vorbei, und wer in Fort Bridger einkehrt, findet stets die gastfreundlichste Aufnahme. Fort Bridger ist also der Mittelpunkt, von welchem aus der alte Major die in allen Richtungen zerstreut liegenden kleineren Nebenposten unterhält und zugleich seine Pelzjäger und Tauschhändler zu den verschiedenen Indianerstämmen entsendet. So war es wenigstens noch vor sieben Jahren, als ich dort zum letztenmal vorsprach, und ich hoffe, daß seitdem keine Änderung stattgefunden hat.

Fünfzehn Jahre mag es her sein, als Bridger einen gewissen Henry Frappe zu einem seiner tätigsten Mitarbeiter zählte. Dieser Frappe hatte das Kommando einer Kompanie Freitrapper, etwa vierzig an der Zahl und unter diesen ich selber, übernommen. Und kernhafte Burschen waren's, sag ich euch, und Jäger drunter – Karamba! die mit derselben Gemütsruhe den Skalp von 'nem indianischen Schädel streiften, wie ihr eine Apfelsine schält. Mit unsern indianischen Weibern, den Rindern und Pferden bildeten wir übrigens eine stattliche Karawane; trotzdem bewegten wir uns so flink und leicht einher, wie 'ne Familie von Präriehühnern, die des Morgens nur ihre Federn zu schütteln braucht, um reisefertig zu sein. So kreuzten wir jagend und tauschend nach allen Richtungen das Land zwischen den Quellen der südlichen Zuflüsse des Green River, und ich könnte nicht behaupten, daß ich jemals feinere Zeiten verlebte. Mit stärkerem Getränk als gutem Wasser war's freilich schlimm genug bestellt, aber Tabak und Fleisch gingen nie aus, und mehr gehört im Grunde nicht dazu, um dem Otter und dem Biber Fallen zu stellen und hin und wieder 'nem Bären das Fell über die Ohren zu streifen.

Nicht weit von der Stelle, auf welcher später Fort Bridger errichtet wurde, beschloß Frappe länger zu verweilen. Wir befestigten daher unser Lager, so gut es gehen wollte, umgaben dasselbe mit 'ner einfachen Palisadenreihe, und wähnend, auf solche Weise ausreichenden Schutz gegen etwaige feindliche Angriffe der Wilden geschaffen zu haben, begab Frappe sich mit dem größten Teil seiner Leute auf die Büffeljagd. Auch Weiber gingen mit, um die erlegten Tiere auszuschlachten, die Häute herzurichten, das Fleisch in Streifen zu schneiden und zum Vorrat für den Winter zwischen Rauch und Sonne zu dörren. Kaum aber hatte Frappe sich aus der nächsten Nachbarschaft entfernt, als eine Bande von ungefähr 400 Sioux und Arapahoes das Lager überfiel, einige Männer und Weiber, welche sich nicht schnell genug durch Flucht retten konnten, niedermachte und mit hundertundfünfzig Stück Vieh davonzog. Ich selbst hatte mich auf ein Pferd geworfen, und da ich nicht wußte, wo ich Frappe suchen sollte, ritt ich nach dem Green River hinüber, um Bridger und seine Leute zu Hilfe zu rufen. Bridger, der gerade im Begriff stand, auf dem Ufer des Green River einen Tauschhandelsposten zu errichten, erhielt also beinahe ebenso schnell Kunde von dem Unglück wie Frappe. Einen zweiten Überfall befürchtend, befahl er mir, noch selbigen Tags mich auf den Rückweg zu begeben und Frappe den Rat zu erteilen, sein Lager zu verlassen und mit der ganzen Kompanie zu ihm zu stoßen. Als ich nach einem scharfen Ritt von zehn Stunden wieder bei dem Lager eintraf, war Frappe bereits dort anwesend. Bridgers Rat erschien ihm indessen wohl nicht sehr dringend, er beeilte sich wenigstens nicht mit seinem Aufbruch. Entweder bezweifelte er einen erneuten Überfall, oder er erblickte in demselben eine gute Gelegenheit,

Indianer als Pfadsucher.

sich für den ihm zugefügten Schaden nachdrücklich zu rächen. Vorsichtiger aber waren wir alle geworden, und kein Abend brach herein, an welchem sich nicht alle Mitglieder unserer Gesellschaft samt den uns gebliebenen Pferden und Rindern innerhalb der Palisaden versammelt hätten. Zehn Tage vergingen in ungestörter Ruhe, und Frappe begann ernstlich an unsern Aufbruch zu denken, als in den ersten Vormittagsstunden, also zu einer Zeit, zu welcher jeder vernünftige Mensch es am wenigsten erwartete, plötzlich mehrere hundert Indianer in der Umgebung des Lagers auftauchten und sofort mit wildem Kriegsgeheul auf uns einstürmten. Doch diesmal waren wir besser vorbereitet. Kein Mann befand sich außerhalb der Palisaden, und bevor noch die ersten Wilden heran waren, stand jeder auf seinem Posten, und Schuß auf Schuß krachte zwischen dem Pfahlwerk hindurch dem Feind entgegen. Ein Kriegshäuptling fiel als erstes Opfer durch Frappes Kugel. Ich selbst stand neben Frappe, und obwohl ich noch nie Menschenblut vergossen hatte, blies ich den Krieger, der ungestüm über den gefallenen Häuptling hinwegsetzen wollte, so zierlich durch den Kopf, daß er mit 'nem richtigen

Hechtsprung noch vor seinen Häuptling zu liegen kam. Aber auch die anderen Männer hatten ihre Schuldigkeit getan. Hier und dort sah man einen der in blinder Wut vorausgeeilten braunen Krieger sich in seinem Blute wälzen, worauf die übrigen, in dem offenen Vordringen eine zu große Gefahr erkennend, den Angriff aufgaben. Schnell sich um die Palisaden herum verteilend, suchte jeder ein Versteck zu gewinnen, von welchem aus er, selbst geschützt, mit Überlegung auf uns zu schießen vermochte; und verdammt feine Büchsen befanden sich unter ihnen, wie wir bald genug kennenlernen sollten.

Das Gefecht, welches jetzt folgte, war allerdings ein weniger geräuschvolles, weil jeder sich nach besten Kräften hinter Steinen und Baumstümpfen gegen feindliche Kugeln zu decken trachtete. Von unserer Seite aber fiel selten ein Schuß, der sein Ziel verfehlte. Wo ein brauner Arm sich zeigte oder ein bemalter Kopf sich hob, da machte eine Kugel ihn schnell wieder zurücksinken; wo dagegen ein ledernes Jagdhemd oder ein Filzhut die Öffnung zwischen den Pfählen flüchtig verdunkelte, da schlugen ringsum Kugeln und Pfeile zu Dutzenden ein. Leider fanden einzelne Geschosse ihren Weg zwischen dem Holzwerk hindurch und verwundeten nicht nur, sondern töteten auch einzelne von unsern Jägern.

Frappe gehörte zu denjenigen, welche zuerst eine Wunde davontrugen; trotzdem handhabte er seine Büchse, als hätt's einem Preisschießen gegolten. Aber innerlich war er grimmig; Karamba! ich seh' heute noch, wie seine Nasenflügel zitterten, während er 'ne List ersann, um's dem rothäutigen Gesindel zu geben. Endlich hing er seinen Hut auf den Ladestock, worauf er ihn einige Schritte abwärts vor eine größere Öffnung hielt, und als ein wahrer Hagel von Kugeln und Pfeilen auf denselben hereingerasselt war, schob er die Mündung seiner Büchse blitzschnell durch eine andere Scharte, und ein unvorsichtiger Indianer sank mit zusammengeschossenem Schädel hinter einem Baumstumpf zusammen. Viermal, und jedesmal auf einer andern Stelle, glückte Frappe dieser Kunstgriff, und jedesmal stürzte ein Wilder schwer getroffen zu Boden, daß ich erstaunte, woher die braunen Schufte noch immer den Mut nahmen, sich unsern Büchsen preiszugeben. In jedem Augenblick meinte ich, daß sie sich davonmachen würden, aber ich hatte falsch gerechnet. Denn auch die Indianer haben ihre fünf Sinne, und von dem Frappe hatten sie augenscheinlich gelernt; denn als dieser zum fünftenmal seine Büchse hob und seitwärts von seinem zerfetzten Hut vor eine Öffnung trat, drangen zwei Kugeln zugleich in seine Brust und machten seinem letzten Kampf ein Ende.

Als ich ihn hinsinken sah – Karamba! ich konnte den alten Burschen leiden – da war mir's, als hätte ich selber das Blei in meinem Fleisch gefühlt. Andere Kameraden, die's gerade sahen, mochten ebenso denken. Doch hier war nicht viel Zeit zum Träumen. Die Bewegung, welche der Fall unseres Führers innerhalb der Palisaden hervorrief, war den Indianern offenbar nicht entgangen, denn plötzlich ihre Verstecke verlassend, unternahmen sie von allen Seiten einen neuen Angriff auf die Einfriedigung. Aber auch wir blieben nicht müßig, und ich kalkulier', die Wut, die jeden über Frappes Tod erfaßte, hinderte ihn nicht, gerade über seinen Büchsenlauf zu sehen, und die Wilden waren noch nicht bis zu dem Punkte gelangt, auf welchem sie beim ersten Angriff ihre vordersten Krieger verloren hatten, als die von sicheren Händen abgeschickten Kugeln sie abermals zum Rückzug zwangen.

Der Kampf hatte bereits Stunden gedauert, wurde aber, nachdem die Indianer wieder in ihre Verstecke geschlüpft waren, mit erhöhter Erbitterung aufgenommen. Hätte den rothäutigen Schurken nimmermehr so viel Hartnäckigkeit zugetraut, denn im Grunde setzt der Indianer sein Leben nicht gern aufs Spiel. Boten die Wilden aber alles auf, ihre gefallenen Krieger zu rächen, so kämpften wir für unser und der Weiber Leben; denn es gibt wohl kaum eine niederträchtige und qualvolle Todesart, welche sie nicht an jedem einzelnen von uns versucht hätten, wären sie unserer Herr geworden.

Die Sonne neigte sich dem Untergange zu, als sie, getrieben von Wut und Rachedurst, nochmals einen Versuch wagten, die Umzäunung zu gewinnen. Dabei bewiesen sie eine geradezu unglaubliche Kühnheit und Todesverachtung. Sie vernichteten sogar die Palisaden, jedoch nur, um wiederum unter großem Verlust zurückgeschlagen zu werden. Denn wo eine Hand sich an das Pfahlwerk anklammerte, um den Körper nach demselben hinaufzuziehen, da war ein Beil bereit, oft nur von Weiberfaust geführt, sie zu verstümmeln, während unten zwischen den Palisaden hindurch ununterbrochen immer neue Kugeln in den anstürmenden Haufen hineingesendet wurden. Schnell wie der Angriff war auch der Rückzug, aber bis in die Nacht hinein wurde das Feuern auf beiden Seiten fortgesetzt. Obgleich wir einige vierzig indianische Leichen zählten, die bei den verschiedenen Angriffen gefallen waren, und die Zahl der Kampfunfähigen die der Toten wohl weit überstieg, stand uns doch mindestens noch eine fünffache Übermacht gegenüber, und nicht ohne Besorgnis gedachten wir der kommenden Nacht, in welcher wir einen letzten und entscheidenden Angriff erwarteten. Hatten wir doch selber sehr empfindliche Verluste erlitten; denn außer Frappe lagen in der Umzäunung noch acht der Unserigen, die in dem grimmigen Kampfe getötet worden waren. Trotzdem verließ uns der Mut keinen Augenblick, und kein Wunder, wenn man sich in der Lage weiß, um seinen Skalp kämpfen zu müssen. Konnten aber die Toten nicht mehr an der Seite der Lebenden fechten, so waren deren Waffen doch in gutem Zustande. Sorgfältig luden wir jedes Gewehr und stellten es zur Hand, und so verbrachten wir die Nacht auf unserem Posten hinter den Palisaden.

Wider alles Erwarten erfolgte kein nächtlicher Angriff. Wohl vernahmen wir mehrfach Bewegungen unter den Feinden, doch als der Tag anbrach und es hell genug war, entferntere Gegenstände unterscheiden zu können, wurden wir gewahr, daß die Wilden unter dem Schutze der Dunkelheit ihre gefallenen Gefährten, bis auf diejenigen, die am Fuße der Palisaden lagen, zu sich herangeholt und sich mit denselben entfernt hatten. Ob der Tod ihres Kriegshäuptlings und der hervorragendsten Krieger oder der Mangel an Munition ihren Rückzug veranlaßte, erfuhren wir nie. Jedenfalls hatten sie eine Lehre erhalten, welche es ihnen für lange verleidete, mit den Weißen anzubinden.

Sobald wir uns gegen einen neuen Angriff gesichert wußten, gingen wir ans Werk, Frappe und die anderen Gefallenen zu bestatten. Eine traurige Arbeit war's, und durch die Seele schnitt mir's, als wir die armen Burschen, die tags zuvor noch so munter ihre Pfeife rauchten, in die Erde legten und, bevor wir die Gräber ganz schlossen, zum Schutz gegen das Getier mit Steinen und Holzblöcken beschwerten. Dann rüsteten wir uns zum Aufbruch, um auf dem kürzesten Wege am Green River zu Major Bridger zu stoßen.

Mein Garn ist zu Ende, meine Pfeife ausgebrannt«, schloß Peacock seine Erzählung, »harte Zeiten bei den Pelztauschern, wenn sich's drum handelt, 'nen neuen Posten zu gründen, und man zuvor mit den Wilden um 'nen elenden Landfetzen streiten muß.«

Er warf sich auf die Seite und zog seine Decke über sich hin. Die meisten von uns folgten seinem Beispiel. Die Mohaves und der Diegeno, die so lange wie Statuen vor dem Feuer gesessen hatten, erhoben sich und verließen die Höhle, um sich draußen in den warmen Sand einzugraben. Auch ich trat noch einmal ins Freie und stieg nach der Uferwand, einer Art Düne, hinauf, von wo aus ich weit um mich zu spähen vermochte. Wie lag die öde Wüste so still und so starr! Und doch milderten nächtliches Dunkel und Mondlicht ihren beängstigenden Charakter. Hier und dort glimmte noch ein Lagerfeuer. In ihre Decken eingehüllt lagen unsere Leute auf dem weiß schimmernden Sande. Auf einem hervorragenden Punkte des Ufers stand die

Schildwache, ein irländischer Söldling. Auf die Muskete gelehnt, mochte sein Geist in der fernen grünen Heimat weilen. In seiner regungslosen Haltung erinnerte er an die seltsam geformte Kaktee, die Cereus giganteus, welche, einige Tagereisen weiter südlich in nahrungslosem Kies und in Felsritzen wurzelnd, sich allmählich zu riesenhaften Kandelabern entwickelt. Unwirsch brauste und rauschte der Strom, indem er sich seinen Weg über das Gerölle hinweg bahnte. Der kleine Dampfer zitterte vor dem Andrang der seinen Bug schäumend umspielenden Fluten. Wunderbar wechselten Licht und Schatten auf den zerrissenen Abhängen des »Berges der Toten«. Die Geister längst Verstorbener schienen in den unzugänglichsten Klüften ein Fest zu feiern.

Ein Duell in Kalifornien
(Nach einer wahren Begebenheit)

I.

Das ***Hotel liegt in einer der belebtesten Straßen von San Francisco. Zu einer späten Abendstunde befand sich in der geräumigen Trinkhalle desselben eine überaus geräuschvolle Gesellschaft. Die Würfel rollten, die Karten fielen, die Gläser klirrten, lautes Lachen erschallte, und zwischen all diesem Lärm hindurch vernahm man entwürdigende Flüche und Redensarten, welche darauf hindeuteten, daß hier nichts weniger als die gebildeten Stände vertreten seien. Jugendliche und alternde Physiognomien mischten sich bunt durcheinander, doch war es nicht schwer, auf allen die Spuren zu entdecken, welche Verderbtheit und böse Leidenschaften gewöhnlich zurücklassen, und man konnte nach dem ersten Blick nicht länger daran zweifeln, daß man eine Rotte jener gewissenlosen Abenteurer vor sich habe, welche, nur an die Genüsse der Gegenwart denkend, allmählich von Stufe zu Stufe sinken und endlich zu jedem Verbrechen fähig werden.

Augenscheinlich wurde noch ein Mitglied erwartet, denn der eine oder der andere sah zuweilen nach der Uhr und sprach laut seine Verwunderung darüber aus, daß der »ehrenwerte Richter« Towel noch nicht erschienen sei, der sich doch sonst so pünktlich zu den nächtlichen Gelagen einzustellen pflege.

Endlich öffnete sich die Tür; alle schauten nach derselben hin, aber nicht der Richter, wie man vermutete, sondern ein junger Mann von kaum vierundzwanzig Jahren trat ein, überflog mit einem prüfenden Blick die ganze Gesellschaft und schritt kalt grüßend bei derselben vorüber. Am Schenktisch forderte er ein Glas mit Rum und Wasser, nahm eine Zeitung und verfügte sich in einen Winkel, wo er den riesenhaften Papierbogen entfaltete und sich gleichsam hinter demselben verbarg.

Die Gegenwart des schweigsamen Fremden blieb indessen ohne Einfluß auf das wilde Treiben an dem großen Tische; man spielte, sang und trank, und erst als Richter Towel wirklich eintrat, wurde eine Veränderung in dem geschlossenen Kreise bemerklich, indem betäubender Enthusiasmus und Willkommrufe die Trinkhalle fast erbeben machten.

Der Richter, ein angehender Fünfziger, zeigte eine starkknochige, kräftige Gestalt, welche sich in dem gewählten feinen Anzug durchaus nicht unvorteilhaft ausgenommen haben würde, wenn nicht die übermäßig schweren Uhrketten, Busennadeln und Ringe den schlechten Geschmack eines prahlenden Emporkömmlings verraten hätten. Das volle, glatt geschorene Gesicht war stark gerötet, und ein Paar verschmitzte Augen schauten unstet unter den schwachen Brauen hervor, welche, ebenso wie das wohlgeordnete Haupthaar, stark vom Alter gefärbt waren. Die schmalen zusammengekniffenen Lippen mit den eigentümlichen Falten um die Mundwinkel verliehen dem unschönen Gesichte einen Ausdruck von Willenskraft und Grausamkeit, und trotz des leutseligen Lächelns, welches der Richter stets zur Schau trug, fehlte der ganzen Persönlichkeit doch alles, was irgendwie Zutrauen hätte erwecken können.

Der stürmische Zuruf der Gesellschaft, deren jeder sich beeilte, dem »Richter und Mitgliede des Sicherheits-Komitees« einen Platz an dem großen runden Tische einzuräumen, schien dem gewichtigen Manne wohl zu behagen, denn ohne den sauber gebürsteten Hut zu berühren, nahm er sein leichtes Spazierstöckchen unter den Arm, öffnete seinen Rock, steckte den Daumen jeder Hand in das entsprechende Ärmelloch seiner offenstehenden Weste und antwortete auf die Begrüßung dadurch, daß er sich breit hinstellte und ausrief: »Kellner! ein halbes Dutzend Flaschen Champagner!«

Der Kellner beeilte sich, den erhaltenen Befehl zu vollziehen, und wohlgefällig ließ sich der Richter im Kreise seiner Leute und Bewunderer nieder, mit welchen er sich bald in eine lebhafte aber leichtfertige Unterhaltung vertiefte.

»Wie geht es zu, alter Bursche«, redete ihn ein älterer Mann an, dessen blutunterlaufene Augen fast das einzige seines Gesichtes waren, welches ein buschiger Bart nicht verdeckte, »wie geht es zu, daß Ihr so spät kommt? Gewiß hat ein verliebtes Abenteuer Euch so lange aufgehalten.«

»Nein, liebe Kinder«, antwortete der Richter in seiner gewöhnlichen, einschmeichelnd herablassenden Weise, »nein, meine lieben Kinder, kein verliebtes Abenteuer; ich erfüllte nur die Pflichten der Nächstenliebe, indem ich einem jungen Manne, der aus den Minen zurückkehrte, eine gute Lehre erteilte. Derselbe wollte mit gefüllten Taschen in dem nächsten Dampfboot nach seiner Heimat reisen und konnte der Versuchung nicht widerstehen, sich mit mir im Spiel zu messen. Er hoffte sein Vermögen noch vor seiner Abreise zu verdoppeln, geht aber morgen nach den Minen zurück, um wieder von vorn anzufangen.« Hier begann der ehrenwerte Richter zu lachen, daß ihm die Tränen über die Wangen rollten, und alle lachten mit ihm und nannten es einen herrlichen Spaß. »Ferner«, fuhr der Richter fort, indem er schlau mit den Augen blinzelte, »kann ich euch auch mitteilen, daß nun endlich mein Streit mit dem stolzen Mexikaner, Don Castro, um den Besitztitel seines Landes beigelegt ist.«

»Beigelegt?« fragten vier oder fünf Stimmen, »beigelegt, und Ihr habt die Entschädigung gezahlt?«

»Dieses weniger«, erwiderte selbstgefällig der Richter. »Ihr kennt doch meinen Freund, den ehrlichen Maxwell? Derselbe also geriet, trotz seiner Friedfertigkeit, mit dem Mexikaner bei einem Glase Wein in Zank und erschoß ihn in der Verteidigung seines eigenen Lebens, wie ich nebst noch vier anderen bezeugen kann. Ich habe Maxwell übrigens nach Oregon geschickt, um ihm hier etwaige Unannehmlichkeiten zu ersparen.«

»Also eine ähnliche Geschichte wie Eure Duells in den östlichen Staaten, alter Bursche?« fragte grinsend einer von des Richters Freunden. »Towel, Towel, Ihr seid ein schlauer Mann!«

»Wer spricht hier von Geschichten!« rief aufgebracht der Richter, »ich leugne es nicht, ich durchschnitt manches Menschen Kehle im ehrlichen Zweikampf, so wie ich jedem die Kehle durchschneiden werde, der an meinen Worten zweifelt!«

»Setzt Euch, setzt Euch, Richter, und verstehet Scherz!« riefen jetzt mehrere aus, indem sie den Erbitterten zurück auf seinen Stuhl drängten, »verstehet Scherz und handhabt Euer Messer nicht, als wenn es ein Zahnstocher wäre.«

Der junge Mann, der während der ganzen Zeit unbeachtet geblieben, jedoch aufmerksam der Unterhaltung gelauscht und hinter der Zeitung hervor den Richter scharf fixiert hatte, war bei des letztern heftigen Worten aufgestanden, und sich dem Tische nähernd stellte er sich so hin, daß des Richters Blick auf seine Gestalt fiel.

»Richter Towel«, sagte er mit ruhiger, fester Stimme, welche die ganze Gesellschaft verstummen machte, »Richter Towel! Ihr wollt jedes Menschen Leben nehmen, der an Euern Worten zweifelt! Wohlan denn, ich tue noch mehr wie zweifeln, ich sage Euch hier vor Zeugen ins Gesicht, daß Ihr nie in einem ehrlichen Duell kämpftet, ich sage Euch, daß Ihr ein Lügner und ein zehnfacher Mörder seid.«

Der Richter war bei dieser Anrede aufgesprungen; schäumend vor Wut griff er wieder nach seinem Dolchmesser, doch wagte er nicht dasselbe zu erheben, als er den jungen Mann beobachtete, der mit der rechten Hand den Kolben eines Revolvers in seiner Brusttasche umklammert hielt.

»Wer seid Ihr, der Ihr so etwas zu sagen wagt?« brüllte er dem Fremden entgegen.

»Ich bin der Sohn eines Mannes, den Ihr feige ermordet habt!«

»Ich kenne Euch nicht und Ihr kennt mich nicht«, fuhr der Richter mit bebender Stimme fort, »und Euerm Irrtum habt Ihr es zu verdanken, daß ich Euch nicht auf der Stelle für Eure Verleumdung strafe.«

»Meinen Namen werde ich Euch ins Ohr flüstern, wenn Ihr unter meiner Hand Euern letzten Atem aushaucht«, erwiderte der Fremde, »und daß ich Euch genau kenne, will ich Euch jetzt beweisen: George Evans! George Evans! Ich komme Tausende von Meilen, um den Mord meines Vaters und das traurige Ende meiner Mutter an dir zu rächen! George Evans, ich kam hierher, um dich dort auf deinem Stuhle zu erschießen; niemand aber soll sagen können, daß der Sohn meines Vaters einen Menschen, und wenn es auch der größte Schurke sei, tötete, ohne ihm wenigstens Gelegenheit gegeben zu haben, für sein Leben zu kämpfen. George Evans! Ich stelle es dir anheim, jetzt zum ersten Mal in deinem Leben deinem Feinde im offenen Zweikampf gegenüberzustehen.«

Wie vom Blitz getroffen war der Richter bei der Nennung seines wirklichen Namens auf seinen Sitz zurückgesunken; als er aber vernahm, daß er um sein Leben kämpfen solle, da zuckte es wie eine teuflische Freude über seine fahlen Züge, und seine ganze Frechheit zusammennehmend rief er aus: »Nenne Stunde, Ort und Waffen, und nicht vergebens sollst du auf mich warten.«

Der junge Mann willfahrte der Aufforderung und schritt dann, ohne die drohenden Blicke der übrigen Gesellschaft zu beachten, aus der Tür.

Ungefähr eine halbe englische Meile von dem Südende der Stadt San Francisco liegt ein altes vereinsamtes Haus; dasselbe ist seit langen Jahren nicht mehr bewohnt worden und bietet wohl kaum noch ein Gemach, welches zum Aufenthalt von Menschen hergestellt werden könnte. Eulen, Ziegenmelker und Fledermäuse hausen in den zerfallenden Räumen, während die schwachen Fundamente vielfältig von Ratten untergraben werden und deshalb den morschen Bau wohl nicht mehr lange zu tragen vermögen.

Am folgenden Tage nach der Szene in der Trinkhalle des ***Hotels, kurz vor Mitternacht, erreichten zwei Wanderer dieses einsame Haus. An der Tür desselben ließen sie sich nieder, zündeten eine kleine Laterne an, und während der eine leuchtete, beobachtete der andere sorgfältig die Zeiger einer schweren goldenen Uhr und horchte zugleich in die Ferne.

»Zehn Minuten fehlen noch an der bestimmten Zeit«, sagte Richter Towel, denn er war es mit seinem Sekundanten.

»Ich denke«, erwiderte sein Gefährte, »wir harren keine Sekunde länger, als verabredet ist, und ist er zur festgesetzten Zeit nicht hier, so kehren wir heim, suchen seinen Namen zu erfahren und bezichtigen ihn dann der Feigheit.«

»Nein«, versetzte der Richter, »ich muß ihn erwarten, denn er muß sterben. Nur eine leichte Wunde von dieser vergifteten Klinge und er behält nicht so viel Zeit, um ein Vaterunser zu beten. Fünf Minuten noch«, fuhr er fort, »ich wollte, es wäre vorüber; doch horcht! ich vernehme den Hufschlag von Pferden!«

In der Tat sprengten auch bald darauf drei Reiter vor das Haus, von welchen sogleich zwei absaßen, die Zügel ihrer Pferde dem dritten Reiter zuwarfen und ihn anwiesen, in geringer Entfernung von dem Hause ihrer zu harren.

»Nicht zu früh und nicht zu spät«, sagte der unbekannte Feind Towels, als er zu den beiden Harrenden hintrat und seine Uhr in den Schein der Laterne hielt.

»Gerade zur rechten Zeit«, antwortete Towel kalt und schob seine Uhr, welche er solange in der Hand gehalten hatte, wieder in die Tasche, wobei er einen forschenden Blick auf seines Feindes Sekundanten warf, der, dicht verhüllt, augenscheinlich unerkannt bleiben wollte.

»Seid Ihr fertig?« fragte des Richters Gefährte.

»Wir sind fertig«, antworteten die Duellanten, worauf die Sekundanten die nächsten Vorbereitungen zu dem tödlichen Kampfe trafen.

Nachdem sie sich nämlich überzeugt, daß die Kämpfer außer ihren scharfen, schmalklingigen Messern keine anderen Waffen verborgen bei sich führten, begleiteten sie dieselben zu gleicher Zeit an die Tür eines geräumigen Gemaches, ließen beide eintreten, stellten sie an verschiedenen Wänden auf, verschlossen dann die Tür und entfernten sich schweigend.

Kaum waren die Tritte der Sekundanten in der öden Flur verhallt, als die Todfeinde sich leise niederließen und die Stiefeln von ihren Füßen entfernten. Mit angehaltenem Atem, das Messer zum Stoß bereit, suchten sie sich dann in der Finsternis einander zu nähern, indem sie unhörbar an den Wänden herumschlichen. Beide hatten indessen dieselbe Richtung eingeschlagen und machten die Runde durch das ganze Gemach, ohne sich auch nur um einen Schritt näher gerückt zu sein.

Der junge Fremde änderte jetzt seinen Plan; sich mit dem Rücken gegen die Wand stellend, verharrte er mit gehobener Waffe regungslos, und nur seinem Ohr vertrauend, lauschte er gespannt auf die Bewegungen seines Feindes.

Minuten vergingen, lange, lange Minuten; endlich vernahm er in seiner Nähe ein Geräusch, erzeugt von dem Reiben eines Kleidungsstückes gegen die Mauer, und bald darauf unterschied er dicht vor sich den gepreßten Atem eines Menschen. Fester umklammerte er jetzt den Griff seines Messers, und die Stelle, wo er den Atem vernahm, zu seinem Ziele wählend, stieß er mit aller Kraft nach dem unsichtbaren Feind.

Das Messer knirschte zwischen Knochen, sein Feind aber sank lautlos zu Boden.

Todesstille herrschte im nächsten Augenblick, der junge Mann, jetzt waffenlos, lauschte, doch der feindliche Atem war verstummt und er war der einzige Lebende in dem Gemach.

Vorsichtig wagte er es, seinen Feind zu berühren, und er entdeckte, daß sein Messer durch die Augenhöhle tief in Towels Gehirn eingedrungen war und sich zwischen den Knochen festgeklemmt hatte. »Das ist für meinen Vater«, seufzte der junge Mann, als er den Griff der in des Richters Schädel haftenden Waffe fahrenließ; »und das ist für meine Mutter«, rief er aus, als er des Getöteten Messer, um dessen Griff sich die sterbende Hand krampfhaft geschlossen, in des Richters Brust begrub. »Vater! Mutter! Ihr seid gerächt, mein Schwur ist gelöst und ruhig will ich dereinst sterben.« So sprach der Unbekannte und schritt der Tür zu, durch deren Ritzen er den Schimmer der Laterne bemerkte. Die verabredeten zwanzig Minuten waren verstrichen, und die Sekundanten öffneten.

»Seht nach Euerm Freunde«, sagte der Fremde, als er sich hinausdrängte; sein Sekundant folgte ihm auf dem Fuße nach, und gleich darauf vernahm man den Galopp der davoneilenden Pferde.

Am folgenden Tage las man an allen Ecken der Straßen, auf großen farbigen Anschlagzetteln:

500 Dollars Belohnung!

Der sehr ehrenwerte Richter Towel, unser hochgeachteter Mitbürger, ist gestern abend in ein einsames Haus vor der Stadt gelockt und daselbst meuchlerisch ermordet worden. Das Messer, mit welchem die Tat vollbracht wurde, war vergiftet, was deutlich an der schwarzen Farbe der Leiche zu erkennen ist. Obige Belohnung wird demjenigen zugesichert, der den Mörder, tot oder lebendig, den Freunden und Verehrern des Dahingeschiedenen ausliefert oder auch nur zu dessen Habhaftwerdung mit beiträgt.

II.

Das schöne Dampfboot »Pacific« verließ mit einer vollen Fracht an Passagieren und Gold den Hafen von San Francisco. Als es durch das »Goldene Tor« brauste, donnerten vom Vorderdeck die beiden letzten Salutschüsse, ein dreimaliges »Hurra« erschallte, die Hüte wurden geschwenkt und aller Blicke wendeten sich dann gegen Süden, wo der endlose Ozean und Segel von allen Gattungen die einzige Aussicht bildeten. Die Mehrzahl der Passagiere blieb indessen nicht lange auf dem Verdeck, denn jeder suchte die kurze Zeit, die ihm noch vor Beginn der Seekrankheit blieb, dazu zu verwenden, seine Bagage unter dem Haufen von Kisten, Koffern und Reisetaschen hervorzusuchen, und es sich auf seine Art in der engen Koje so bequem wie möglich zu machen.

An lange Seereisen gewöhnt, hatte das Schwanken des Schiffes und die kühle feuchte Luft nur einen erfrischenden Einfluß auf mich. Um daher ungestört noch bis zum Abend die grüne kalifornische Küste betrachten zu können, entfernte ich mich aus dem wirren Gedränge und begab mich auf das Dach des Steuerhäuschens, wo ich niemand hinderte, aber auch mir keiner im Wege war.

Wir näherten uns schnell den Seehundfelsen; in meiner Erwartung aber, die schwerfälligen Seelöwen und Seekühe mit linkischen Bewegungen von dem inselförmigen Riff kopfüber in die Fluten stürzen zu sehen wurde ich getäuscht, denn außer Tausenden von Möwen, welche den nackten Felsen laut schreiend umkreisten, erblickte ich kein lebendes Wesen.

Als ich noch über den Grund nachdachte, schoß ein leichtes Lotsenboot hinter dem Riff hervor, wie um unser Fahrwasser zu durchschneiden. Ein scharfer Südostwind schwellte die schwingenartigen Segel und anmutig tanzte das kleine Fahrzeug über die gleichmäßig rollenden Wogen.

Plötzlich wurde auf dem Schoner ein Böllerschuß gelöst, zwei Pistolenschüsse folgten schnell nach, und noch ehe der Pulverdampf sich verzogen hatte, flog auf dem Pacific eine kleine rote Flagge bis zur Mitte des Hauptmastes hinauf und sank, wie durch Zufall, ebenso schnell wieder in die Hand eines breitschultrigen Bootsmannes zurück.

»Fertig, um den Lotsen an Bord zu nehmen!« kommandierte der erste Offizier.

Vertraut mit dergleichen Signalen, wie ich war, schien mir dieses von der gewöhnlichen Regel abzuweichen; außerdem fand ich es wunderbar, daß fast auf hoher See noch ein Lotse verlangt wurde; ich wendete daher meine ganze Aufmerksamkeit dem Schoner zu, der ein großes Dreieck beschreibend, an uns heranzukommen trachtete.

Auf das Kommando standen die Maschinen, das schwere Gebäude glitt noch eine kurze Strecke dahin und schaukelte sich dann schwerfällig auf den Wellen, die laut klatschend gegen seinen Bug brandeten. Um durch den Einfluß des Windes und der Wogen die Richtung nicht zu verlieren, senkten sich hin und wieder die breiten Schaufeln tief in die schäumende Flut, und so gelangte der Schoner nach zweimaligem Umlegen nahe genug an uns heran, um uns anrufen zu können, jedoch nicht so nahe, daß ein Zerschellen desselben an der festen Wand des Pacific zu befürchten gewesen wäre.

Die Schwalbe, so hieß das kleine Fahrzeug, war mit vier Leuten in Lotsentracht bemannt, von welchen der eine das

Steuer führte, während die anderen drei ihre Aufmerksamkeit den flatternden Segeln zuwendeten.

»Wünscht Ihr einen Lotsen?« fragte der Mann am Steuer.

»Zur Reise nach Panama nicht«, antwortete der Offizier, »wohl aber, um Passagiere in San Diego zu landen.«

»Was für Wetter zeigt Euer Barometer?« fragte der Steuermann wieder.

»Gutes Wetter und klare, reine Luft zur ganzen Reise«, hieß es zurück.

»So werft die Leine«, fuhr der Lotse fort, und in demselben Augenblick fiel, von kräftiger Hand geschleudert, ein mit vielen Knoten versehenes Tau, dessen Ende an der äußersten Spitze der Haupt-Raae befestigt war, quer über das Verdeck des Schoners. Einer der Lotsen ergriff sogleich die Leine, und nachdem er einen mit wasserdichten Stoff überzogenen Reisesack an derselben befestigt hatte, begann er, die Knoten als Leitersprossen benutzend, eiligst nach der Raae hinaufzuklettern. Der Reisesack wurde demnächst von einem Matrosen nachgezogen, und gleich darauf setzte sich der Pacific wieder in Bewegung, die Schwalbe schnell hinter sich zurücklassend.

Als der Lotse von der Strickleiter aufs Verdeck sprang, wechselte er einige kurze Begrüßungen mit den Offizieren und begab sich dann hinab in die Kajüte des Kapitäns.

Mehrere Tage waren vergangen, einzelne Passagiere hatten vor San Diego zur nächtlichen Stunde das Dampfboot verlassen, und da ich den Lotsen seit seiner Ankunft nicht wieder gesehen, so glaubte ich nicht anders, als daß er ebenfalls in letzterem Hafen gelandet sei.

Wir näherten uns schnell den südlichen Breiten, und in dem Grade, wie die drückende Hitze während des Tages zunahm, gewannen die ersten Morgenstunden an erfrischender Kühle, und ich befand mich infolgedessen immer früh genug auf dem Verdeck, um, unbehindert von den übrigen Passagieren, mich ergehen und zugleich das prächtige Schauspiel des Sonnenaufgangs immer wieder von neuem bewundern zu können.

Wir steuerten in der Höhe von Kap St. Lucas; eine leichte Landbrise fächelte zwischen Taue und Stengen und kräuselte die beweglichen Wasserhügel, welche in regelmäßigen Pausen das Schiff hoben und senkten; die schwarze Rauchsäule, welche unermüdlich dem umfangreichen Schornstein entstieg, erstreckte sich weithin gegen Westen und warf einen dunkeln Schatten auf das grüne Meer; Scharen von Möwen schwebten über dem schäumenden Fahrwasser des Pacifics; sie schauten nach Abfällen der Küche aus und ließen sich mit vorsichtig emporgereckten Schwingen auf die kreisenden Wirbel nieder, oder kämpften mit lautem Geschrei um größere Bissen.

Wie in den Lüften, so zeigte sich aber auch im Ozean selbst Leben; in geringer Entfernung und gleichen Schritt mit dem Dampfboot haltend, folgten mehrere dreieckige Rückenflossen, das einzige, was von dem gierigen Hai sichtbar war; weiter abwärts bliesen spielende Walfische Wasserstrahlen fontainenartig empor und zeigten auf Sekunden den größten Teil ihrer riesenhaften schwarzen Körpermasse; in der Ferne aber zog mit Windeseile eine Prozession lustiger Delphine dahin; bald über dem Wasser, bald unter demselben, bald hoch aufspringend, bald tief untertauchend, bezeichneten sie ihre Straße durch einen weißen Schaumstreifen, wie im Bewußtsein des Vorzuges, »nach Willkür Kreise um die Erde ziehen zu können.«

Ungestört verfolgte ich meinen Weg auf dem blank gewaschenen, noch feuchten Verdeck, das heißt, ich schritt vom Steuerhäuschen bis zum Mittelmast und vom Mittelmast zurück nach dem Steuerhäuschen; an letzterem Punkte angekommen, warf ich jedesmal einen flüchtigen Blick auf die Magnetnadel, am Mast dagegen zeichnete ich vor der Umkehr mit Kreide einen kleinen Strich auf das gefirnißte Holz, um nach Beendigung meines Spazierganges die Zahl meiner Schritte berechnen zu können.

Ich erhob eben meine Blicke von dem Kompaß, als

meine Aufmerksamkeit plötzlich durch einen Herrn gefesselt wurde, der die Kajütentreppe heraufkam, und der die auffallendste Ähnlichkeit mit dem jungen Lotsen trug, welchen wir außerhalb des Hafens von San Francisco an Bord genommen hatten. Meinen verwunderten Blick erwiderte er durch einen höflichen Gruß, und an mir vorbeigehend, schickte er sich an, gleich mir die kühle Morgenluft durch gesunde Bewegung doppelt zu verwerten.

Als ich den Ton seiner Stimme vernahm, bezweifelte ich nicht mehr, daß ich den Mann schon früher gesehen habe, und nach kurzer Beobachtung befestigte sich meine Überzeugung so sehr, daß ich beschloß, den geheimnisvollen Fremden anzureden und ihm zu verstehen zu geben, daß sein Wesen mich im höchsten Grad interessiere und daß es weniger Neugierde als Teilnahme sei, welche mich überhaupt veranlasse, mich um ihn zu kümmern.

Der junge Fremde mochte kaum das vierundzwanzigste Jahr überschritten haben, doch ruhte auf seinen hageren bleichen Zügen und in seiner ganzen Haltung ein solcher Ernst, daß man ihn wohl für zehn Jahre älter hätte halten mögen; in seinen dunkeln Augen lag ein schwärmerischer Ausdruck, und die Schwärze seines schlichten Haares und des kurzen vollen Bartes ließen die Farbe seiner breiten Stirn nur noch weißer erscheinen. Ohne auf wirkliche Schönheit Anspruch zu machen, hatte seine Erscheinung doch sehr viel Einnehmendes, und das höflich schüchterne Benehmen des rätselhaften jungen Mannes bildete einen eigentümlichen Kontrast zu seiner hohen kraftvollen Gestalt. Gekleidet war er mit der Eleganz eines reichen Südländers, und seine weißen wohlgepflegten Hände bewiesen, daß sie nicht gewohnt waren, die rauhe Arbeit eines Lotsen oder Seemanns zu verrichten.

Nachdem wir einigemal aneinander vorbeigegangen waren, gesellte ich mich zu ihm und redete ihn höflich an.

»Das Leben eines Lotsen ist wohl sehr beschwerlich?«

Der junge Mann stutzte, sah mich scharf an und erwiderte ebenso höflich: »Ich bedauere, Euch darüber keinen

Bescheid geben zu können, indem ich selbst nicht Lotse bin oder gewesen bin.«

»Ich vermutete es schon am Tage unserer Abreise von San Francisco, als Ihr mit der Gewandtheit einer Katze nach der Raae hinaufklettertet und ich wahrnahm, daß Eure Hände in so seltsamem Widerspruch zu dem teerigen Tau und der rauhen Lotsenhülle standen.«

Der Unbekannte ließ mich ruhig zu Ende sprechen, dann aber wendete er sich zu mir und seine Augen fest in die meinigen bohrend, sagte er mit fester Stimme: »Fremder, ich kenne Euch nicht, aber nehmt meinen Rat und versucht es nicht, in Geheimnisse einzudringen, welche Euch nicht betreffen, dergleichen wird manchmal gefährlich.«

Solche Worte konnten natürlich das Interesse nur noch erhöhen, welches ich an dem jungen Manne nahm, und mich in demselben Augenblick aller Umstände erinnernd, welche seine Ankunft an Bord begleiteten, erwiderte ich ebenso ruhig und nachdrücklich: »Das Barometer verspricht gutes Wetter und klare, reine Luft zur ganzen Reise.«

Der junge Mann schaute mir abermals fest in die Augen und schritt dann eine Zeitlang schweigend mit gesenkten Augen neben mir her. Endlich, wie aus einem Traum erwachend, begann er: »Ihr habt mich hinlänglich beobachtet, Fremder, um zu wissen, daß ich auf diesem Dampfboot nicht erkannt sein will oder darf. Ohne es zu wollen, könnt Ihr mich durch ein zufälliges Wort ins Verderben stürzen, denn gar viele befinden sich an Bord, welche für fünfhundert Dollars ebenso viele Menschenleben verkaufen. Teile ich Euch indessen meine ganze Geschichte und den Grund, warum ich nicht erkannt sein darf, mit, so traue ich Euch zu, daß ich dann sicherer sein werde, als wenn ich in Euern Augen ein bloßer Gegenstand des Interesses, nennt es Neugierde, wenn ihr wollt, wäre.«

»Ich weiß jetzt genug«, antwortete ich, »um Euch fernerhin, wenn Ihr es wünscht, nicht mehr Aufmerksamkeit zuzuwenden als jedem andern Passagier; solltet Ihr es indessen vorziehen, mir Euer Vertrauen zu schenken, so würde ich es natürlich mit Dank annehmen, wenn auch nur, um vorkommendenfalls Euch meine Dienste anbieten zu können.«

»Wohlan, das Verdeck fängt an sich zu beleben, und um jedes Aufsehen zu vermeiden, müssen wir uns trennen. Ich teile Euch nur noch mit, daß ich derjenige bin, auf dessen Habhaftwerdung die fünfhundert Dollars Belohnung gesetzt wurden. Schaudert aber nicht vor mir zurück, denn ich bin kein Mörder; ich unternahm die Reise nach Kalifornien, um einen Mörder zu strafen und Morde zu rächen; und auch dieses tat ich nur, indem ich dem Verbrecher die Gelegenheit bot, mich den vielen Opfern zuzugesellen, welche teils unter seiner meuchlerischen Hand, teils durch seine listigen Anschläge und Machinationen gefallen sind. Es genüge Euch zu wissen, daß die leiseste Berührung von dem Messer meines Feindes hinreichend gewesen wäre, mich zu vernichten, denn nicht meine Waffe, wie die Zeitungen behaupten, sondern die meines Todfeindes war vergiftet, und es war der Wille der Vorsehung, daß ich siegreich aus diesem schrecklichen Kampfe hervorgehen sollte. Ich weiß, mein Geheimnis ist jetzt besser bei Euch aufgehoben als vorher, da Ihr noch nicht ahnen konntet, wer oder was ich sei, denn ich wiederhole es nochmals: gar viele befinden sich an Bord, welche die fünfhundert Dollars gern verdienen möchten, und auf Panama erst werde ich ganz in Sicherheit sein. Wenn ich Euch daher keinen Abscheu einflöße, und Ihr wünscht meine Geschichte, welche zugleich meine beste Rechtfertigung ist, zu vernehmen, so kommt morgen früh um dieselbe Zeit herauf; aber wenn Ihr nicht zum Mörder an mir werden wollt, so vermeidet es, die Aufmerksamkeit anderer Passagiere auf mich zu lenken.«

Mit diesen Worten trennte sich der junge Mann von mir, ich trat an die Seite eines andern mir vollständig Unbekannten, und begann mit alltäglichen Phrasen das Wetter und das Dampfboot zu preisen.

III.

Am folgenden Morgen, als die Dämmerung noch auf dem gleichmäßig wogenden Meere ruhte, befand ich mich schon wieder auf dem Verdeck. Nicht lange hatte ich dort ausgeharrt, als der rätselhafte Fremde sich zu mir gesellte, und ohne Zeitverlust traten wir unsern Spaziergang an, der sich auf den Raum zwischen dem Steuerhäuschen und dem Hauptmast beschränkte.

»Wenn Ihr jemals im Staat Indiana gewesen seid«, hob mein Begleiter ohne weiteres an, »so könnt Ihr vielleicht den Enthusiasmus begreifen, mit welchem ich von meinem schönen Heimatlande spreche. Ich sage Euch nämlich nur den Namen des Staates, in welchem ich geboren bin; meine Vaterstadt muß auch Euch, ebensowohl wie mein wirklicher Name, ein Geheimnis bleiben. Es mag vielleicht nur mir so scheinen, aber ich hänge schon seit meiner frühesten Kindheit an der festen Überzeugung, daß in keinem Teile der Welt die Wälder und Wiesen so grün sind, nirgends die Blumen so süß duften, und nirgends die Bäche und Flüsse so anmutig hinrieseln, als in dem schönen Staate Indiana.

Wahrscheinlich denkt Ihr dasselbe von Eurer Heimat jenseits des Ozeans; ich gebe Euch recht, denn mit der Geburt schon tritt der Mensch in ein verwandtschaftliches Verhältnis zu dem Boden, der seine Wiege trägt, und mehr als verächtlich ist derjenige, welcher sein Heimatland vergessen, ja schmähen und sich desselben schämen kann, wie so viele Eurer deutschen Landsleute tun und zwar, weil ihnen die eine oder die andere Regierungsform nicht zusagt, als ob der Boden die Schuld von wirklichen oder eingebildeten Bedrückungen und Ungerechtigkeiten trüge. Wenn dergleichen maßgebend wäre, dann müßte ich meiner Heimat fluchen, indem das gewaltsam vergossene Blut meines Vaters von ihrem Boden aufgesogen wurde.«

Hier schwieg der Erzähler, und erst nach einigen Minuten tiefen Nachdenkens fuhr er wieder fort: »Nicht weit von einer aufblühenden Stadt, auf dem Ufer eines lieblichen Stromes, liegt mein elterliches Haus. Vor wenigen Jahren war es schon dem Verfall nahe, doch habe ich es in neuerer Zeit so herstellen lassen, daß es genau denselben Anblick gewährt wie damals, als eine glückliche und geachtete Familie dasselbe bewohnte.

Mein Vater, ein wohlhabender Bürger, hatte nach seiner Verheiratung mit meiner Mutter, einer zarten, sehr schönen Amerikanerin, jenes Besitztum angekauft und dasselbe innerhalb kurzer Zeit in ein kleines Paradies umgeschaffen. Doch nicht allein die Umgebung, sondern auch die Bewohner verliehen dem Hause jenen Charakter einer friedlichen Ruhe, welcher so viel dazu beiträgt, daß selbst Fremde sich an einem ihnen unbekannten Orte heimisch fühlen können.

Mein Vater war beteiligt in Bergwerks-Unternehmungen, welche ihm zwar viel Vorteil brachten, ihn aber auch zwangen, auf Wochen, ja auf Monate dem häuslichen Herde fern zu sein. Während seiner Abwesenheit wurden seine Geschäfte von einem Freunde verwaltet, der im höchsten Grade sein Vertrauen besaß und der auch in der Tat dasselbe zu verdienen schien. Evans hieß der Freund, ein junger Rechtsgelehrter, der sich bedeutenden Ruf als Advokat erworben hatte. Freilich sagte man ihm nach, daß er sein Gewissen nicht immer befrage, wenn es galt, einen Verbrecher der gerechten Strafe zu entziehen oder Geldforderungen für verjährt oder unrechtmäßig zu erklären, doch diente dies nur dazu, seinen Ruf zu erhöhen; und streng genommen ist es ja auch jedes Advokaten Amt, nach der einen oder der andern Seite hin, je nachdem er aufgefordert und gedungen wird, die Gerechtigkeit als eine Wachspuppe zu behandeln, welche sich von gewandten Händen in jede beliebige Form kneten läßt.

Wenn ich so weit zurückgehe, als ich zu denken vermag, so steht Evans vor meinem Gedächtnis als ein sehr sauber und zierlich gekleideter Mann, der mich vielfach auf seinen Knien schaukelte, mich hätschelte und verzog, meiner

Mutter die schönsten Blumen überreichte, und mit meinem Vater Arm in Arm im Garten umherwandelte.

Über zwanzig Jahre sind seit jener Zeit vergangen, und obgleich ich damals noch nicht begreifen konnte, was um mich her vorging, so liegt doch jetzt alles so klar vor mir, als ob ich eine mithandelnde Person gewesen wäre.

Den ersten Grund zu einem gerechten Mißtrauen gegen den glattzüngigen Freund erhielt meine Mutter, als ich etwa das siebente Jahr erreicht haben mochte.

Mein Vater war abermals auf längere Zeit nach den Kupferbergwerken im Staate Ohio gegangen, und hatte, nach alter Weise, bei der Abreise Geschäfte sowie Familie, welche letztere nur aus meiner Mutter und mir bestand, dem Schutze und der Fürsorge des Freundes übertragen.

Evans besuchte darauf täglich unser Haus, und nichts konnte die Aufmerksamkeit übertreffen, mit welcher er die Wünsche meiner Mutter zu erraten und zu erfüllen trachtete.

Es war im Sommer, und ein Nachmittag so sonnig und schön, wie man sie nur in Indiana findet; ich war der Aufsicht einer getreuen Negerin übergeben worden und durchstreifte mit dieser und deren Sohn, der nur zwei Jahre älter als ich war, den Wald und die nahen Wiesen, und suchte gemeinschaftlich mit meinem dunkelbraunen Spielkameraden bald nach schönen Blumen, bald jagten wir schillernden Schmetterlingen nach. Die übrigen Hausbewohner waren ihren verschiedenen Beschäftigungen nachgegangen und meine Mutter befand sich daher allein in dem großen Gemach, dessen geöffnete Fenster und Tür unter der Veranda lagen, die, beschattet von üppigen Schlingpflanzen, einen überaus reizenden Aufenthaltsort gewährte.

Plötzlich trat Evans ein, und mit freundlichem Gruß reichte meine Mutter ihm die Hand; doch Evans, nicht zufrieden mit den Beweisen einer aufrichtigen Freundschaft, preßte seine Lippen auf die dargebotene Hand, warf sich auf die Knie und erging sich dann in einem solchen

Schwall von Beteuerungen seiner wahnsinnigen Liebe, daß meine Mutter entrüstet aufstand und ihm befahl, sich augenblicklich zu entfernen, wenn er nicht durch ihre Leute dazu gezwungen werden wolle.

Evans erhob sich langsam, eine Antwort hatte er nicht, doch als er rückwärts der Tür zuschritt, heftete er einen Blick so grimmiger Wut und so tiefen Hasses auf meine Mutter, daß dieselbe erschrocken zurückbebte und sich nicht eher wieder beruhigte, als Evans den Hof verlassen hatte.

Am folgenden Morgen erhielt meine Mutter einen Brief von dem Verräter, in welchem er ihr mitteilte, daß er am vorhergehenden Tage, kurz vor seinem Besuch, eine fröhliche Gesellschaft verlassen, und daß er, der starken Getränke nicht gewohnt, sich in einem solchen Zustande befunden habe, daß er sich jetzt nicht mehr zu erinnern wisse, was er gesprochen habe; daß er aber fürchte, die Grenzen des Anstandes überschritten zu haben, daß er aus tiefstem Herzen um Vergebung bitte und um die Erlaubnis nachsuche, diese Worte in Gegenwart ihres Gatten wiederholen zu dürfen.

Leichtgläubig und harmlos wie meine Mutter war, vergaß sie leicht die Kränkung selbst, aber der feindselige Blick, mit welchem Evans sie angeschaut hatte, und der sie und ihr ganzes Haus mit Verderben bedrohte, war tief in ihrem Herzen eingegraben und verließ sie nicht eher wieder, als bis ihre bösen Ahnungen sich erfüllt hatten und sie als ein Opfer des kaltblütigen Verbrechers ihre schönen blauen Augen auf ewig schloß.

Evans' Stellung in meinem elterlichen Hause war also kaum erschüttert worden und aufs neue nährte mein Vater die Schlange an seinem Busen.

Unter solchen Verhältnissen war es natürlich, daß mein Vater bedeutende Summen in Evans' Hände niederlegte, der dann nach eigenem Ermessen darüber verfügte, regelmäßig seine Rechnungen vorlegte und ebenso regelmäßig die eingehenden Zinsen zahlte.

Wie ich später erfuhr, kam aber niemals ein Pfennig aus des schlauen Betrügers Besitz, sondern er nahm die fälligen Zinsen jedesmal von dem tot daliegenden Kapital und wußte durch gefälschte Dokumente meinen Vater so zu täuschen, daß diesem nichts ferner lag, als der Gedanke an eine Unredlichkeit, und er auch nie, selbst im letzten Augenblicke nicht, eine Ahnung davon erhielt, daß sein blindes Vertrauen und seine Sorglosigkeit ihm und seiner Familie zum Verderben gereichen würden.

Kaum ein Jahr mochte nach jenem Vorfall mit meiner Mutter verstrichen sein, als sich meinem Vater Gelegenheit bot, seinen Anteil an den Kupferminen durch einen sehr günstigen Kauf zu vergrößern. Er nahm infolgedessen Rücksprache mit Evans, und es ergab sich, daß derselbe sechs Monate bedürfe, um die ganze anvertraute Summe, welche sich auf nahe an fünfzigtausend Dollars belief, flüssig zu machen. Mein Vater war damit einverstanden; der Kauf wurde verabredet, der Zahlungstermin festgestellt, und ohne Besorgnis schaute mein Vater in die Zukunft, die sich immer freundlicher und glücklicher zu gestalten schien.

Es war um diese Zeit, daß Evans meinen Eltern mitteilte, er erwarte eine Schwester aus New York und wünsche dieselbe in einem achtbaren Hause auf einige Monate unterzubringen. Meine Eltern, welche das junge Mädchen nur aus der Beschreibung und deshalb von der besten Seite kannten, zeigten sich sogleich bereit, dasselbe in ihrer Familie aufzunehmen. Mein Vater war sogar sehr erfreut, gewissermaßen eine Gesellschafterin für meine Mutter gefunden zu haben, weil seine Abwesenheit vom Hause in dem Grade häufiger notwendig wurde, als seine Geschäfte sich vergrößerten und sein Vermögen zunahm. Bald darauf erschien denn auch in der Tat Evans mit einer schönen jungen Dame, welche er als seine Schwester vorstellte.

Nichts kam der vertrauenerweckenden Freundlichkeit meiner Mutter und der Zuvorkommenheit meines Vaters gleich, mit welchen sie die junge Fremde begrüßten, und diesem Umstande schrieb man es zu, daß sich die übermäßige Schüchternheit derselben so schnell verlor, die übrigens in merkwürdigem Widerspruch zu ihren großen schwarzen, herausfordernden Augen und zu ihren zwanzig Jahren stand. Es blickte sogar zu Zeiten ein gewisses herrisches Wesen durch, und es blieb nicht verborgen, daß sie dasselbe mit ganzer Kraft bekämpfte und sich zwang, ganz andere Gefühle, als wie sie in Wirklichkeit hegte, zur Schau zu tragen.

Wie ihr Bruder, so schien auch sie eine besondere Neigung für mich gefaßt zu haben, und sie erstickte mich fast, namentlich in Gegenwart meines Vaters, mit ihren Liebkosungen. Doch alles, alles war Täuschung und tief angelegter Betrug, denn ebensowenig als sie die Schwester des schurkischen Advokaten war, ebensowenig barg ihre verdorbene Seele andere Gefühle, als die der Heuchelei und verbrecherischer Falschheit, mit welchen sie jedermann für sich zu gewinnen suchte. Nur meine braune Wärterin, »Lilie«, wie sie genannt wurde, schien die Fremde richtig beurteilt zu haben, denn instinktmäßig gab sie ihr dadurch ihre Abneigung zu erkennen, daß sie ihren Wünschen und Befehlen entweder gar nicht, oder nur mit Zeichen des Widerstrebens nachkam. Als meine Mutter sie einst darüber zur Rede stellte, äußerte sie unverhohlen, daß sie ihre Abneigung gegen die »vornehme Lady« nicht zu besiegen vermöge, und daß sie beobachtet habe, wie Miß Evans ihren Bruder zärtlicher umarmt habe, als es sonst unter Geschwistern gebräuchlich sei. Das arme Geschöpf! Unter der schwarzbraunen Haut schlug ein redliches Herz, und ihre Treue und Anhänglichkeit an unsere Familie bezahlte sie mit ihrem Leben.

Ungefähr sechs Wochen vor dem Tage, an welchem die Zahlungen geleistet werden sollten, reiste die sogenannte Miß Evans angeblich nach ihrer Heimat zurück. Der Abschied war nicht ohne Tränen, und die Segenswünsche endlos, welche die glattzüngige Fremde auf unser Haus herabbeschwor. Ich glaubte aber zu bemerken, daß sich alle bei uns sehr schnell beruhigten, und vernahm sogar, wie die Negerin zu meiner Mutter sagte: ›Gott sei Dank, daß die vornehme Lady endlich fort ist!‹ – ›Ich glaube du hast recht, Lilie‹, antwortete meine Mutter, ›denn nie fühle ich mich ganz glücklich, wenn ich fremde Menschen um mich habe.‹

In ungestörter Ordnung ging die Zeit nun wieder dahin; ein Tag verstrich wie der andere, und da meine Mutter unsere Familie um einen jungen Weltbürger zu vergrößern versprach, so nahm die Zärtlichkeit ihres Gatten, wenn möglich, noch zu, und nur selten entfernte er sich auf einige Tage, während der von ihm bevollmächtigte Evans die größeren Reisen unternahm.

Eines Tages, es war in der Woche des Zahlungstermins, trat mein Vater totenbleich aus seiner Arbeitsstube und richtete mit Heftigkeit an meine Mutter die Frage: ob sie vielleicht jemals seinen Geldschrank offen gefunden und zwischen den Papieren gekramt habe? Als meine Mutter dieses verneinte, rief er aus: ›Wohlan, so sind wir schändlich bestohlen worden, denn nicht eins der Dokumente, welche sich auf unsere ausstehenden Gelder beziehen, ist mehr vorhanden, alle, alle sind fort, und ich besitze nichts mehr, womit ich meine Ansprüche an diejenigen geltend machen könnte, welche aufgefordert worden sind, in diesen Tagen schon die Zahlungen an Evans und mich zu leisten!‹ – ›Vielleicht weiß Evans um die Dokumente‹, erwiderte meine Mutter beruhigend, ›vielleicht hast du ihm dieselben auch schon übergeben, ohne dich dessen zu erinnern?‹

Ohne ein Wort weiter zu verlieren, verließ der Vater das Gemach, und einige Minuten später rollte er in seinem leichten Einspänner der Stadt zu, wo er vor Evans' Wohnung anhielt.

Als Evans meinen Vater erblickte und dessen verstörte Züge wahrnahm, wußte er sogleich, um was es sich handele; doch die Krisis lange vorhersehend, war er auf einen derartigen Besuch vorbereitet und benahm sich mit einer solchen studierten Schlauheit, daß mein Vater nie Verdacht gegen ihn gefaßt haben würde, selbst auch dann nicht, wenn die klarsten Beweise dafür vorgelegen hätten.

Die Papiere waren wirklich von der schamlosen Person, welche sich für Evans' Schwester ausgegeben hatte, entwendet worden, und zwar hatte Evans seiner Mitschuldigen die nötigen Schlüssel nach einem Wachsabdruck anfertigen lassen. Den Diebstahl auszuführen konnte der Verbrecherin nicht schwer werden, indem sie überall hin Zutritt hatte, und daß sie in dergleichen Unternehmungen Gewandtheit besaß, ging am besten daraus hervor, daß sie die entwendeten Quittungen durch Pakete unbeschriebenen Papiers ersetzte, so daß mein Vater nicht eher den Verlust merkte, als bis er dieselben wirklich in die Hand nahm und öffnete. Sobald Evans wieder im Besitz der gefälschten Dokumente war, konnte er unbesorgt vor Entdeckung bleiben, denn da das Geld nie aus seinen Händen gekommen war, die angeblichen Empfänger mithin nicht ermittelt werden konnten, so war das ganze bewegliche Vermögen natürlich verloren, und er fand dann hinlänglich Zeit und Gelegenheit, sich mit seinem Raube, wenn auch belastet mit einem schweren Verdacht, zu entfernen und unter einem falschen Namen in einem andern Staate niederzulassen.

Die erheuchelte Bestürzung des Advokaten, als er die Nachricht von dem Verlust der Papiere erhielt, sagte meinem Vater nur zu deutlich, daß an eine Wiedererlangung des Geldes nicht zu denken sei, wenn es nicht gelänge, des Diebes habhaft zu werden. O! Wenn mein Vater das Geld nur hätte ruhig fahrenlassen, so möchten er sowohl wie meine Mutter heute noch am Leben sein!

Doch hört weiter: Das erste Wort, welches Evans meinem Vater auf die Schreckensnachricht erwiderte, war das eines bitteren Vorwurfs. ›Warum habt Ihr mir diese wichtigen Sachen nicht in Verwahrung gegeben?‹ rief er ihm zu. ›Doch jetzt ist es nicht Zeit zum Klagen, sondern zum Handeln. Weiß Eure Gattin um den Verlust?‹ fragte er dann; und als mein Vater dieses bejahte, riet er ihm, die Sache vorläufig noch geheimzuhalten, alle Bewohner des Hauses auf einige Stunden zu entfernen, mit ihm vereint die genauesten Nachforschungen anzustellen und das Äußerste zu versuchen, eine Spur des Räubers zu entdecken.

Mein armer Vater! Dankend drückte er dem Räuber die Hand, der nur deshalb die genauen Forschungen anzustellen beabsichtigte, um, wenn wirklich Spuren zurückgeblieben sein sollten, dieselben gänzlich zu vernichten, und bald darauf bestiegen beide den Wagen.

Bei einem Schlosser hielten sie einige Minuten an, versahen sich daselbst mit Gerätschaften, um die verschiedenen Riegel einer Untersuchung unterwerfen zu können, und eine Viertelstunde später befanden sie sich unter der Veranda unseres Hauses, wo meine Mutter schon längst mit besorgtem Herzen der Ankunft meines Vaters entgegengesehen hatte.

Meine Mutter war, wie ich Euch schon mitteilte, eine sanfte, den Wünschen ihres Gatten vollständig ergebene Frau; es kostete daher keine große Überredung, sie zu einer mehrstündigen Fahrt in dem noch angespannten Wägelchen zu veranlassen.

Der junge Negerbursche und ich mußten sie begleiten, und nachdem sie meine Wärterin, auf meines Vaters Wunsch, mit Aufträgen nach der Stadt gesendet hatte, ergriff sie die Zügel des geduldigen Pferdes und die Peitsche, und bald darauf befanden wir uns auf dem Wege, welcher in vielen Windungen durch den schattigen Wald führte. Nach einigem Zögern begab sich auch die schwarze Lilie auf den Weg, und sobald die beiden Männer sich überzeugt, daß außer ihnen niemand im Hause sei, sie also nicht gestört werden konnten, begannen sie bei verschlossenen Türen ihre Arbeit.

Zuerst wurden Schraubenzieher und Zange hervorgeholt und vorsichtig die Schlösser von dem Geldschrank gelöst; kein Wort wurde dabei gesprochen, und nur einmal redete mein Vater den Advokaten an, indem er ihn auf das Zittern seiner arbeitenden Hand aufmerksam machte, worauf jener den Griff des Instruments fester umklammerte und in gleichgültigem Tone antwortete: ›Ungewohnte Arbeit.‹«

»Ihr müßt Euch nicht wundern, Fremder«, schaltete mein Erzähler hier ein, »daß ich diese Umstände alle so genau kenne; die beiden Männer sind aber beobachtet worden, und zwar von meiner Wärterin. Das arme Geschöpf, von einer der Negerrasse eigentümlichen Neugierde, vielleicht auch von einer unbestimmten Ahnung getrieben, war nämlich nicht nach der Stadt gegangen, sondern hatte sich auf einem Umwege wieder ins Haus zu schleichen gewußt, und lag auf den Knien vor der verschlossenen Tür, und ihren Augen entging durch das Schlüsselloch nichts, was in dem Gemach vorgenommen wurde.

Als das erste Schloß sich in den Händen meines Vaters befand, stieß derselbe plötzlich einen Ausruf des Erstaunens aus, und sich zu Evans wendend, zeigte er ihm einige Wachskrümel, welche inwendig in dasselbe hineingefallen waren. Evans beschaute alles genau und bemerkte dann: ›Es muß ein ungeschickter Dieb gewesen sein, der das Wachs hat hineinfallen lassen, es sollte mich nicht wundern, wenn es uns gelänge, einem so ungeschickten Menschen auf die Spur zu kommen.‹

Das zweite Schloß wurde rein gefunden, im dritten dagegen entdeckten sie wieder Proben von Wachs und mehrere Schrammen, welche augenscheinlich von einem schlecht passenden Schlüssel herrührten.

›Jetzt zu den Papieren‹, sagte mein Vater, indem er das schon geöffnete Paket ergriff und einen unbeschriebenen reinen Bogen nach dem andern auf dem Tisch ausbreitete.

Evans beschaute mit glühenden Augen jedes einzelne Blatt, und ein Schimmer von Befriedigung flog über seine aufgeregten Züge, wenn er es dann den übrigen wieder beifügte.

›Halt!‹ rief plötzlich mein Vater mit lauter Stimme, als er abermals einen Bogen auseinander faltete und in demselben einen angefangenen Brief entdeckte. ›Halt! hier ist die Spur!‹ Der Brief bestand aus einem Blatt feinen Papiers, auf welchem mit zierlicher Schrift folgende Worte standen: ›Teuerster Evans, innig geliebter George, der zweite Abdruck –‹ hier befand sich ein großer Tintenfleck, der wohl die Ursache gewesen, daß der Brief verworfen und wahrscheinlich ein neuer angefangen worden war.

Bei dem ersten Ausruf war Evans hinter meinen Vater gesprungen, und leichenblaß wurden seine Züge, als er über dessen Schulter hinweg die Handschrift seiner vorgeblichen Schwester und zugleich seinen Namen erkannte. Er war entdeckt, denn von wem anders als von ihm und seiner Mitschuldigen konnte der Brief herrühren, der sich durch irgendeinen Zufall zwischen die Papierbogen gestohlen hatte, und der nun zugleich Ankläger und Richter wurde? Hätte mein Vater den unglückseligen Brief nicht gefunden, so wäre wahrscheinlich das furchtbare Verbrechen nicht begangen worden, doch sein Los war entschieden.

Mit bebender Hand hielt er also den Brief, er las ihn einmal, zweimal und zum drittenmal still, wodurch Evans Zeit gewann, sich wieder zu sammeln; als mein Vater dann aber ausrief: ›Evans! hört, was hier geschrieben steht!‹ und sich vorbereitete, die Zeilen vorzulesen, da faßte der Mörder leise den Stiel des schweren Schlosserhammers, und ehe noch mein Vater das letzte der verhängnisvollen Worte ausgesprochen, fiel das von fester Hand geführte Eisen mit unwiderstehlicher Gewalt auf sein unbedecktes Haupt, und einen tiefen Seufzer ausstoßend, sank mein armer, unglückseliger Vater entseelt zu Boden.

In demselben Augenblick, in welchem Evans die schreckliche Tat vollbrachte, vernahm er an der Tür einen lauten Aufschrei und den polternden Lärm einer fliehenden Person; die Negerin hatte aber die Haustür noch nicht erreicht, als eine Hand sich auf ihren Mund legte, sie sich niedergeworfen fühlte und gleich darauf Evans erkannte, der schwer auf ihrer Brust kniete. Sie versuchte um Gnade zu flehen, doch ihre Worte wurden durch das zusammengerollte Schnupftuch erstickt, welches der Mörder ihr zwischen die Zähne zwängte; mit einer dünnen Schnur fesselte er dann ihre Hände, und sie vor sich herstoßend, brachte er sie in das Gemach meines Vaters, wo er ihr, noch ehe sie Zeit gewann seine Absicht zu erkennen, ein langes spitzes Messer zweimal in die Brust senkte.

Nach diesem zweiten Mord wusch Evans sich die Hände, steckte einige Rollen Gold, welche in dem geöffneten Schrank lagen, zu sich, ließ die Vorhänge der Fenster nieder, verstopfte das Schlüsselloch von innen, verließ das Gemach, und nachdem er die Tür sorgfältig verschlossen hatte, begab er sich eiligen Schrittes nach seiner Wohnung in die Stadt.

Nur einige Minuten verweilte er in derselben, ein Aufwärter brachte ihm sein gesatteltes Pferd, und mit den Worten: daß er vor Einbruch der Nacht wieder zurückzukehren gedenke, ritt er langsam davon.

Außerhalb der Stadt gebrauchte er seine Sporen; einen weiten Bogen beschreibend gelangte er auf die entgegengesetzte Seite und entfernte sich dann eiligst in einer Richtung, welche niemand vermuten konnte.

Es gibt außer uns noch mehr Menschen, welche die frische Morgenluft genießen wollen«, sagte jetzt der junge Mann zu mir, als er mehrere Passagiere die Treppe heraufkommen sah, »wir müssen uns daher trennen, doch wenn ich mich nicht täusche, so interessiert Euch meine Geschichte so sehr, daß ich darauf rechnen kann, gelegentlich wieder mit Euch zusammenzutreffen. Nun wohl«, sagte er, als ich ihm beistimmte, »es soll mich freuen, wenn es mir gelingt, mich in Euren Augen anders als einen kaltblütigen Mörder und Duelljäger hinzustellen.« Mit diesen Worten trennte er sich von mir und stieg hinab in die Kajüte.

IV.

Mehrere Tage vergingen, ohne daß ich den rätselhaften jungen Mann wieder zu Gesicht bekam, und auch dann sah ich ihn nur flüchtig im Gedränge, und da er mich nicht kennen zu wollen schien, so folgte ich seinem Beispiel und wendete meine Aufmerksamkeit anderen Gegenständen zu. Nach wie vor befand ich mich aber an jedem Morgen zur verabredeten Stunde auf dem Verdeck, jedoch vergebens; wir landeten auf einige Stunden in Acapulco, wir fuhren an dem Golf von Tehuantepec vorüber, wir näherten uns schnell unserm Ziele, allein der Fremde schien mich zu meiden. Erst am Tage vor unserer Ankunft in Panama trat er, und dieses Mal unerwartet, zu mir.

Die Sonne entstieg eben dem schimmernden Wasserspiegel, und ich stand auf dem einen Radkasten und beobachtete eine Gruppe Matrosen, welche das Begräbnis eines während der Nacht gestorbenen Heizers vorbereiteten. Die rauhen Seeleute! Sie sahen so ernst aus, als sie die Leiche in Segelleinwand nähten, ein schweres Stück Gußeisen an derselben befestigten und dann die mumienähnliche Gestalt auf ein Brett und dieses quer über die Brüstung des Schiffes legten. Die Häupter entblößten sich, ein kurzes Gebet wurde gesprochen, das Brett neigte sich dem Wasser zu, und hinab glitt die Leiche in ihr schäumendes Grab.

Ich heftete meine Blicke auf den Punkt, wo dieselbe verschwunden war, und bemerkte das heftige Schlagen einiger riesenhaften Schweife von Haifischen, welche, ihrer Beute nach, niederwärts schossen; das Dampfboot aber zog lustig dahin, unermüdlich arbeiteten die Maschinen, die Strahlen der aufgehenden Sonne vergoldeten die Kämme der Wogen, welche den unsteten Grabstein eines Menschen bildeten, der, vielleicht von niemandem betrauert, zur ewigen Ruhe gegangen war.

»Ein schönes Grab, der weite endlose Ozean«, sagte jetzt der unbekannte Reisegefährte zu mir, »ein schönes Grab, doch wünsche ich dereinst im heimatlichen Boden zu schlafen, und zwar an einer Stelle, wo Blumen meiner Decke entsprießen.«

»Blumen, die von Tränen benetzt und von liebender Hand gepflegt werden«, erwiderte ich, »sind gewiß das schönste Denkmal, welches einem Sterblichen gesetzt werden kann.«

»Und doch«, versetzte der Fremdling, »wie gering ist der Unterschied! Wie die Wogen des Meeres unbekümmert um die in dasselbe Versenkten dahinrollen, so folgt auf dem Festlande eine Woge des riesigen Weltstromes der andern, nur in längeren Pausen als auf dem ewigen Ozean, aber jede vertilgend die Spuren nicht nur blumengeschmückter Gräber und marmorner Gedenktafeln, sondern auch das Andenken untergegangener Geschlechter.«

»Der Mann, der eben bestattet wurde, ist ebenfalls gemordet worden«, fuhr er nach kurzem Sinnen fort.

»Gemordet?« fragte ich befremdet.

»Gewiß«, antwortete der junge Mann, »wie wollt Ihr es anders nennen, wenn ein kranker Mensch, dem die Mittel fehlen, von Kalifornien in seine Heimat zurückzukehren, sein Passagegeld auf dem Dampfboot abzuarbeiten sucht, und man bringt ihn zwölf von vierundzwanzig Stunden vor die Feueressen im untersten Raume, wo die Glut der Öfen, zusammen mit der tropischen Hitze, einen gesunden Mann umzubringen imstande sind, um wieviel mehr noch einen solcher Arbeit nicht gewohnten, siechen Menschen? Doch laßt uns zu meiner Geschichte übergehen; morgen erreichen wir Panama, wo wir uns wahrscheinlich auf ewig voneinander trennen.

Nicht wenig befremdete es meine Mutter, als sie gegen Abend von ihrer Spazierfahrt zurückkehrend, den Wagen vor die Haustür lenkte und ihr weder die Negerin noch mein Vater entgegenkamen. Das Haus war öde, die Vorhänge vor den Fenstern meines Vaters niedergelassen, und so glaubte meine Mutter nicht anders, als daß von den beiden Männern wichtige Entdeckungen gemacht worden, diese infolgedessen nach der Stadt gegangen seien und auch die Dienste der Negerin in Anspruch genommen hätten. Sie überließ dem Negerburschen das Pferd, und während sie nach der Wohnstube schritt, sendete sie mich ab, die Tür von meines Vaters Gemach zu untersuchen, ob dieselbe verschlossen sei.

Ich lief hin, faßte heftig an die Türklinke, und als dieselbe nicht nachgab, brachte ich meiner Mutter den Bescheid und gesellte mich dann zu meinem braunen Spielkameraden.

Die Dämmerung stellte sich allmählich ein, die auf den Feldern beschäftigten Leute kehrten heim, doch auf meinen Vater oder auf Nachricht durch die Negerin harrte meine Mutter vergeblich. In ihrer Besorgnis schickte sie sodann den Burschen nach der Stadt, und auch dieser brachte nur die Botschaft, daß Evans zu Pferde allein die Stadt verlassen habe. In ihrer Unruhe ging sie sodann an die verschlossene Tür, um auf irgendeine Art in meines Vaters Stube zu gelangen. Sie fand nur bestätigt, was ich ihr mitgeteilt hatte, doch als sie noch einige Augenblicke mit der Klinke in der Hand verharrte und über diese auffallenden Umstände nachsann, glaubte sie plötzlich in der Stube leises Röcheln zu vernehmen. Bebend legte sie ihr Ohr an die Tür, sie täuschte sich nicht, das Licht entfiel ihrer Hand, und mit einem lauten Schmerzensschrei sank sie ohnmächtig zu Boden.

Ich hatte den Schrei gehört und eilte zu meiner Mutter, doch als ich sie in der Dunkelheit wie leblos daliegen fand, brach ich in so heftiges Weinen aus, daß sich bald die übrigen Hausbewohner um uns versammelten.

Ihren Bemühungen gelang es, meine Mutter schnell wieder zum Bewußtsein zu bringen, doch kaum hatte sie die Augen aufgeschlagen, als sie entsetzt mit der Hand nach der verschlossenen Tür wies und dieselbe mit Gewalt zu öffnen befahl. Es geschah, – und welcher Anblick sich den Eintretenden bot, das erlaßt mir zu beschreiben: es genüge Euch zu wissen, daß die Negerin noch lange genug lebte, um einen ausführlichen Bericht über das Vorgefallene zu geben, und daß alle Maßregeln getroffen wurden, des Mörders habhaft zu werden. Meine Mutter aber wurde noch in derselben Nacht von einem toten Kinde entbunden, und am folgenden Abend war ich elternlos. –

Es war der erste tiefe Schmerz, den ich empfand, als ich die Erde auf die Särge meiner Mutter und meines Vaters rasseln hörte, doch der Schmerz eines Kindes ist nur von kurzer Dauer, und im Laufe der Zeit erst bildete sich bei mir das Gefühl, welches mich zu der vor meinem Gewissen gerechtfertigten Handlung trieb.

Damals gab es in jener Gegend noch keine Eisenbahnen oder Telegraphen; und da Evans einen bedeutenden Vorsprung gewonnen hatte, die Richtung, welche er eingeschlagen, aber lange unbekannt blieb, so wurde es ihm leicht, sich den Verfolgungen zu entziehen. Erst mehrere Wochen später tauchten wieder Gerüchte auf, welche ohne Zweifel mit seiner Person und seiner Flucht im Zusammenhang standen. Bei einem Farmer, der vielleicht sechzig Meilen weiter unterhalb am Flusse lebte, hatte sich, bald nach der Zeit, in welcher Miß Evans mein elterliches Haus verließ, eine junge sehr schöne Dame eingemietet, vorgeblich um ihre schwindende Gesundheit durch das Leben auf dem Lande wieder aufzurichten. Sie erhielt weder Briefe noch Besuch, lebte sehr zurückgezogen, anscheinend um ihre Armut zu verbergen, denn außer einem kleinen unscheinbaren, aber sehr schweren Koffer, der nur wenig Kleidungsstücke enthalten konnte, besaß sie nichts von allen den kleinen Bequemlichkeiten, mit welchen sich junge Damen gewöhnlich gern umgeben. Sie war indessen eine pünktliche Zahlerin und hatte es außerdem verstanden, durch gefälliges, zuvorkommendes Wesen ihre nächste Umgebung für sich einzunehmen.

Am Tage nach den Schreckensszenen in meinem elterlichen Hause war plötzlich ein Reiter auf jener Farm eingetroffen, hatte sein Pferd dem Hausherrn übergeben und nach einer längern Unterredung mit der jungen Dame den Wirt ersucht, ihm seinen leichten Kahn auf einen Tag zu leihen, um in demselben mit der jungen Fremden, seiner Verwandten, eine kurze Strecke stromabwärts zu einem Freunde zu reisen. Die Bitte wurde natürlich gewährt, und noch an demselben Abend schritten die beiden Fremden, den kleinen Koffer zwischen sich tragend, dem Strome zu. Der Farmer begleitete sie, und als das Boot sich vom Ufer entfernte, rief der Unbekannte scherzend zu ihm hinüber: ›Ihr mögt das Pferd als Pfand für Euer Fahrzeug ansehen, ich bitte Euch, recht brav für dasselbe zu sorgen‹, und bald darauf verschwanden die Reisenden hinter einem Vorsprung des bewaldeten Ufers.

Vergeblich harrte der Farmer auf die Rückkehr der Fremden und des Bootes; erst vierzehn Tage später erfuhr er zufällig, daß letzteres weiter unterhalb, umgeschlagen, am Ufer entdeckt worden sei. Bald darauf wurde auch die Leiche einer anscheinend jungen Frau gefunden; es gelang nicht, genauere Auskunft über dieselbe zu erhalten, in den krampfhaft geschlossenen Händen entdeckte man dagegen kurze braune Haare, welche, augenscheinlich im Kampfe, einer andern Person ausgerissen worden waren, außerdem aber noch einen zusammengeknitterten Zettel, auf welchem man nur noch mit größter Mühe die Worte ›George‹ und ›Abend‹ zu entziffern vermochte.

Es lag klar am Tage: Evans hatte sich seiner Mitschuldigen, der einzigen Zeugin seiner Verbrechen, entledigt, und es war ihm dann leicht geworden, sich mit seinem Raube in Sicherheit zu bringen. Wohin er zuerst ging, wurde nie ausfindig gemacht, doch soll er sich lange Jahre in Mexiko aufgehalten haben.

Nach dem Tode meiner Eltern nahm ein Bruder meines Vaters, ein reicher Plantagenbesitzer in der Louisiana, mich zu sich. Derselbe war unverheiratet, und man sagte, daß seine unerwiderte Liebe zu einem jungen schönen Mädchen, meiner verstorbenen Mutter, die Ursache davon gewesen sei. Jedenfalls hatte ich aber diesen Umstand nicht zu bedauern, denn alle Zuneigung und Anhänglichkeit, welche im andern Falle seiner Familie anheimgefallen wären, schien er auf mich ungeteilt übertragen zu haben. Ich hätte glücklich sein können, wenn das Andenken an mein elterliches Haus nicht beständig wie ein Alp auf mir gelastet hätte, und obgleich ich noch sehr jung war, so gelang es mir doch nie, die Schreckensbilder meiner frühesten Jugendzeit aus meiner Erinnerung zu verbannen. Mein Onkel mochte mit schuld daran sein, denn es verging kein Tag, an welchem er mir nicht von meinen Eltern erzählt und deren Verderber geflucht hätte. Er war überhaupt ein Sonderling und schien einen gewissen Plan zu verfolgen, an dessen Ausführung ihn aber sein Ende hinderte.

So ging er alljährlich mit mir nach meinem väterlichen Erbgütchen, um daselbst einige Tage zu verbringen; er schmückte dann die teuren Gräber mit Blumen und machte mich zugleich auf den Verfall des Hauses aufmerksam, indem er fort und fort wiederholte: ›Wie viel anders könnte es wohl sein!‹

Der Negerbursche erhielt seine einfache Erziehung auf der Farm, und da er sich, bei unserer Anwesenheit daselbst, stets in unserer Gesellschaft befand, so pflegte er gleich mir Rachegedanken, welche von meinem Onkel, vielleicht unabsichtlich, beständig genährt wurden.

Später, nach dem Ableben meines väterlichen Freundes, erhielt ich nämlich die untrüglichsten Beweise, daß er nie gewünscht hatte, daß ich die Rolle eines Rächers übernehmen sollte. Vom tiefsten, unerbittlichsten Haß beseelt, lag ihm nur daran, mir seine Gefühle verständlich zu machen; denn nicht eher wollte er zur Ausführung seines Planes schreiten, als bis ich das Alter erreicht, um auftreten und seinen Namen gegen jede Verleumdung und falsche Beurteilung verteidigen zu können.

Das Geschick wollte es aber anders; mein Onkel starb, nachdem ich kaum das zwanzigste Jahr erreicht hatte, und hinterließ mir ein bedeutendes Vermögen, einen tiefgewurzelten Haß gegen den Mörder Evans und, natürlich wider Willen, die Aufgabe, seine und meine Rache zu Ende zu führen.

Ich entdeckte nämlich unter seinen nachgelassenen Papieren Briefe, welche sich nicht nur auf Evans bezogen, sondern mir auch dessen Namen und Aufenthalt verrieten, was, wenn ich die Absicht meines zweiten Vaters nicht verkenne, mir ursprünglich ein Geheimnis bleiben sollte.

Wie er zuerst dem Verbrecher auf die Spur gekommen, habe ich nie erfahren; doch hatte er in dem Neger, meinem frühern Spielkameraden, ein treues und nur zu williges Mittel zu seinen Zwecken gefunden. Ein Jahr vor seinem Tode schickte er denselben nach Kalifornien, um Evans beobachten zu lassen und nicht aus seinen Augen zu verlieren. Später erhielt ich die regelmäßig einlaufenden Berichte und zögerte vier Jahre, ehe ich mich wirklich zur Ausführung meiner Aufgabe entschloß. Als Grund für diese Zögerung kann ich nur angeben, daß ich noch immer hoffte, Evans werde sich ändern und in seinen späteren Tagen das zu sühnen suchen, was er verbrochen; doch Briefe auf Briefe gingen ein, in welchen er aller nur denkbaren Laster und Schandtaten bezichtigt wurde, und jeder neue Brief gab dem Keim reiche Nahrung, welchen mein Onkel, ich wiederhole es, ohne die Tragweite seiner Worte zu kennen, so sorgfältig zum Durchbruch hatte kommen lassen.

Ein besonderer Umstand veranlaßte mich endlich zur Ausführung einer Tat zu schreiten, welche ich als ein heiliges Erbteil betrachtete. Ich bin offen gegen Euch«, schaltete der Erzähler hier ein, »ich bin offen, und wenn ich auch ewig ein Fremder für Euch bleibe, so sollt Ihr doch nicht von mir scheiden, ohne auch das zu wissen, was jetzt einen freundlichen Schimmer über mein Leben zu werfen verspricht.

Ich liebe ein junges Mädchen in der Louisiana, ein Mädchen, so fromm und edel, als wenn es unter Engeln aufgewachsen wäre, und dabei erwidert es meine Liebe mit aller Hingebung und Kraft, deren ein junges unverdorbenes Gemüt nur fähig ist. Bei der Last aber, die nun schon seit Jahren auf meinem Herzen ruht, habe ich es noch nicht gewagt, mit ihr von unserer Vereinigung zu sprechen. Ich fühlte es, um es mit Ruhe zu können, mußte ich den letzten Willen meines Onkels, der, ich leugne nicht, mit meiner eigenen Gemütsstimmung im Einklang stand, ausgeführt haben.

Ich entschloß mich schnell; ich rüstete mich, vorgeblich zu einer Geschäftsreise nach Mexiko, denn niemand in meiner Heimat durfte eine Ahnung von meiner Absicht erhalten; der Reichtum meines Onkels half mir die Leute für mich gewinnen, und leicht glückte es mir, unerkannt und unbeobachtet nach San Francisco und zurück bis hierher zu gelangen. Ich fühle mein Gewissen jetzt erleichtert, doch glaube ich kaum, daß ich diese Ruhe erlangt haben würde, wenn ich, wie ursprünglich meine Absicht war, Evans wie ein wildes Tier erschossen hätte. Ich erkenne die Hand der Vorsehung darin, daß ich unverletzt aus dem Kampfe hervorging; es war Gottes Wille, daß Evans endlich den Lohn für seine Verbrechen, und zwar durch mich finden sollte, trotzdem der Mörder mein Leben mit einem vergifteten Messer bedrohte.

Meine Erlebnisse in Kalifornien müßt Ihr aus den Zeitungen kennen: es wurde ein Preis von fünfhundert Dollars auf meinen Kopf gesetzt; man würde das Doppelte geboten haben, wenn man geahnt hätte, daß ein Neger mich in dem Duell sekundierte. Ja, es ist wahr, ich bin selbst Sklavenbesitzer, aber ein Neger war und ist mein Freund. Niemand kennt ihn dort, und es wird ihm daher leichter als mir werden, sich etwaigen Verfolgungen zu entziehen.

Ich habe einen vertrauten Freund unter den Offizieren dieses Dampfbootes, durch dessen Hilfe und Einfluß es mir gelang, den gefährlichen Boden Kaliforniens unerkannt als Lotse zu verlassen, doch glaubt mir, es befinden sich viele an Bord, die mich gern für die fünfhundert Dollars verraten, ja, sogar lynchen würden, selbst auch dann, wenn sie, gleich Euch, meine Geschichte wüßten und mich vor Gott und ihrem eigenen Gewissen freisprechen müßten.

In Panama werden wir uns trennen, denn mein Weg

führt nach New Orleans, während Ihr, wenn ich mich nicht irre, zunächst nach New York und Washington geht. Für die Art und Weise, wie Ihr mein Geheimnis geehrt habt, sage ich Euch den aufrichtigen Dank eines Mannes; mögen meine Segenswünsche Euch begleiten, und wenn Ihr je meiner gedenkt, so tut es nicht ohne Nachsicht, und hier ist meine Hand zum Lebewohl.«

»Auf Wiedersehen«, sagte ich, als ich dem schlanken Fremden die Hand reichte, »mögen Eure schönsten Hoffnungen sich erfüllen, und mag jeder neue Tag Euch auf die eine oder die andere Art für das entschädigen, was Ihr in der frühesten Jugend erduldet.«

»Nein, nicht auf Wiedersehen«, antwortete der junge Mann, »unsere Wege liegen verschieden, ich wünsche die Rückerinnerung gänzlich von mir abzustreifen, und nur schmerzhaft würde es für mich sein, sollten mir die trüben Umstände meines Lebens, durch ein zufälliges Zusammentreffen, abermals vor die Seele geführt werden; deshalb noch einmal, lebt wohl.«

Mit diesen Worten entfernte er sich von mir und schritt sinnend der Kajütentreppe zu; ich blickte ihm nach, bis er hinter der Tür verschwand, und setzte dann meinen Spaziergang auf dem Verdeck fort, welches sich allmählich mit Passagieren zu füllen begann.

Am folgenden Morgen rief mich der Donner einiger Kanonenschüsse noch früher als gewöhnlich hinauf. Ich kam gerade zur rechten Zeit, um die Anker fallen zu sehen; die Ketten rasselten durch die Luken, der Stern des Schiffes drehte sich mit der Flut dem Gestade zu, ein neuer Kanonenschuß zitterte über die Wasserfläche, die Signalflagge stieg am Mast empor und zahlreiche Boote trennten sich zu derselben Zeit vom Ufer, um die Passagiere samt ihrem Gepäck nach Panama hinüberzuholen.

Ich befand mich unter den ersten, welche landeten, und weil ich meine Koffer überwachen wollte, so stieg ich nach der breiten Wallmauer hinauf und ließ mich auf einem der riesenhaften halb versandeten Kanonenrohre nieder, um daselbst die Ankunft des Gepäcks zu erwarten. Stunden verrannen, Leute kamen und Leute gingen, doch nur eine Dame fesselte meine Aufmerksamkeit in höherem Grade.

Schon bei meiner Ankunft hatte ich sie bemerkt, als sie unter dem halb gelüfteten Schleier hindurch mit ihren schönen dunkeln Augen alle in dem Boot befindlichen Reisenden ängstlich prüfte. Seitdem nun war sie auf dem Wall auf- und abgewandert, und nur wenn ein neues Boot mit Passagieren landete, eilte sie hinab, augenscheinlich um jemand unter denselben zu suchen. Doch jedes Mal kehrte sie allein zurück, und deutlich bemerkte ich dann, wie sie ihre Hände krampfhaft zusammenpreßte und zuweilen ein weißes Tuch an die Augen führte.

Stunden verrannen; die Passagiere waren alle gelandet und einzelne Boote begannen schon Fracht auszuladen, aber die schöne Fremde stand trostlos da und schaute unverwandt nach dem Dampfboot hinüber, welches sich nachlässig auf den Schwellungen schaukelte. Ich fühlte ein inniges Bedauern mit der armen Frau, aber der Ausdruck der Verzweiflung trat so deutlich hervor, daß ich es nicht wagte, mich ihr zu nähern, im Gegenteil, mich von meinem gemächlichen Sitz erhob, um sie allein zu lassen.

Geduldig sah ich die Boote landen und Koffer auf Koffer bei mir vorübertragen, ich wußte, daß die meinigen nicht vergessen wurden, und hatte also keinen Grund, um mein Eigentum besorgt zu sein. Eine Gruppe Palmen gewährte mir Schutz gegen die brennenden Strahlen der höher steigenden Sonne; malerische Ruinen schöner Kirchen und anderer größerer Bauwerke, sowie die ab- und zuwogende buntfarbige Bevölkerung gewährten mir die angenehmste Unterhaltung; halbnackte braune Kinder, welche süße Bananen, würzige Ananas und feine Zigarettos feilboten, ließen mich keine Not leiden, und überaus zufrieden mit meiner ganzen Lage harrte ich auf die Ankunft des letzten Bootes, welches auch meine Sachen bringen mußte.

Es näherte sich endlich dem Strande und ich war überrascht, als ich meinen unbekannten Erzähler erblickte, der hoch oben auf dem Gepäck Platz genommen hatte. Doch lange vorher schon war er von der Dame erkannt worden, der ich den einsamen Platz auf dem Wall eingeräumt hatte; denn nur wenige Schritte von mir, so daß die spielenden Wellen die Sohlen ihres kleinen Fußes netzten, stand sie mit zurückgeschlagenem Schleier da und zeigte das liebliche Bild glückseliger Erwartung.

Der zarte, blendendweiße, durchsichtige Teint, die von innerer Aufregung geröteten Wangen, der edle Schnitt des Profils, der halb geöffnete Mund mit den perlenähnlichen Zähnen, die prachtvollen, großen dunkeln Augen und das üppige, glänzendschwarze Haar, alles dieses stand in so unbeschreiblich schönem Einklange zu der jungfräulichen aber stolzen Gestalt, daß ich voll Teilnahme und Bewunderung zu ihr hinüberschaute und keine ihrer Bewegungen verlor.

Der Kiel des Fahrzeugs knirschte auf dem mit zerbrechlichen Muscheln angefüllten Sande, der junge Fremde sprang ans Ufer, und sprachlos sank das junge Mädchen in seine Arme. »Charles, Charles«, flüsterte sie endlich unter Schluchzen, »vergib mir, ich erbrach einen an dich gerichteten Brief, ich wollte zu dir eilen!«

Weiter vernahm ich nichts, denn meine Rührung zu verbergen, mischte ich mich unter die Lastträger, um meine Bagage befördern zu lassen; als ich dann nach der Stadt hinaufschritt, waren die beiden rätselhaften Fremden nicht mehr zu erblicken. Die Sonne aber strahlte so hell am klaren Himmel, die Palmen neigten ihre anmutigen Kronen, und in den drückend heißen Straßen drängten sich Reisende und Maultiertreiber durcheinander, sich zum Ritt über die Landenge rüstend.

Der Schneesturm

Fast grausam erscheint es, wenn der Herbst in üppigen Waldungen einkehrt, die grünen Blätter verfärbt, deren geschmeidige Stengel dörrt und an den Zweigen lockert, damit sie, wenn vom leisesten Lufthauch berührt, sterbend zur Erde sinken. Die armen Blätter; nachdem der Sturm sie lange umhergewirbelt, zerfallen sie in Staub; niederschlagende Feuchtigkeit führt die befruchtenden Bestandteile wieder an die im Erdreich verborgenen Wurzeln zurück, und wenn auch in vielfach veränderter Form, so erblickt man doch hier die Lebenskraft im ewigen Kreise schöpferisch wirkend.

Nicht das Bild des Todes ist es daher, wenn der unerbittliche Winter mit schweren eisigen Fesseln Wald und Flur umgibt; nein, es ist vielmehr wie ein Schlummer, welchem die Natur anheimfällt, um mit erneuter Kraft freudig und erfreuend zu erwachen.

In der Heimat beobachtet man mit einem Gefühl der Behaglichkeit den ersten Schneefall; man ergötzt sich an den schönen Winterlandschaften, die zauberisch schnell entstehen und einen Genuß gewähren, der den südlichen, reicheren, aber erschlaffenden Zonen fremd und von deren Bewohnern kaum geahnt wird. Starr ragen zwar die entblätterten Zweige und Äste empor, doch die reine, gleichförmige Schneedecke mildert diese Starrheit trotz des Farbenkontrastes zu einem melancholischen Ernst, dessen Eindruck erhöht wird durch die tiefe, einschläfernde Ruhe, welche alles umschwebt. Am ernstesten nimmt sich der dunkelgrüne Tannenwald aus; niederwärts hängen die von Schnee beschwerten Zweige, und wenn ein Windstoß auf sie einfährt, dann wiegen sie, kaum merklich, ihre winterlich geschmückten Häupter, kleine losgerissene Schneemassen stäuben, wie auf Stufen, von Zweig zu Zweig, und ruhig schlummern die Bäume weiter unter ihrer weißen

Hülle; der Specht aber, als wollte er sich der Kälte erwehren, hämmert lustig an morschen Stämmen, und ebenso lustig springt das Eichhorn von Baum zu Baum.

Wer nun auf einsamen Spaziergängen, oder durch die gefrorenen Fensterscheiben die Schönheiten des Winters bewundert, der gedenkt wohl kaum der Schrecken, welche er birgt, wenn der wilde Orkan, den eisigen Norden verlassend, ohne Widerstand zu finden über die endlosen Prärien fegt, fallenden und gefallenen Schnee in dichten Wolken vor sich hinwälzt oder in den Gebirgsschluchten zusammentreibt, und die lebenden Wesen gleichsam sucht, um sie zu verderben und zu erstarren. –

Hell glitzerten die ersten Sonnenstrahlen auf der blendenden Schneedecke, als wir an einem Januarmorgen unsere Lagerfeuer auf dem Ufer eines spärlich bewaldeten Baches in der Ebene verließen, und die Richtung einschlugen, welche uns in der kürzesten Frist an eine gegen zwölf englische Meilen entfernte Bergkette bringen mußte. Unsere Gesellschaft bestand aus sieben Männern, vier Frauen und einigen Kindern; ich selbst war der einzige Weiße unter dieser Anzahl von Indianern, welche nach einer erfolgreichen Jagd am obern Missouri ihren weiter südlich gelegenen heimatlichen Wigwams zueilten. Die neuen Pferde und zwei auf der verödeten Emigrantenstraße eingefangene Zugochsen, sowie auch einige Hunde waren schwer bepackt mit Pelzwerk und gedörrtem Fleisch, und außer den Kindern, welche auf den Rücken der sichersten Pferde zwischen zusammengerollten Zelten und Büffelhäuten verhältnismäßig warm saßen, mußten wir daher alle zu Fuße wandern, was in dem tiefen, mit einer scharfen Eiskruste überzogenen Schnee nicht ohne Schwierigkeit vonstatten ging.

»Die Jäger werden heute ihre Füße in die Spuren der Weiber stellen«, sagte der Medizinmann oder Zauberer, ein baumstarker Krieger, als er sich an die Spitze des Zuges stellte. »Die Jäger werden achtlos bei dem Hirsch vorüberziehen und den Schritt der Pferde beschleunigen helfen.

Ehe die Sonne die Hälfte ihres Weges zurückgelegt hat, blendet der tanzende Schnee unsere Augen und wenden die störrischen Tiere ihre Rücken dem Winde entgegen. Der Schneesturm muß uns in den Schluchten jenes Gebirges finden, wenn die Wölfe nicht die Knochen unserer Pferde benagen sollen.«

Gehorsam den Worten des großen Kriegers, und im vollsten Maße seinen weisen Ratschlägen vertrauend, antworteten alle durch zustimmende Gebärden; der eine oder der andere kniete auch wohl nieder, um die Riemen an den Mokassins fester zu schnüren, und in schnellem Schritt ging es dann über die Schneefläche, in geradester Richtung auf das Gebirge zu.

Die Gesellschaft war schweigsam geworden, denn jeder kannte die Gefahr, die drohte, wenn wir noch auf der Ebene vom Sturm überfallen wurden. Man vernahm nur den pfeifenden Ton, erzeugt durch die Zeltstützen, welche zu beiden Seiten der Pferde niederhängend, mit dem einen Ende im Schnee pflügten, und das Krachen der Eiskruste, die unter den Hufen der dampfenden Tiere, sogar unter dem leichten Tritt der Menschen brach und gar oft von dem Blute der verletzten Füße gerötet wurde.

Eine Stunde verrann und noch immer strahlte die Sonne in ungetrübter Klarheit von dem wolkenlosen Himmel, aber nahe dem Boden begann es zu stäuben, und lange Streifen bildend trieben die feinen Eisteilchen und zerbröckelten Schneeflocken auf der glatten Bahn leise knisternd dahin, während heftige Windstöße, die glücklicherweise dieselbe Richtung mit uns hielten, zeitweise vorbeisausten und den gefährlichen Orkan anmeldeten, vor welchem wir uns auf der Flucht befanden.

Immer weiter dehnten sich die beweglichen Streifen aus, bis sie sich endlich vereinigten, so daß die ganze Ebene einem schnell fließenden Wasser glich, auf welchem ebenso schnell eilende Dämpfe lagerten. Nur hin und wieder ragte noch ein verdorrter Grashalm oder die von Schnee entblößte Spitze eines Felsblocks hervor, doch auch diese

Scalp dance of the Otoes.

verschwanden, als die Heftigkeit des Windes zunahm und die bewegliche, stäubende Masse allmählich höher stieg.

Unverwandt hafteten alle Blicke auf den Höhen, und jeder berechnete in Gedanken die Entfernung und die Zeit, die ihn von der rettenden Schlucht trennte. Doch weit war es noch bis dahin, und nicht ohne Besorgnis beobachtete ich das Steigen des treibenden Schnees, der uns zuletzt nur die Aussicht auf die höchsten Gipfel der Berge und auf den sonnigen Himmel offenließ.

Allmählich veränderte sich indessen auch die Farbe des Himmels; die Sonne erschien wie mit einem dunkelroten Schleier umhüllt, verbarg sich endlich ganz, und bald darauf bemerkte ich frische Flocken, welche sich mit dem älteren Treibschnee vermischten und lustig mit diesem um die Wette dahinwirbelten.

Fester zog jeder die Büffelhaut um die Schultern, denn wie ein undurchdringlicher Nebel umgab uns nunmehr der Eisstaub, der, obgleich der Sturm unsere Rücken traf, die Augen schmerzhaft blendete, und wie mit scharfen

Nadelspitzen die dem Wetter ausgesetzten Hautstellen zerriß. Ich befand mich unter den letzten des Zuges, und die Blicke zwischen den halbgeschlossenen Augenlidern hindurch auf den Boden gerichtet, setzte ich die Füße in die offenen Spuren meines Vordermannes. Den Medizinmann und die hinter ihm herschreitenden Weiber und Packtiere vermochte ich schon lange nicht mehr zu unterscheiden, ja die Furchen, welche die kaum fünfzig Schritte vor mir dahineilenden Pferde mit den schleppenden Zeltpfählen rissen, zeichneten sich in meiner Nähe nicht mehr aus, und kaum noch vernahm ich vor dem Brausen den Ruf, mit welchem die Tiere zur Eile getrieben wurden, und die durchdringende Stimme des Zauberers, wenn er uns mahnte, keinen Augenblick aus der dicht geschlossenen Reihe zu treten.

Der Wind war jetzt unser Hauptführer; wir konnten zwar fest auf ihn rechnen, aber die breiten Schneebänke in den Senkungen der Ebene, welche sich schnell vergrößerten und sich scheinbar vor uns hinwälzten, hemmten auf schreckenerregende Weise unsere Flucht, und weite Strecken mußten wir oft knietief in dem lockeren Schnee waten, eh' wir wieder Flächen erreichten, wo der wütende Sturm keine Anhäufungen auf der glatten Eiskruste duldete.

Die Tiere keuchten, die Kinder wimmerten, und unheimlich verklangen die gedehnten Klagerufe der besorgten Mütter; die Männer aber öffneten nur ihre Lippen, um die Karawane in der Richtung zu lenken und durch lautes Gellen das Abirren einzelner von der Bahn zu verhindern. Plötzlich entstand eine Bewegung an der Spitze des Zuges, doch als ich die Stelle erreichte, wo der Aufenthalt stattgefunden hatte, war die Ordnung schon wiederhergestellt, dagegen erblickte ich, dicht neben den kaum erkennbaren Spuren, einen der bepackten Ochsen, der vor Erschöpfung zusammengesunken war, um nie wieder aufzustehen und binnen unglaublich kurzer Frist von dem Schnee begraben zu werden.

Die Gefahr mußte sehr groß sein, weil die Indianer es nicht unternahmen, wenigstens das Gepäck zu retten, doch rechneten sie wohl darauf, bald eine Lagerstelle zu finden, und von dort aus, nach Milderung des Unwetters zurückkehrend, den Wölfen zuvorzukommen. Zu damaliger Zeit vergrößerte indessen dieser Umstand meine Besorgnisse bedeutend, denn ich sah ein, daß wir nicht lange mehr diese fluchtähnliche Reise würden fortsetzen können; die Sehnen an den Beinen erschlafften von der übermenschlichen Anstrengung, und schmerzhaft rieben und scheuerten die von dem Schnee genäßten und demnächst wieder steif gefrorenen ledernen Kleidungsstücke auf den nackten Gliedern.

Trotz des halbverhungerten, krankhaften Zustandes, in welchem ich erst wenige Tage vorher zu den Indianern gestoßen war, schien ich doch nicht der einzige zu sein, der so litt, denn gar manche Spur erblickte ich von frischem Blute gefärbt. Aber es galt das Leben, und um solchen Preis wurde man fühllos gegen kleinere Schmerzen.

Immer heftiger tobte der Sturm, und dichter und schneller wirbelten Eisteilchen und Flocken durcheinander; der Atem stockte mir mehrfach, und keine Meile mehr hätte ich vermocht, mit meinen leichtfüßigen Gefährten gleichen Schritt zu halten, als ich plötzlich den Jubelruf des Zauberers vernahm, der einen gellenden, langgedehnten Schrei ausstoßend, mit der Hand in zitternder Weise den Mund schloß, daß es wie ein unheimlicher Wirbel durch die verdichtete Atmosphäre klang. Sogleich antworteten die übrigen Krieger auf dieselbe Art, und als wir dann nach vorn eilten, gewahrte ich, daß wir uns vor einem schroffen Bergabhang befanden, den, so weit er sichtbar, einige verkrüppelte Bäume zierten. Ich atmete tief auf, aber unser Ziel hatten wir noch lange nicht erreicht; der nackte Berg konnte uns keinen Schutz gewähren und es galt jetzt erst eine Schlucht zu entdecken, in welcher es allein noch möglich war, nicht nur die erschöpften Tiere, sondern auch uns selbst vor dem Untergange zu sichern.

Wenige Worte genügten, um die Indianer zu einem

Entschluß zu bringen; der Medizinmann eröffnete wieder den Zug und wendete sich östlich an dem mit einer tiefen, wallähnlichen Schneelage bedeckten Fuße des Berges entlang, doch bedurfte es nun unserer ganzen vereinigten Kräfte, um die Tiere, welche jetzt den Wind auf die Seite erhielten und beständig trachteten, den Hauptanprall mit dem Rücken aufzufangen, von der Stelle zu schaffen. Bis über die Knie reichte schon der lockere zusammengewehte Schnee, und wo die Füße denselben aufrührten, da wurde er tückisch von dem Sturme erfaßt und in beinahe undurchdringlichen Wolken um uns herumgeschleudert.

Auch der zweite Ochse brach zusammen, ein Pferd folgte bald darauf seinem Beispiel; doch was stürzte, das stürzte, und unaufhaltsam strebte jeder nach vorn, um nicht die letzten Kräfte mit nutzlosen Rettungsversuchen an den schnell erstarrenden Tieren zu vergeuden. Nicht mehr in langer Reihe, sondern in gedrängtem Haufen bewegte sich die Karawane vorwärts; die Kinder waren längst von dem Gepäck heruntergenommen und auf den Rücken der kräftigsten Männer unter den wärmenden Büffelhäuten untergebracht worden, die Weiber dagegen litten furchtbar, und trotz der eigenen Qual fühlte ich das tiefste Mitleid mit den armen kleinen Gestalten, wenn ich sie oft bis unter die Arme im Schnee stecken und für ihr Leben kämpfen sah.

Eine halbe Stunde verstrich, eine halbe Stunde, die mir eine Ewigkeit schien; der Schweiß triefte mir von der Stirn und nur noch mechanisch wühlte ich mich vorwärts. Da ertönte nur wenig Schritte vor mir ein gräßlicher Schrei, und wie durch einen Nebel hindurch erkannte ich die lange Gestalt des Zauberers, der, mit emporgereckten Armen niedersinkend, in dem unsicheren Boden verschwand. Alle standen wie versteinert, und eine Minute verstrich wohl, ehe wir es wagten, uns von der Stelle zu rühren und uns dem Rande der Schlucht zu nähern, in welche unser Führer gestürzt war. Dann aber brach das Jammergeheul der Weiber los, doch nur auf kurze Zeit, denn gleich darauf vernahm man die gedämpfte Stimme des Zauberers, der aus der Tiefe einige Worte hinauf rief, die für mich natürlich nicht verständlich, zu deren Befolgung aber unverzüglich geeilt wurde.

Die Männer bewaffneten sich nämlich schnell, jeder mit einer der langen Zeltstützen, und während ich gemeinschaftlich mit einem Krieger dem Versunkenen durch Niederreichen der Stangen wieder nach dem Ufer hinaufhalf, sondierten die anderen Jäger in ähnlicher Weise den Boden in südlicher Richtung, wo augenscheinlich ein schmaler Weg zwischen dem Abhange des Berges und der zugewehten Schlucht hinführte. – Die übrigen acht Pferde, welche nunmehr den Wind wieder auf dem Rücken hatten, ließen sich jetzt williger von den Frauen nachtreiben, und als der Zauberer an unseren Stangen emporkletternd, festen Fuß gewann, war der Zug unseren Blicken entschwunden.

Wir säumten keinen Augenblick, und auf dem schon wieder halb zugewehten Pfade hineilend, erreichten wir unsere Gefährten, als sie eben um die Basis des Felsens herum gegen Westen bogen, und also den Berg zwischen sich und den Sturm brachten. Hier nun atmete ich zum ersten Mal wieder frei auf und begann an unsere Rettung zu glauben, die mir so lange mehr als zweifelhaft geschienen. Der Sturm hatte freilich noch zugenommen, denn schauerlich heulte und tobte es ringsum in den Schluchten und zwischen den verschleierten Felsen, doch waren wir dem Anprall desselben nicht mehr ausgesetzt, und anstatt zu blenden und die Haut zu verletzen, sanken die Flocken in dichten Massen, aber harmlos um uns nieder. Auch Bäume wurden sichtbar, und zwar weitverzweigte, kurzstämmige Tannen; bald erblickten wir ihre Kronen wie Schatten aus der zugewehten Schlucht über der weißen Decke emporragen, bald gewahrten wir sie über uns an den Abhängen, wo sie, dem Sturm erreichbar, laut knarrten und krachten und unwillig den Schnee von ihren Häuptern schüttelten. Dichter umgaben uns die Bäume, und wegsamer wurde der mit einer ebenen Schneelage bedeckte Boden: da vernahm ich abermals den wilden Jubelruf des Zauberers, der unterdessen wieder die Leitung des Zuges übernommen hatte; doch nicht eine einladende Baumgruppe oder eine Schutz gewährende überhängende Felswand war es, was den leidenschaftlichen Jäger so in Aufregung versetzte, sondern ein breiter, festgestampfter Weg, auf welchem Hunderte von Büffeln, dicht vor uns, aber aus einer andern Richtung in die Schlucht gedrungen waren. Die armen Tiere mußten in irgendeinem Winkel eng zusammengekauert stehen, und die Aussicht, nach dem Verlust der Ochsen und des Pferdes, hier noch ganz in der Nähe eine gute Jagd anstellen zu können, entschädigte meine Gefährten in so hohem Grade für die in den letzten Stunden erduldeten Qualen, daß die Klagelaute sich in Jubelrufe verwandelten und der Rest unserer Reise fast einem Triumphzuge glich.

Nur eine kurze Strecke folgten wir dem Büffelwege, und uns dann durch eine vier Fuß hohe Schneeanhäufung hindurcharbeitend, gelangten wir in eine schmale, dicht bewaldete Nebenschlucht, wo eng verschlungene Kronen immergrüner Bäume ein leidliches Obdach verhießen.

Ein reges Leben entstand jetzt; denn teils um nach der schrecklichen Anstrengung einer Erkältung vorzubeugen, teils um sich baldmöglichst der Ruhe hingeben zu können, ging jeder rüstig ans Werk. Nach kurzer Zeit standen die beiden geräumigen ledernen Zelte, der Schnee war aus denselben entfernt worden, eine dicke Lage duftender Tannenzweige deckte den gefrorenen Boden, und trocknes Holz, zur Nahrung der schon brennenden Feuer, lag aufgestapelt in den äußersten Winkeln. Die Pferde hatten im nahen Dickicht ein Unterkommen gefunden, wo die saftige Rinde und knospenreiche Zweige von Weidensträuchern ihnen kärgliche Nahrung lieferten; und als dann die Dämmerung sich einstellte, da verfügten wir uns auf die Büffeldecken, welche die im Mittelpunkt der Zelte angebrachten Feuergruben im Kreise umgaben, und in dem behaglich erwärmten Raume vergaßen wir bald bei gerö-

Otoe buildings

stetem und gedörrtem Fleisch die schreckliche Flucht vor dem Schneesturm.

Die wohltuende Wärme verfehlte nicht ihre Wirkung auf die ermattete Gesellschaft, und eine Stunde später lagen alle im tiefsten Schlaf; ich aber lauschte noch lange dem Toben des Unwetters, welches den höchsten Grad seiner Wut noch nicht erreicht zu haben schien.

Bald dumpf heulend, bald donnerähnlich brüllend sauste der Orkan durch die finsteren Schluchten; mit pfeifendem Ton berührte er die aufstrebenden Gipfel langnadeliger Kiefern; wo aber morsche Stämme seiner ganzen Gewalt ausgesetzt waren, da knickte er sie wie schwache Reiser und schleuderte sie zersplitternd und zerschmetternd in die Tiefen hinab, welche der wirbelnde Schnee lawinenähnlich ausfüllte. – Die Natur schien ein wildes Fest zu feiern; aber während die Elemente sich im furchtbaren Kampfe einander gegenüberstanden, schlich der Tod unter dem Schutze der schwarzen Nacht leise dahin und drückte seine eisig kalte Hand auf jedes lebende Wesen, dem es nicht gelungen war, ein entsprechendes Obdach zu gewinnen.

Lauter brüllte der Orkan und schneller aufeinander krachten die Bäume; aus dem benachbarten Zelte aber erschallte unheimlicher Gesang; es war der Medizinmann, der seine monotonen Lieder mit gemessenen Trommelschlägen begleitete.

Erhabene Naturszenen wirken auf jedes Gemüt eindringlicher und verständlicher, als es die gekünstelten Worte schwacher Sterblicher vermögen. Der wilde Heide erkannte in dem Schneesturm die Nähe des großen guten Geistes, und singend bat er ihn um günstiges Wetter und eine glückliche Jagd.

Anhang

Omaha

Nachwort

Der »eigentliche Erzähler« Möllhausen

Um die Mitte des 19. Jahrhunderts notierte Willibald Alexis über die Einstellung des Lesepublikums zum Verhältnis von Phantasie und Wirklichkeit: »Wir sind jetzt einmal in der Lektüre so praktisch gestimmt, daß alles wirklich Geschehene, auch das Unbedeutendste, uns mehr anzieht und bedeutender erscheint, als das, was im Reich des Geistes und der Phantasie eine ewige Bedeutung erstrebt.«[1] Realistische Erzählmuster begannen sich allmählich gegen romantische Traditionen durchzusetzen, ohne diese jedoch unmittelbar oder gänzlich zu verdrängen. Möllhausen, der als literarischer Autor erstmals 1861 vor das Publikum trat, versuchte beides, romantische und realistische Erfassungsmodelle von Wirklichkeit in seinen Romanen und Erzählungen zu vereinigen. Damit stieg er vor allem in den beiden Übergangsjahrzehnten der 1860er und 1870er Jahre, in denen Überschneidungen und Mischformen älterer und neuerer Erzählweisen von der deutschen literarischen Öffentlichkeit noch weitgehend akzeptiert wurden, zum Erfolgsautor auf.

Balduin Möllhausen[2] wurde am 27. Januar 1825 in Bonn geboren; sein Vater, Heinrich Möllhausen, war ein umtriebiger ehemaliger Artillerieoffizier der preußischen Armee, seine Mutter eine Baronesse Elise von Falkenstein. Als der Vater 1836 seine Frau und fünf Kinder verließ, um ein unstetes Wanderleben zwischen New Orleans, Austin/Texas, Portugal und Odessa zu führen, und die Mutter kurz darauf verstarb, kamen die Kinder in die Obhut pommerscher Verwandter und Balduin mußte, vermutlich auf den Gütern seines Vormundes Baron Carl Reinhold von Krassow und entgegen seinem Wunsch, Maler zu werden, eine

Ausbildung zum Agrarökonom absolvieren. Er wurde zum Militärdienst eingezogen und mußte als Landwehrmann 1848/49 mithelfen, die bürgerliche Revolution niederzuschlagen. In Spandau, wo er stationiert war, hat er möglicherweise den rheinischen Revolutionär Gottfried Kinkel kennengelernt, der dort in der Zitadelle einsaß und ein Jahr später auf spektakuläre Weise entfloh. Jedenfalls trägt der Ich-Held in Möllhausens Roman ›Die Mandanen-Waise‹ (1865) deutliche Züge Kinkels.

»Im Herbst 1849 verließ ich Europa und ging nach Amerika« schrieb Möllhausen später. Seine Auswanderung hatte ihre Ursachen allerdings weniger in den unerfreulichen politischen Entwicklungen in der Heimat, als vielmehr in der erwachten Abenteuerlust des Vierundzwanzigjährigen, der damit auch die bedrückenden familiären Verhältnisse hinter sich ließ. Möllhausen reiste über die Großen Seen nach Wisconsin, wo er drei Monate verweilte. Er verbrachte eine gewisse Zeit bei den Chippeway-Indianern am Übergang vom Michigan- zum Huron-See, dem Schauplatz seiner Erzählung ›Der Postläufer von Wisconsin‹, und er hat schon zu diesem Zeitpunkt vermutlich auch die dort gelegene Insel Mackinaw besucht. Im Herbst 1850 zog es ihn nach St.Louis, von wo aus er als Jäger Illinois durchstreifte. Für kurze Zeit wird er Gerichtsschreiber im Städtchen Belleville, das zahlreiche deutsche Revolutionsflüchtlinge beheimatete. Im Frühjahr 1851 lernte er dort – eine folgenreiche Begegnung – den deutschen Naturforscher Herzog Paul von Württemberg kennen. Möllhausen schließt sich dem Herzog an, sie unternehmen gemeinsame Exkursionen, in deren Verlauf Möllhausen erneut allein einige Wochen bei Chippeway-Indianern an den Großen Seen verbringt. Am 11. August 1851 brechen die beiden zu ihrer größten gemeinsamen Reise auf, die Möllhausen beinahe zum Verhängnis geworden wäre. Sie begegnen zahlreichen Indianertrupps, Cheyenne, Sioux, einigen berühmten Pelzhändlern, etwa Joseph Robidoux, und werden schließlich am Sandy Hill Creek in hilfloser

Lage eingeschneit. Mit einer Postkutsche kann der Herzog noch entkommen, Möllhausen bleibt allein zurück. Doch er besteht den wochenlangen Kampf gegen hungrige Wölfe und feindliche Indianer und wird schließlich, halb verhungert und krank, von einem Trupp freundlicher Oto-Indianer unter Leitung des Medizinmanns Wakitamone und des Halbbluts Farfar gerettet. Er lebt bei den Oto, besucht immer wieder auch ein Omaha-Dorf in der Nähe, verlobt sich mit der jungen Halbindianerin Amalie Papin (geb. um 1838, gest. 1932), reist aber am Jahresende, von Heimweh getrieben, wieder zurück nach Berlin.

Möllhausens Reiseberichte, vor allem auch seine bei und von Indianern angefertigten Zeichnungen,[3] stoßen auf das Interesse Martin Lichtensteins, des Gründers des Berliner Zoos, der ihn dem greisen Alexander von Humboldt vorstellt. Dieser vermittelt ihm in der Folgezeit die Teilnahme an zwei Expeditionen durch den amerikanischen Westen, die unter den Leutnants Whipple und Ives in den Jahren 1853/54 und 1857/58 unternommen wurden, und Humboldt versorgt ihn durch seinen Einfluß auf Friedrich Wilhelm IV. mit dem Posten eines Kustos der Schlösser in und um Potsdam, einer einträglichen Sinekure. Über beide offiziellen Expeditionen veröffentlicht Möllhausen zwei beeindruckende Reiseberichte, die beim Publikum viel Anklang finden und in die auch Erlebnisse seiner ersten Amerikareise mit Herzog Paul eingeflochten sind. Die von Charles Dickens herausgegebene Zeitschrift ›All the year round‹ etwa bezeichnete Möllhausens ersten Reisebericht als einzigartige Überlebensschilderung: »The book is written with great modesty and good sense; and contains some of the most curious revalations of manners and customs among the North American Indians«.[4]

Möllhausen heiratet Caroline Seifert, die möglicherweise eine uneheliche Tochter Humboldts war, und er beginnt nach dem Tod Humboldts, der bekanntermaßen kein Freund der Belletristik war, mit der Abfassung dickleibiger Romane, in die er seine zahlreichen Erlebnisse im amerikanischen Westen ebenso einfließen läßt wie die eigenen familiären Verstrickungen. Er veröffentlicht von nun an fast vierzig Jahre lang jedes Jahr einen neuen Roman, und als er schließlich am 28. Mai 1905 hochgeehrt stirbt, wird er auf eigenen Wunsch in seinem ledernen Trapperanzug beerdigt.

Sämtliche Romane und Erzählungen Balduin Möllhausens entspringen dem direkten Erleben; sie sind insofern zunächst legitimer Bestandteil der an realistischen Erzählmustern orientierten Fraktion der deutschen und europäischen Unterhaltungsliteratur des 19. Jahrhunderts. Der Autor beschreibt (mit nur wenigen Ausnahmen) keine Örtlichkeit, die er nicht selbst besucht hat, und er berichtet fast ausschließlich von Geschehnissen, die ihm, wenn nicht selbst passiert, so doch wenigstens *erzählt* worden sind. Erleben und Erzählen, ob literarisch oder mündlich, sind für Möllhausen zwei sich gegenseitig bedingende Bezugsgrößen; eines kommt nicht ohne das andere aus. Seine Fiktionen bleiben damit orientiert an der Wirklichkeit, mit der allerdings ihre romantische Ausformung untrennbar verbunden ist. Dieser fiktive Mantel um einen realistischen Kern ist weitgehend gewoben aus einer sentimentalen Verklärung vergangener Tage und zurückliegender Erlebnisse, einer teils beschwörende Formen annehmenden Sehnsucht nach der Weite der nordamerikanischen Prärien und der Selbstbestimmtheit des Trapperlebens. Ein solches Leben als Fallensteller hatte Möllhausen – im gleichen Alter zwischen dem 25. und 35. Lebensjahr, in dem der eine Generation jüngere Karl May sein abenteuerliches Betrüger- und Zuchthäuslerjahrzehnt absolvierte – in früherer Zeit ja in eigener Person geführt. Wenn man es bei Karl Mays Werken, wie Ernst Bloch meinte, mit »reißenden Märchen« zu tun hat, so sind die Abenteuerromane Balduin Möllhausens melancholische Träume. Karl May, der verkrachte Armenschullehrer, erschrieb sich mit seinen Fiktionen eine glänzende bürgerliche Zukunft, während Balduin Möllhausen, der seine bürgerliche Existenz früh gesichert wußte, diese immer wieder unterfütterte mit literarischen Beschwörungen einer unentfremdeten, wilden Vergangenheit. Insofern präsentieren sich Mays Schöpfungen zukunftsgerichtet, während Möllhausens Werke eher zurückblicken. Wollte man das Triumvirat der wichtigsten deutschen Abenteuerautoren des 19. Jahrhunderts mit kurzen Schlagworten bezeichnen, so wäre Gerstäcker der Realistische, May der Phantastische und Möllhausen der Romantische. Wer bei letzterem also ausschließlich nach dem realistischen Unterfutter Ausschau hält, wird mindestens seine Romane eher unbefriedigt beiseite legen.[5]

Möllhausens Romane – zu denen hier ein Exkurs gestattet sei, dessen Aussagen *cum grano salis* auch auf die Erzählungen zutreffen – werden getragen von einer merkwürdig stabil oszillierenden Mischung aus rebellierendem Ausbruch und bürgerlicher Besänftigung. Der Autor stand radikalen Lösungen, in Literatur wie Leben, stets skeptisch bis ablehnend gegenüber, ohne daß darunter seine menschliche Sympathie, etwa für manchen Achtundvierziger-Revolutionär, gelitten hätte. Der Einfluß des alten Alexander von Humboldt auf den achtundzwanzigjährigen, unterstützungsbedürftigen jungen Reisenden kann wohl gerade für den »politischen« Bereich nicht hoch genug eingeschätzt werden. Dennoch sind die Romane, selbst noch die betont zeitkritischen der siebziger Jahre, im ganzen von einer kennzeichnenden Politikferne; ihre Konflikte sind zunächst moralische, vom Charakter des einzelnen Akteurs abhängende, und nicht solche, zu deren Lösung es einer gesellschaftlichen Anstrengung bedürfte. Entsprechend sind auch die persönlichen Verletzungen, die manchen seiner literarischen Motive und Handlungskonstruktionen ihre psychogene Dynamik verleihen, eher im familiär-sozialen Bereich zu suchen als im gesellschaftlich-politischen. Der frühe Verlust der Eltern und das Hin und Her der Geschwister zwischen verschiedenen Vormundschaften erwies sich als ein wirkmächtiger Motor, der noch Jahrzehnte später vielbändige Prosa mit den verschiedensten, beinahe stets auf Formen von Familienzusammenführung hinauslaufenden Happy Ends hervorzutreiben vermochte. Dabei erfährt allerdings der Begriff »Familie« von Anfang an eine den Zeithorizont einigermaßen übersteigende Definition; Fragen der Blutsverwandtschaft spielen zwar eine wichtige Rolle, werden aber ergänzt durch eine soziale Dimension, die Toleranzforderungen breitesten Raum gewährt. Auf diesem Umweg kommen politische Dimensionen dann allerdings zu ihrem Recht. Turbulenzen um die von gewissen Verwandten als *mesalliance* geächtete Verbindung seines bürgerlichen Vaters mit einer Baronesse dürften den Blick des späteren Autors durchaus auch für aktuelle gesellschaftliche Fragen schon früh geschärft haben.

Bei den umfangreicheren Erzählwerken Möllhausens handelt es sich um *ethnographische Gesellschaftsromane.* Mit dieser Gattungsbezeichnung wird eine von den meisten Romanen des Autors vorgenommene Verklammerung zweier zunächst unabhängiger Strukturmerkmale nachvollzogen und eine gewisse eigenständige Qualität der Erzählungen Möllhausens betont. Sicher war Möllhausen, schon von seinen intellektuellen und sozialen Voraussetzungen her, wohl kaum in erster Linie an einer – wie auch immer gearteten – ästhetisch innovativen Literatur interessiert. Vielmehr nahm er, wie er schon den Stoff vorwiegend aus dem Erleben schöpfte, auch die Form, in der er diesen präsentierte, aus seiner unmittelbaren Umgebung und damit im weitesten Sinn aus der zeitgenössischen Unterhaltungsliteratur. Die exotischen Romane von James Fenimore Cooper und Washington Irving dienten ihm nach eigenem Eingeständnis als Vorbilder, auch die historischen Romane seiner Zeit, allen voran die des Walter Scott, haben ihn deutlich beeinflußt, und schließlich natürlich auch die Werke der »gesellschaftskritischen« Unterhaltungsliteratur von Eugéne Sue bis Charles Dickens; vor allem die gefährdeten Waisenkinder des letzteren führen in einigen Möllhausenromanen eine lebhafte, allerdings modifizierte Weiterexistenz. Im wesentlichen zeigt sich Möllhausen in seinen Romanen und Erzählungen an zwei einfachen Motivkomplexen interessiert: An der Exotik interessierte ihn das Vertraute, an der Gesellschaft seiner Umgebung das Romantische – ohne daß ihm dadurch freilich das Exotische stets unvertraut und das Gesellschaftliche immer altbekannt geriete. Beider Verknüpfung und gegenseitige Durchdringung galt, neben dem reizvollen Kontrast, sein Hauptaugenmerk.

»Sein 'Riem'm' war immer der, daß die Hälfte der Schwart'n in Europa spielte, die andere dann drüb'm.« Auf diese einerseits zutreffende und andererseits doch nicht ganz richtige Weise hat Arno Schmidt in seinem letzten Opus die Großstruktur der meisten Möllhausenwerke, das Deutschland-Amerika-Schema, charakterisiert.[6] Möllhausen hat insgesamt 24 Romane geschrieben, die dieses Schema variieren, doch spielen durchaus nicht alle zuerst in Deutschland und dann in Amerika. Deshalb trifft auch die gelegentlich getroffene Feststellung, Amerika sei für den Autor das Traumziel aller Reisen und nur dort läge die Erfüllung seiner Sehnsüchte, in dieser apodiktischen Form keineswegs zu. Viel eher schon sind Zusammenführung zerrissener Familien sowie Auflösung aller Geheimnisse die utopische Formel, nach der die »Schwart'n« funktionieren. Bei Möllhausens Romanen handelt es sich nämlich um Geheimnisromane, die, historisch gesehen, ein Verbindungsglied in der Gattungsentwicklung darstellen zwischen dem romantischen Geheimnisroman à la Tieck oder Jean Paul und dem modernen Detektivroman à la Leroux oder A. C. Doyle. Die Figuren leben in einer Welt unnennbarer Geheimnisse, die ihre psychische und physische Existenz im Innersten betreffen und deren stets latent bohrendes Vorhandensein im Verein mit ihrer Unaufgeklärtheit schwerwiegende Folgen für die soziale und psychologische Identitätsbildung der handelnden Hauptpersonen haben. Geheimnis ist nicht wünschenswert, es bedeutet Traumatisierung und Verdrängung; seine Aufklärung ist meist sowohl eine seelische Befreiung wie eine gesellschaftliche (Re-)Habilitierung. Dem Abenteuer kommt dabei kathartische und detektorische Funktion zu: die Reise mit ihren notorischen Fährnissen ist gleichermaßen verzweifelte Flucht und umsichtige Suche. Der spezifische Wirklichkeitsgehalt, besonders der Werke der sechziger und siebziger Jahre, lebt dabei vor allem von der Kulisse und den Statisten. Schon Kindlers Literatur-Lexikon meinte: »Möllhausens Berichte haben dank seiner genauen Kenntnis der Landschaft und der indianischen Bevölkerung den Ton des Authentischen.«[7] Die Figuren bleiben dabei gelegentlich konturloser, als dies den langen Prosaerzählungen eigentlich guttut.

Auch Möllhausens Sprache kommt – anders als Gerstäcker, der über eine größere Bandbreite realistischer Beschreibungsmittel und Idiome verfügt –, leider nicht ohne Klischees aus, deren manchmal allzu feierliches Pathos gelegentlich unfreiwillige Heiterkeit beim heutigen Leser auszulösen vermag. Dies gilt etwa für Personenschilderungen; beispielsweise ist »anmutig« – auch in der vorliegenden Sammlung – ein Lieblingswort des Autors bei der Beschreibung gewisser Mädchengestalten, das offenbar nicht häufig genug verwendet werden kann. Theodor Fontane, der Möllhausen bei einigen Erzählabenden im Jagdschloß des Prinzen Friedrich Karl kennengelernt hatte, bemerkte zu diesem Punkt (in einem gleichermaßen von persönlichem Wohlwollen wie von künstlerischer Distanz getragenen Artikel über den Autor): »Die Charaktere, die seine Phantasie schafft, [sind] weder von einer besondern Mannigfaltigkeit, noch von einer besondern Tiefe .... Aber dies bedeutet innerhalb gewisser Grenzen eher ein Lob als einen Tadel, und kann fast als Kennzeichen des eigentlichen Erzählers gelten. Der eigentliche Erzähler ist in den seltensten Fällen ein hervorragender Charakteristiker, er gibt das Ereignis als solches und hält sich mit einer intimen innerlichen Stellung seiner Figuren zu *dem*, was geschieht, nicht sonderlich auf. Alle seine Figuren sind ihm vielmehr nur *Träger* seiner Geschichte«.[8]

Mit dem Begriff vom »eigentlichen Erzähler« spielt Fontane auf die an Traditionen des mündlichen Erzählens orientierte Erzählweise des Abenteuers an. Denn wie Möllhausens Schreiben fest auf dem Erleben ruht, so ist sein literarisches Erzählen untrennbar verbunden mit mündlichen Erzählungen. Unzählige Male mußte der Autor etwa sein Winterabenteuer am Sandy Hill Creek in geselligen Runden zum besten geben, dabei stets gewärtig, von einem aufmerksamen Zuhörer, der die Geschichte nicht zum erstenmal hörte, auf Auslassungen, Verkürzungen oder Veränderungen, wie sie mit dem mündlichen Erzählen konstitutiv verbunden sind, aufmerksam gemacht zu werden.

Erzählrunden sind in der Literatur von jeher ein wichtiges Thema gewesen. Schon bei Homer stellten jene Passagen, in denen Odysseus den Phäaken seine bisherigen Abenteuer erzählt (neunter bis zwölfter Gesang), insofern den narrativen Kern des Epos dar, als sich dadurch dem Helden die Möglichkeit zur Rückkehr in seine Heimat eröffnete. Scheherezade erzählte ihre Geschichten aus Tausendundeinernacht, um am Leben zu bleiben, und Boccaccio führte im ›Decamerone‹ einen Personenkreis zusammen, der sich mit Geschichtenerzählen gegenseitig die Langeweile vertreibt. Solche Rahmenerzählungen, die einen Geschichtenzyklus verklammern, innerhalb dessen schließlich das Erzählen und die Erzählenden selbst immer wieder direkt oder indirekt thematisiert werden, hat es auch später in vielfacher Ausprägung gegeben, von Chaucers ›Canterbury Tales‹ oder Goethes ›Unterhaltungen deutscher Ausgewanderten‹, Tiecks ›Phantasus‹, E. T. A. Hoffmanns ›Serapionsbrüder‹ oder Hauffs ›Karawane‹ bis zu Kellers ›Sinngedicht‹. Mit einigem Recht ließe sich sogar konstatieren, daß durch diesen Gestaltungskniff einer reflektierenden Metaebene das epische Erzählen erst zu sich selbst gelangt, insofern damit nicht nur der Inhalt des Erzählten, sondern auch die erzählenden Figuren und der Vorgang des Erzählens, sein Ablauf, seine Form, gespiegelt und bewußt gemacht werden können.

Auch auktoriale Erzähler, die weitgehend hinter ihrem Stoff verborgen bleiben und dem Leser die Illusion geben, die Geschichte erzähle sich aus sich selbst heraus, werden immer wieder aus dem diffusen Halbdunkel ihrer Existenz hinter den Buchseiten hineingeholt ins Licht der Handlung. Manchmal kaum merklich, wie etwa mit Fontanes berühmtem Seufzer »Arme Effi«, manchmal deutlicher konturiert, wie mit dem zu Kapitelbeginn gelegentlich auftauchenden Erzähler in Fritz Reuters ›Ut mine Stromtid‹, oder geradezu als Gegenroman des Erzählers zum »eigentlichen« Geschehen, wie bei den Erzählumständen des Serenus Zeitblom im ›Doktor Faustus‹ von Thomas Mann – immer wird die Gelegenheit von den Autoren dazu genutzt, mit nunmehr ironischen Mitteln die Handlung zu kommentieren. In allen diesen Fällen ist aus einem mündlichen Erzähler ein schreibender Erzähler geworden, der sich auf das mündliche Erzählen nur noch beruft. Die Gattungsentwicklung des Romans vollzieht hier, offenbar mit einer gewissen Zeitverzögerung, eine gesellschaftliche Entwicklung des 18. und 19. Jahrhunderts nach, die mit den Schlagworten »Alphabetisierung« und »Literarisierung« nur unzureichend beschrieben ist. Die schubweise, durchaus unregelmäßig verlaufende Ausbreitung des *Lesevermögens* führte zu einem starken Anwachsen des Lese*bedürfnisses* auch in bislang wenig literarisierten Bevölkerungsschichten. Dieses Phänomen wurde von bürgerlichen Beobachtern nicht selten als »Lesewut« denunziert, und man fürchtete die Gefahr eines allgemeinen Verkümmerns mündlicher Erzählweisen.

Das besondere Augenmerk, das während des gesamten 19. Jahrhunderts dem mündlichen Erzählen gewidmet wurde, ist ein Reflex solcher Befürchtungen. Märchen-,

Sagen- und Volksliedsammler wollten Stoff »sichern«, damit dieser nicht als unwiederbringlicher Verlust der sich ankündigenden medialen Revolution abgebucht werden mußte. Diese zunehmende Aufmerksamkeit gegenüber dem mündlichen Erzählen schlug sich auch in der Literatur nieder. Erzählrunden blieben nicht länger formale Konstruktionen, die als institutioneller Rahmen die Voraussetzungen für die »eigentliche« Erzählung schufen; vielmehr wurde nun auch die Runde selbst, vor allem ihre Künstlichkeit und Stilisiertheit, zum Thema. Theodor Fontane etwa zeichnet für die vierziger Jahre des 19. Jahrhunderts, wenn er von einem Vorlese- und Erzählabend mit Theodor Storm im Mittelpunkt berichtet, ein solches, deutlich stilisiertes Bild erzählerischer Kommunikationsakte: »Ich sehe noch, wie wir um den großen, runden Tisch … herum saßen, die Damen bei ihrer Handarbeit, wir ›vom Fach‹ die Blicke erwartungsvoll auf Storm selbst gerichtet. Aber statt anzufangen, erhob er sich erst, machte eine entschuldigende Verbeugung … und ging dann auf die Tür zu, um diese zuzuriegeln. Der Gedanke, daß der Diener mit den Teetassen kommen könne, war ihm unerträglich. Dann schraubte er die Lampe, die schon einen für Halbdunkel sorgenden grünen Schirm hatte, ganz erheblich herunter, und nun erst fing er an … Denselben Abend erzählte er auch Spukgeschichten«.[9] Hier zelebriert ein mündlicher Erzähler die eigene Situation: er sitzt im Mittelpunkt, Außeneinflüsse werden ausgeschaltet, die optische Wahrnehmung herabgedimmt, alle Aufmerksamkeit ist allein auf den Erzählenden gerichtet. Die sanfte Ironie, mit der Fontane diese Abendgesellschaft bedenkt – »Einige Damen lachten, aber er sah sie so an, daß sie zuletzt doch in einen Grusel kamen« – weist hinreichend auf die bereits artifizielle Gestaltung der Situation hin. Der gewöhnliche Alltag bleibt außen vor. Diese von Fontane geschilderte Erzähl- und Lesesituation deckt sich weitgehend mit Figurenkonstellationen, wie sie auf den bekannten Titelkupfern der großen Familienzeitschriften des 19. Jahrhunderts –

etwa ›Gartenlaube‹, ›Daheim‹ oder ›Hausfreund‹ – per Stahlstich beschworen werden: Ein deutlich begrenzter lokaler Rahmen wird geschaffen (Gartenlaube, Küche, Wohnzimmertisch, Großvatersessel), innerhalb dessen die Aufmerksamkeit aller Beteiligten auf die zentrale Gestalt des Vorlesers bzw. Erzählers gerichtet ist – den Familienvater. Einer spricht, alle anderen schweigen. Eine patriarchalische Vortragssituation, die ikonographisch und ideologisch gewissermaßen das monarchistische Regierungssystem nachvollzog und auf Gesellschaft und Familie zu übertragen suchte. Am Beispiel Maupassants hat Jean Paul Sartre die literarische Präsentationsweise solcher Erzählrunden einer scharfen Kritik unterzogen, weil, wie er meint, die bürgerlichen Erzähler ihre Geschichten stets aus einer zeitlichen und emotionalen Distanz heraus zum besten geben. Schon die Konstruktion mache klar, daß das Geschehene vorüber sei: »Es hat zwar Aufregung gegeben, aber diese Aufregung ist seit langem vorbei: die Akteure sind gestorben oder verheiratet oder getröstet. So ist das Abenteuer eine kurze Unordnung, die sich aufgehoben hat. Es wird vom Gesichtspunkt der Erfahrung und der Weisheit erzählt, es wird vom Gesichtspunkt der Ordnung angehört.«[10] Eine solche Sichtweise stellt allerdings die faktische Aktualisierung des Geschehens im Lesevorgang nicht in Rechnung, sondern hebt allein auf den gesellschaftlich-sozialen Aspekt der Erzählrunde ab. Der Leser als Einzelner vermag jedoch sehr wohl die Sensationen des Abenteuers vermittels seiner sinnlichen Präsenz, wie zahllose Berichte ›gefesselter‹ Leser belegen, als gegenwärtig und teils geradezu beunruhigend zu erleben. Zeit und Raum versinken, die Ränder des Buches verschwinden und eine ›andere‹ Welt baut sich auf, wie sie präsenter und überwältigender nicht sein könnte.[11]

Erzählrunden erscheinen auch in Möllhausens Romanen und Erzählungen immer wieder; zum Beispiel in Form jener Lagerfeuererzählungen, mit denen er in die beiden Reisewerke, die eigentlich die Geschehnisse seiner zweiten und dritten Amerikareise schildern, die Erlebnisse der ersten Amerikareise einfließen läßt. So verstanden, gesteht Fontane dem Autor durchaus ein Lob zu: »Möllhausen ist Erzähler pur sang, und weil er es ist, ist er in einem seltenen Grade populär. Er unterhält, er spannt, er befriedigt.«

Für die kürzeren Erzählungen des Autors, wie sie hier in Auswahl versammelt sind, gilt dies erst recht. Wohl sind auch dort die Handelnden nicht selten holzschnittartig entworfen, doch kommt ihren Aktionen durch das relative Übergewicht realer Details insgesamt eine höhere Glaubwürdigkeit zu. Ein Kenner Möllhausens schrieb kürzlich: »Wenn es ihm nämlich gelingt, seine vor allem quantitativ überbordende Erzähllust zu dämpfen und sich kürzerer Formen als des drei-, vier-, fünf- oder sechsbändigen Romans zu bedienen, produziert er doch recht ansprechende Erzählungen, die sowohl dem Unterhaltungs- wie auch dem kulturhistorischen Informationsbedürfnis heutiger Leser noch einiges zu bieten hat.«[12] Dies haben gelegentlich auch zeitgenössische Rezensenten hervorgehoben, die sonst exotischen Schauplätzen eher kritisch gegenüberstanden. So bezeichneten etwa Alexander Jung die hier wieder vorgelegten ›Präriebilder‹ als »brillante Arabeske«[13], Hermann Uhde ›Die beiden Fähren‹ (die Paul Heyse einst in seinen ›Neuen Deutschen Novellenschatz‹ aufzunehmen plante[14]) als »höchst originelle Erzählung«[15], während Cajus Möller etwas herablassend zusammenfaßte: »Für Augenblicke, in denen man weder an sich noch an andere allzu gesteigerte geistige Ansprüche erhebt, haben diese Skizzen und Erzählungen den Reiz und Vorzug einer angenehmen, gesunden und natürlichen Unterhaltungslektüre.«[16] Ein harscheres Urteil, das einmal mehr einen Gegensatz von Phantasie und Wirklichkeit betont, fällte der Kritiker Otto Banck. Er warf einer Erzählung in Möllhausens Sammlung ›Palmblätter und Schneeflocken‹ (aus der drei der hier gebotenen Texte stammen) vor, die dort präsentierte indianische Bildsprache sei bloß »von den Romanschreibern in der Studirstube entwickelt« worden. »Möllhausen hat sich früher als kenntnisreicher Reisebeschreiber hervorgethan. Warum erfinden, wo die reale Welt Stoff genug zum Abschreiben darbietet?«[17] Daß es mit dem »Abschreiben« allerdings nicht so einfach war, wie von solchen Kritikern suggeriert, mußten manche Realisten und Naturalisten der nachfolgenden Jahrzehnte leidvoll erfahren. Die Romantik konnte mit ihren indirekten Mitteln mitunter in Bereiche vorstoßen, die sich einem unmittelbareren – etwa wissenschaftlichen – Zugriff noch hartnäckig verschlossen. Autoren wie Jean Paul oder E. T. A. Hoffmann hatten z. B. für die unbewußten Antriebskräfte des Menschen bereits lange Zeit vor Entstehung der Psychoanalyse mächtige literarische Bilder gefunden.

Von den zehn Erzählungen Möllhausens in der vorliegenden Sammlung sind vier noch niemals in Buchform veröffentlicht worden; sie wurden seinerzeit in einem Volkskalender (1863) bzw. einer illustrierten Zeitschrift (1879) abgedruckt.[18] Die anderen sechs Texte sind eine kleine Auswahl aus vier von Möllhausen selbst zusammengestellten und publizierten Anthologien, deren Erzählungen ebenfalls zuvor meist in Zeitschriften erschienen waren. Diese jeweils mehrbändigen Sammlungen – ›Palmblätter und Schneeflocken‹ (1863), ›Reliquien‹ (1865), ›Nord und Süd‹ (1867) und ›Westliche Fährten‹ (1873) – gehören zweifellos zum Besten, was Möllhausen geschrieben hat. Sie bieten authentische Beschreibungen des Lebens im nordamerikanischen Westen *vor* den großen Umwälzungen des Bürgerkrieges, wie sie selbst der Realist Friedrich Gerstäcker, Möllhausens großer Konkurrent, nicht immer bieten konnte. Gerade die indianische Lebens- und Anschauungsweise, die Möllhausen selbst eine Weile mitgelebt hatte und die einem Teil seiner kürzeren Erzählungen ihr spezifisches Profil gibt, war Gerstäcker weitgehend verschlossen geblieben. Möllhausen dürfte beispielsweise der einzige Romancier seiner Zeit sein, der die zentrale Bedeutung der Träume für die indianische Lebensweise wenigstens ansatzweise erkannt und ernstgenommen hat. Beispiele hierfür sind Eichenlaub, die indianische Heldin der ersten Erzählung dieser Sammlung, oder Daisy, eine Gestalt aus dem späten Roman ›Der Spion‹ (1893), und auch die Titelgestalt der Erzählung ›Die Tochter des Häuptlings‹ (1863). Reales Vorbild für alle drei dürfte Amalie Papin gewesen sein, die indianische Freundin Möllhausens aus den Council Bluffs. Der Romancier und Kritiker Levin Schücking hat Möllhausens Reisebeschreibungen sogar mit dem Werk seines bewunderten Vorbildes, dem berühmten Indianermaler George Catlin, verglichen, »nur daß sie als Reisebeschreibung vielseitiger sind«.[19]

Die Schauplätze der hier gebotenen Erzählungen sind die Gegend um den Michigan-See in Illinois und Wisconsin in ›Der Postläufer von Wisconsin‹, die Council Bluffs/Iowa in ›Die warnenden Schatten‹, der Des Moines River/Iowa in ›Die beiden Fähren‹, die Scott Bluffs/-Nebraska in ›Der Abschied in der Prärie‹, Fort Napoleon/Arkansas in ›Unter den Clansgenossen‹, Andersonville/Ohio in ›Die Flucht aus dem Rebellen-Lager‹, der Colorado River in ›Ein Tag auf dem Ufer des Colorado‹, San Franzisko/Kalifornien und eine unbekannte Stadt in Indiana in ›Ein Duell in Kalifornien‹ sowie der Sandy Hill Creek am oberen Missouri in ›Der Schneesturm‹. Alle diese Gegenden hatte Möllhausen auf seinen Reisen durch Nordamerika selbst besucht. Die Handlungszeit der meisten Geschichten sind die fünfziger Jahre des 19. Jahrhunderts; nur ›Die Flucht aus dem Rebellen-Lager‹ spielt während des amerikanischen Bürgerkriegs 1864 oder 1865 und ›Unter den Clansgenossen‹ im Jahr 1867.

Die Naturschilderungen Möllhausens sind schon zu dessen Lebzeiten immer wieder gerühmt worden. Neben Fontane, R. Prutz und anderen Zeitgenossen meinte etwa Karl Gutzkow: »Erscheint manches Bild, das der Autor uns vorführt, auf den ersten Blick fast allzu abenteuerlich und ungeheuerlich nach unsern europäischen Begriffen, so dürfen wir nicht vergessen, daß der Grund eines solchen dann eben die jenseit der Civilisation liegende Urwildniß oder doch die sie berührende Grenze ist, von welcher aus der Reisende ›nach der Natur‹ schilderte …«[20] Möllhausens pantheistische, deutlich den Einfluß des Mentors Alexander von Humboldt belegende Naturauffassung kann – neben gewissen historischen und ethnographischen Realia des Wilden Westens – vielleicht den heutigen Leser am ehesten für diesen Erzähler neu gewinnen. »Gefeiert wird die vollkommene Harmonie einer gottdurchwalteten Natur, in der der Mensch sich geborgen weiß und seinen Frieden findet.«[21] Unsere in der Gegenwart stark gefährdete natürliche Lebenswelt braucht zu ihrem Erhalt, außer funktional orientierten Wahrnehmungsmustern, vermutlich auch dringend solche, immer wieder neu aktuellen romantischen Auspolsterungen der menschlichen Seele.

Andreas Graf

1 Eine Jugend in Preußen. Berlin 1991 (1846), S. 143

2 Als Biographie liegt vor: Andreas Graf: Der Tod der Wölfe. Das abenteuerliche und das bürgerliche Leben des Romanschriftstellers und Amerikareisenden Balduin Möllhausen (1825–1905). Berlin: Duncker & Humblot 1991. Dort auch Bibliographien der Romane und der Zeitschriftenveröffentlichungen des Autors.

3 Zu den Zeichnungen vgl. den Dokumentenanhang bei A. Graf: Der Tod der Wölfe, S. 400–405. –Neunundvierzig verschollen geglaubte Aquarelle Möllhausens sowie ein lebensgroßes Porträt als Trapper sind kürzlich im Potsdamer Neuen Palaisz aufgefunden worden.

4 All the Year Round. A Weekly Journal. Conducted by Charles Dickens, Vol. 1, London 1859, S. 48

5 »Zumindest in seinen Romanen ist der informative Kern oft nur schwer hinter den phantasievollen Überwucherungen auszumachen.« Horst Dinckelacker: Amerika zwischen Traum und Desillusionierung im Werk des Erfolgsschriftstellers Balduin Möllhausen (1825–1905), New York u. a.: P. Lang 1990, S. 66.– Zu fragen ist allerdings, ob nicht generell der Eigenwert des Literarischen höher anzusetzen ist, als dies hier geschieht. Wo etwa fände sich der »informative Kern« der ›Elixiere des Teufels‹?

6 Julia, S. 28 – Arno Schmidt fand auch, Möllhausen sei »Ne Spur solider« als Karl May.

7 Zürich 1965, Bd. 5, Sp. 6454
8 Vorwort zu Balduin Möllhausen: Der Leuchtturm am Michigan und andere Erzählungen. Stuttgart: Spemann o. J. (1883)
9 Theodor Fontane: Von Zwanzig bis Dreißig. Frankfurt/Main u.a. 1980, S. 198/99
10 Jean Paul Sartre: Was ist Literatur? Reinbek 1981, S. 108
11 Besonders beeindruckend hat ein solches evasorisches Lesen Michael Ende in seiner ›Unendlichen Geschichte‹ beschrieben.
12 Peter J. Brenner: Ein Reisender und Romancier des 19. Jahrhunderts. Über Balduin Möllhausen. In: die horen 142/1986, S. 78
13 Blätter für literarische Unterhaltung 52/1868, S. 824
14 Vgl. Preston Albert Barba: Balduin Möllhausen, the German Cooper. University of Pennsylvania Press 1914, S. 177
15 Blätter für literarische Unterhaltung 20/1874, S. 315
16 Blätter für literarische Unterhaltung 35/1865, S. 585
17 Otto Banck: Materialismus und Rothwelsch der überseeischen Romantik. In: Vom Literaturgeist unserer Tage. Leipzig 1866, S. 201/202
18 Möllhausen plante am Ende seines Lebens eine Sammlung aller seiner Erzählungen aus Zeitschriften und Kalendern, um sie »vor dem gänzlichen Versinken in Vergessenheit« zu bewahren. Es kam allerdings nicht mehr zu dieser Publikation, die 12 Bände zu je 350–360 Druckseiten umfassen sollte.
19 Literatur–Bericht. In: Illustrirtes Familienbuch, hrsg. v. Österreichischen Lloyd, 10. Jg. (1860) S. 213
20 Unterhaltungen am häuslichen Herd (1861), S. 694
21 Brenner: (wie Anm. 12) S. 78

Zeittafel

1796	Geburt des Vaters Heinrich Möllhausen in Anklam
1799	Geburt der Mutter Elise von Falkenstein auf Gut Consages/Kreis Greifswald
1817	Der Vater erwirbt das Patent als preußischer Artillerie-Offizier, kurz darauf Stationierung in der Festung Köln-Deutz
1822	Heirat der Eltern in Retzow bei Anklam
1823	›Die Ansiedler‹ erscheint, J. F. Coopers erster Lederstrumpfroman
ca. 1824	Übersiedlung der Eltern nach Bonn, wo sich der Vater als Zivilingenieur, Kalkgruben- und Gutsbesitzer und Landwirt betätigt
1825	Am 27. Januar wird Heinrich Balduin Möllhausen in Bonn geboren, wo er seine Kindheit verbringt.
1826	Coopers ›Der letzte Mohikaner‹ erscheint
1827 – 1833	Geburt der Geschwister Elise Adelheid, Heinrich Ludwig, Carl Gustav und Luisa Maria
1835	Verkauf des elterlichen Jesuitenhofes bei Bonn
1836	Der Vater setzt sich nach Nordamerika ab, wo er in den folgenden Jahren in New Orleans bzw. Austin/Texas als Zeichner, Architekt und Artillerist tätig ist.
1836/37	Besuch des Gymnasiums in Bonn, wo Balduin u. a. vermutlich von dem späteren Demokraten und Schriftsteller Gottfried Kinkel (1815–1882) unterrichtet wird.
1837	Tod der Mutter am 31. Dezember
um 1839	Übersiedlung der elternlosen Geschwister zu Verwandten nach Pommern und Mecklenburg. Balduin wird unter die Vormundschaft des Landrats Graf Carl Reinhold von Krassow (1812–1892) gestellt und von seiner Tante Adelheid von Falkenstein erzogen, die Konventualin im Adeligen Fräuleinstift in Barth ist.
1841	›Wildtöter‹ erscheint, der fünfte und letzte Band von Coopers Lederstrumpfromanen
um 1844	Balduin möchte Maler werden, muß jedoch eine landwirtschaftliche Ausbildung, vermutlich auf Krassows Gütern in Divitz bei Barth, absolvieren; danach Tätigkeit als Gutsinspektor.
1845/46	Militärdienst als Einjährig-Freiwilliger in Stralsund
1847	Johann Hinrich Wichern (1808–1881), der Gründer der Inneren Mission, besucht Divitz
1848	Der Vater kehrt nach Berlin zurück, wo er u. a. als Agent für eine Auswanderungsgesellschaft arbeitet.

1848/49 Im Verlauf der bürgerlichen Revolution mehrfach Dienstverpflichtung zur Landwehr, u. a. in der Festung Spandau, wo Gottfried Kinkel inhaftiert ist.

1849 Im Herbst Auswanderung Balduins nach Amerika

1850 Im Selbstverlag läßt der Vater die Broschüre ›Die in Texas und Virginien gelegenen, der Londoner Allgemeinen Auswanderungs- und Colonisations-Gesellschaft gehörigen Ländereien‹ erscheinen. Ankunft Balduins in New York, Reise per Schiff nach den Großen Seen, Aufenthalt bei den Chippeway-Indianern, im Herbst nach St. Louis, von wo aus er Illinois als Jäger und Zeichner durchstreift.

1850/51 Im Winter Gerichtssekretär in Belleville/Illinois

1851 Zu Beginn des Jahres in Mascoutah Bekanntschaft mit dem Naturforscher Herzog Paul von Württemberg (1797–1860), dessen Begleiter er von nun an auf zahlreichen Exkursionen wird. Reise zum oberen Missouri, später zu den Großen Seen, erneut Aufenthalt bei den Chippeway-Indianern. – 21. August: Beginn der großen Reise Richtung Westen. – 5. Oktober: Ankunft in Fort Laramie, Wintereinbruch während der Rückreise. – 19. November: Eingeschneit am Sandy Hill Creek, der Herzog setzt sich ab, Möllhausen bleibt mehrere Wochen lang allein zurück.

1852 Anfang Januar: Rettung durch einen Jagdtrupp Oto-Indianer, die ihn zu ihrem Dorf am Missouri bringen. – Februar – Mai: Aufenthalt im Pelzhandelsposten Bellevue und verschiedenen Indianerdörfern, Streifzüge zu den Otos, Omahas und Poncas, Verlobung mit der Halbindianerin Amalie Papin (ca. 1838–1932), Bekanntschaft mit dem Omaha-Häuptling Ongpa-Tonga. – Mitte Mai: In New Orleans erneutes Zusammentreffen mit dem Herzog, weitere Exkursionen. Im Winter 1852/53 Überwachung eines Tiertransportes von St.Louis nach Berlin.

1853 Bekanntschaft mit Hinrich Martin Lichtenstein (1780–1857), dem Gründer des Berliner Zoos, der ihn Alexander von Humboldt (1769– 1859) vorstellt. Vorträge vor der Gesellschaft für Erdkunde, Audienz bei Friedrich Wilhelm IV.. Verlobung mit Caroline Seifert, die als Tochter von Humboldts Privatsekretär gilt. – 18. April: Abfahrt von Berlin zur Zweiten Amerikareise. – 28. April: Tod von Ludwig Tieck. – 3. Mai: Ankunft in New York, Anstellung als Topograph bei der Expedition zur Erforschung einer Eisenbahnlinie unter Leitung von A. W. Whipple (1817–1863); diese Reise dauert insgesamt 10 Monate.

1854 *Die Pueblos-Indianer Nord-Amerika's* (erste Veröffentlichung). Im Oktober zurück in Berlin

1855 Anstellung als Kustos der Königlichen Bibliotheken »in und um Potsdam«, Unterricht im Aquarellzeichnen bei Eduard Hildebrandt (1818–1868). Heirat mit Caroline Seifert am 6. Februar in der Potsdamer Garnisonskirche, Zusammentreffen mit dem amerikanischen Indianermaler George Catlin (1796–1872), Geburt des ersten Sohnes Alexander Balduin am 3. Dezember

1856 Geburt eines zweiten Sohnes, der aber nur zwölf Tage alt wird. – Mitglied der St.Johannis-Loge in Potsdam

1857 Roter Adlerorden IV. Klasse durch Friedrich Wilhelm IV. – Tod von Hinrich Martin Lichtenstein. – 12. August: Abfahrt von Berlin zur Dritten Amerikareise, Mitglied einer zehn Monate dauernden Expedition unter Leitung von Leutnant J.C. Ives (1828–1868) zur Erforschung des genauen Verlaufs des Colorado River.

1858 *Tagebuch einer Reise vom Mississippi nach den Küsten der Südsee* (Bericht von der Zweiten Amerikareise) mit Vorwort Humboldts

1859 Tod Humboldts am 6.Mai. Übersiedlung nach Potsdam, lebenslange Freundschaft mit dem dort lebenden Erfolgsschriftsteller Philipp Galen (d. i. Ph. Lange, 1813–1899)

1860 Tod von Herzog Paul von Württemberg. Die ›Gartenlaube‹ druckt erstmals vier kurze Erzählungen

1861 Geburt des dritten Sohnes Richard am 30. März. Bekanntschaft mit Prinz Friedrich Karl von Preußen (1828–1885), er wird gern gesehenes Mitglied von dessen ›Tafelrunde‹ im Forsthaus Dreilinden, an der u.a. auch Theodor Fontane und Friedrich v. Bodenstedt und die Forschungsreisenden Heinrich Brugsch, Paul Güßfeld, Heinrich Schottmüller sowie zahlreiche Militärs teilnahmen. – *Reisen in die Felsengebirge Nord-Amerikas bis zum Hoch-Plateau von Neu-Mexiko* (Bericht von der Dritten Amerikareise). *Der Halbindianer* (der erste Roman). Von nun an erscheint fast vierzig Jahre lang jährlich ein Roman Möllhausens, darunter *Der Hochlandpfeifer* (1868), *Die Hyänen des Capitals* (1876), *Die Reiher* (1878), *Wildes Blut* (1886) und *Kaptein Meerrose und ihre Kinder* (1893). Erstmals erscheinen zwei kurze Erzählungen in der von Hans Wachenhusen herausgegebenen Zeitschrift ›Der Hausfreund‹.

1862 Erneut druckt die ›Gartenlaube‹ vier kurze Erzählungen, illustriert mit Zeichnungen des Schweizer Indianermalers Friedrich Kurz (1818–1871), der sich 1851 ebenfalls am Missouri aufgehalten hatte.

1863 *Palmblätter und Schneeflocken* (erste Erzählungssammlung)

1864 Im ersten Jahrgang der ›Deutschen Roman-Zeitung‹ von

O. Janke werden neben Raabes ›Hungerpastor‹ Teile von Möllhausens zweiter Erzählungssammlung *Reliquien* abgedruckt, als erste von insgesamt sieben Veröffentlichungen in dieser Zeitschrift.

1865 *Die Mandanen-Waise* ist der erste Roman mit der charakteristischen Zweiteilung in einen deutschen und einen amerikanischen Schauplatz.

1866/67 Mit dem *Meerkönig* erscheint erstmals ein Roman Möllhausens im Feuilleton der ›Kölnischen Zeitung‹, acht weitere folgen in den nächsten Jahrzehnten.

1867 *Nord und Süd* (dritte Erzählungssammlung). – Tod des Vaters am 18. Dezember in Odessa

1871 *Der Kesselflicker* (der erste Tendenzroman)

1872 Tod Friedrich Gerstäckers am 30. Mai

1873 *Westliche Fährten* (vierte Erzählungssammlung)

1875 Die erste Indianergeschichte Karl Mays erscheint

1878 Mitglied im Allgemeinen Deutschen Schriftsteller-Verband, Höhepunkt des Ruhms

1879 Im Sommer Norwegenreise mit Prinz Friedrich Karl auf dessen Jacht. – Der jüngste Sohn Richard bleibt auf See verschollen

1880 Tod der Tante Adelheid von Falkenstein in Barth

1881 Bekanntschaft mit Theodor Fontane in Dreilinden

1882 Austritt aus der Potsdamer Loge

1883 *Der Leuchtturm am Michigan* mit Vorwort von Th. Fontane

1884 Die erste von insgesamt zehn Erzählungen für den weitverbreiteten ›Großen Volkskalender des Lahrer Hinkenden Boten‹ erscheint

1885 Tod des Prinzen Friedrich Karl am 27. Oktober

1886 Übersiedlung nach Charlottenburg, Bekanntschaft mit den Schriftstellern Ernst von Wildenbruch, Friedrich Spielhagen, Heinrich Seidel, Hermann Sudermann, Max Halbe, Paul Schlenther, Paul Heyse, Julius Wolff und den Malern Franz von Stuck, Fritz Uhde, Franz von Defregger, Franz von Lehnbach und Anton von Werner

1886 *Das Loggbuch des Kapitäns Eisenfinger* wird der erste von fünf Romanen für ›Das Buch für Alle‹

1887 *Der Fährmann am Kanadian* erscheint als der erste von fünf Romanen für die ›Bibliothek der Unterhaltung und des Wissens‹.

1893 Karl Mays ›Winnetou‹ erscheint

1896 *Dreilinden-Lieder*

ab 1898 Kontakt zu Joseph Lauff wegen des Theaterstücks *Unter falscher Flagge*

1899 *Der Vaquero* (Vorabdruck des letzten Romans). – Tod von Philipp Galen

1904 Möllhausen vermacht ca. 80 seiner Aquarelle dem Museum für Völkerkunde und der Geographischen Gesellschaft.

1905 *Der Vaquero* (letzte Buchveröffentlichung). Kronenorden III. Klasse durch Kaiser Wilhelm II. – Am 28. Mai stirbt Balduin Möllhausen in seiner Berliner Wohnung in der Augsburger Straße. Beerdigung im Trapperanzug, Grab auf dem Garnisonsfriedhof an der Hasenheide.

1906–1913 *Illustrierte Romane* hrsg. v. D. Theden erscheinen in dreissig Bänden.

1919 Tod des Sohnes Alexander Balduin

1924 Tod der Ehefrau Caroline am 2. Februar

1932 Tod Amalie Papins am 24. Dezember in Decatur/Nebraska

1979 Beide Reiseberichte erscheinen neu im Verlag Borowsky

Textanmerkungen

Alle Texte werden in den Fassungen der unten angegebenen Zeitschriften- bzw. Buchvorlagen wiedergegeben. Orthographie und Zeichensetzung sind behutsam modernisiert. Bei den Modernisierungen war allein die bessere Lesbarkeit für den heutigen Leser ausschlaggebend. Einige Beispiele für vorgenommene orthographische Anpassungen: krystallklar/kristallklar, Ueberfluß/Überfluß, Contract/Kontrakt, Civilisation/Zivilisation, anmuthig/-anmutig, Wallnuß/Walnuß, begränzt/begrenzt, Wildniß/Wildnis, blos/bloß, behülflich/behilflich usw.

7 *Wisconsin:* Seit 1848 der 30. Staat der USA, am Michigan-See nördlich von Illinois, 1634 erstmals von Weißen besucht. – *Michigan:* Der 58 000 qkm große und bis zu 281 m tiefe Michigan-See ist der einzige der fünf Großen Seen, der vollständig auf dem Gebiet der USA liegt. –*Sykomoren:* Angelsächsische Bezeichnung für die in Nordamerika, Europa und Asien in vielerlei Arten weit verbreitete Familie der Ahorn-Bäume.

8 *Potowatome:* Stamm der Algonkin-Familie, verwandt mit den Ottawa und Chippewa, stammten ursprünglich aus dem Süden des heutigen Staates Michigan, wanderten dann Richtung Green Bay, Nord-Illinois und Indiana. Lebten um 1800 in ca. 50 Dörfern, die vom US-Militär besonders brutal vernichtet wurden; Überlebende wurden in Reservate in Oklahoma und Kansas getrieben. 1961 lebten noch 2000 Stammesmitglieder. – *Mnomonomes:* Menominee-Indianer, ein Stamm der Algonkin-Familie, beheimatet ursprünglich am oberen Michigan-See um Mackinac, später in Wisconsin längs der Green Bay bis zum Fox River. Lebten grundsätzlich in Frieden mit den Weißen, bezogen 1854 ein Reservat in Nordwest-Wisconsin. Population (1961): ca. 3000. – *Schippewä:* Ojibwa / Chippeway-Indianer, ein großer Stamm der Algonkin-Gruppe, der zum Fischen und Jagen auf dem Gebiet des heutigen Staates Michigan nomadisierte, berühmt für außergewöhnliche Jagdkünste und seine Birkenrindenkanus, deren Konstruktionsweise von den Weißen vielfach imitiert wurde. Der Stamm hatte 1960 noch ca. 15 000 Mitglieder. – *Manitouwauk:* Manitowoc, eine Stadt am Michigansee an der Mündung des Manitowoc River, 137 Kilometer nördlich von Milwaukee. Im Jahr 1795 als Pelzhandelsstation gegründet, ständige Besiedlung seit 1835. Der Name geht auf das indianische Mundeowk (d.i. Haus des Guten Geistes) zurück. Einwohner (1982): 32 500. – *Winebago-See:* Winnebago-See, der größte See des Staates Wisconsin, etwa 80 Kilometer nordwestlich von Milwaukee gelegen.

Zufluß ist der Fox River, der in der Green Bay in den Michigansee mündet. Teil eines durchgehenden Wasserweges vom Mississippi zu den Großen Seen.

13 *Fort Mackinaw:* Fort Michimackinac, erbaut 1715 auf Mackinaw Island im Huron-See am Ausgang zum Michigan-See. Größe der Insel: 16 qkm (5 km lang, 3 km breit), stark bewaldet, heute beliebtes Sommerurlaubsziel. Die Chippeway-Indianer nannten die Insel Michimackinac (= Große Schildkröte). Im frühen 19. Jahrhundert lag dort das Hauptquartier von Johann Jakob Astors Pelzhandelsgesellschaft, dessen Haus bis heute zu den historischen Örtlichkeiten der Insel zählt, ebenso wie das alte – erst 1870 errichtete – Fort Mackinac.

20 *Green Bay:* Große Bucht des Michigansees, in die der Fox River mündet. Ursprüngliches Siedlungsgebiet der Winnebago-Indianer, die zur Sprachgruppe der Sioux gehören und mit den Oto verwandt sind.

43 *Fuchsflusse:* Fox River, entspringt im östlichen Wisconsin, durchströmt den Winnebago-See und mündet bei der Stadt Green Bay in die gleichnamige Bucht des Michigan-Sees. – *Bois blanc:* Insel am westlichen Ausgang der Straße von Mackinac (sprich: mak'e no) in den Huron-See, daneben liegt Mackinac Island. Beide gehören zur Gruppe der Manitoulin Inseln im nördlichen Teil des Huron-Sees, die den See vom Nord- Kanal und der Georgian Bay trennen.

45 *Biberinsel:* Beaver Island, größte einer Inselgruppe dieses Namens im nördlichen Michigan-See, 21 km lang, 5–10 km breit, heute beliebtes Ausflugsziel, nur wenige ständige Bewohner. Von 1847 bis 1856 Sitz einer Mormonen-Kolonie unter dem strengen Regiment von J. J. Strang, nach dessen Ermordung die 2600 Sektenmitglieder aus Michigan vertrieben wurden.

61 *Ponca-Indianer:* Stamm der Sioux-Familie, lebten in Minnesota, Nebraska und Süd-Dakota, wurden 1877 zwangsweise nach Oklahoma umgesiedelt. Mitglieder (1982): ca. 1000. – *Chef des Handelspostens:* Peter A. Sarpy (1805–1865), den Leiter des Pelzhandelspostens in Bellevue, Council Bluffs, hatte Möllhausen im Februar 1852 kennengelernt. – *Council Bluffs:* Ort im Südwesten des Staates Iowa, Bezirksstadt des Pottawattamie County, am Missouri River auf der gegenüberliegenden Seite von Omaha, Nebraska. Benannt nach dem Zusammentreffen der Entdecker Lewis und Clark im Jahr 1804 mit Oto- und Missouri-Indianern; 1846 eine Mormonensiedlung, seit 1849 Ausgangspunkt vieler Goldsucher auf dem Weg nach Kalifornien. Einwohner (1982): 56 500. – *Chatillon:* Einen Trapper dieses Namens hat Möllhausen mehrmals zum Helden einer Erzählung gemacht, z. B. auch in ›Fleur rouge‹ (1870).

62 *deutsche Meilen:* Eine Meile betrug in Preußen 7532,5 m.

63 *die halbverschütteten Festungsgräben:* Der Jesuitenhof im Norden Bonns, wo Möllhausen aufwuchs, lag in unmittelbarer Nähe der alten Festungsgräben der Stadt. Diese wurden von Möllhausens Vater, einem Bauunternehmer, der mit dem Abriß der alten Stadtmauer beauftragt war, Anfang der 1830er Jahre mit deren Abbruchschutt aufgefüllt.

65 *Feuerschloßgewehr:* Bei den seit dem 17. Jahrhundert bekannten und bis um die Mitte des 19. Jahrhunderts gebräuchlichen Feuersteinschloßgewehren wurde das Pulver durch den Funken eines angeschlagenen Feuersteins entzündet.

66 *schurkische Pawnies:* Die Pawnies waren ein Stammeszusammenschluß der Caddoan Familie, sie lebten auf dem Gebiet des heutigen Nebraska, mit Ausläufern bis nach Texas hinunter. Sie lagen im ständigen Krieg mit allen umgebenden Stämmen, ausgenommen die Omaha, Ponca und Oto. Erstmals 1626 in spanischen Quellen erwähnt, lebten sie zweihundert Jahre lang in Feindschaft mit den weißen Siedlern und sind wohl nicht zuletzt deshalb in vielen Geschichten von der vorrückenden Grenze die *bad guys.* Noch Karl Mays Sam Hawkens verdankt das Fehlen seines Skalps einer Rotte Pawnies. Zur Zeit der großen Trails allerdings, als praktisch alle anderen Stämme dem westlichen Vorrücken der Siedler feindlich begegneten, hatten sie bereits freundschaftliche Beziehungen zu den Weißen aufgenommen. Sie gingen 1876 in ein Reservat in Oklahoma, sechzehn Jahre später teilten sie ihr Land unter sich auf und wurden amerikanische Bürger.

70 *Sioux ... Omaha:* Die Omaha waren ein Stamm der Dhegiha-Sioux in Nordost-Nebraska, am Zusammenfluß des Big Sioux River mit dem Missouri. Sie lagen in ständigem Konflikt mit den Sioux, übergaben 1854 fast ihr gesamtes Land per Vertrag den USA. Heutige Anzahl (1982): 1300.– Sioux ist die Bezeichnung für eine Gruppe sprachlich verwandter Stämme westlich der Großen Seen, deren größter die Dakota sind. Sie lebten ursprünglich im Süden des heutigen Minnesota, wichen unter dem Druck der Chippeway Mitte des 18. Jahrhunderts nach Westen aus, lieferten sich heftige Kämpfe mit US-Truppen in den Jahren 1866–68 und 1876/77. Heute leben noch etwa 37 000 Mitglieder der verschiedenen Stämme in zahlreichen Reservaten.

71 *Entdeckung der unerschöpflichen Goldlager:* Am 24. Januar 1848 wurde in Kalifornien auf dem Gelände der Sägemühle des Johann August Sutter Gold entdeckt. In der Folgezeit kam es im »Goldrausch« zu einer explosionsartigen Zunahme der Bevölkerung von 15 000 im Jahr 1848 auf etwa 250 000 im Jahr 1852.

72 *Iowa:* Seit 1846 der 29. US-Staat, gelegen zwischen dem Mississippi im Osten, dem Missouri im Westen und den Staaten Minnesota im Norden und Missouri im Süden.

73 *Des Moines River:* Längster Fluß Iowas (800 km), mündet in den Mississippi. – *Burlington:* Stadt am Mississippi im Südosten des Staates Iowa, etwa 225 km südöstlich von Des Moines City. Wurde 1833 gegründet und war von 1838 bis 1841 Hauptstadt des Territoriums Iowa. – *flachen Flusses:* Platte River/Nebraska River, mit 495 km längster Fluß Nebraskas, teilweise sehr breit, für die Schifffahrt jedoch meist zu flach.

74 *Colonel Fremont:* John Charles Fremont (1813–1890), Entdecker, Politiker, Soldat, eine der bekanntesten Gestalten des Westens. Reiste in den dreißiger Jahren viel mit der Amerikanischen Pelzhandelskompanie zwischen Fort Pierre am Missouri und Fort Snelling am Mississippi umher und stellte 1842 eine erste eigene Expedition zur wissenschaftlichen Erkundung des Oregon rails zusammen, bei der er von Kit Carson geführt wurde und in deren Verlauf er die Wind River-Berge erforschte. Danach zahlreiche weitere Expeditionen, u. a. 1845 nach dem Großen Salzsee und 1853/54 – zur Erforschung einer südlichen Eisenbahnroute zum Pazifik – nach dem Inneren Utahs. Durch seine Entdeckungen ein Nationalheld geworden, beteiligte er sich während des Bürgerkrieges an republikanischen Bestrebungen und wurde mehrmals als Präsidentschaftskandidat aufgestellt, zuletzt 1864 als Gegenkandidat – einer stark von deutschen Siedlern bestimmten Gruppierung – zu Lincoln. Später wurde er u. a. als Eisenbahnkönig und Bankrotteur bekannt und war als Territorial-Gouverneur von Arkansas tätig. – *Emigrantenstraßen:* Der sich mehrmals verzweigende Oregon Trail, auf dessen Route in den vierziger Jahren des 19. Jahrhunderts Oregon besiedelt wurde. Beginnt in Independence, Missouri, führt den Nord Platte River entlang, über Fort Laramie usw. und sah besonders viele Auswanderer, seit der Kongress im August 1848 die Schaffung des Oregon Territoriums deklariert hatte.

77 *das westliche Eldorado:* Kalifornien (vgl. Anm. zu S. 70)

159 *Oglala:* Unterabteilung der Teton Sioux bzw. Lakota. – *Scott Bluffs:* Eine charakteristische steile Uferformation am Nord Platte River im westlichen Nebraska, in der Nähe der heutigen Stadt Scottsbluff. Weithin sichtbarer Orientierungspunkt für alle Reisenden auf dem Oregon Trail, seit 1919 Nationalpark. Die Form erinnert an eine Burgruine auf einer Bergspitze und ragt 229 Meter über der Flußhöhe auf.

165 *Te-nu-ga:* Der Ausdruck bedeutet in der Sprache der Omaha-Indianer, die zahlreiche Mitglieder dieses Namens hatten, »Stier«. Bei Möllhausen, der im Jahr 1852 eine Zeitlang mit diesem Stamm zusammengelebt hat, erscheint der Name immer wieder, etwa auch in den Romanen ›Das Monogramm‹ (1874), ›Die Töchter des Konsuls‹ (1880) und ›Die Trader‹ (1884).

176 *Arkansas:* Arkansas River, entspringt in Lake County, Colorado und mündet in den Mississippi. Länge: 2333 km. – *Fort Napoleon:* An der Mündung des Arkansas River gelegen, von Möllhausen vom 12. bis 14. Juni 1853 besucht.

177 *der gewaltige Bürgerkrieg hatte sein Ende erreicht:* Der amerikanische Sezessionskrieg begann im April 1861, nachdem in den Monaten zuvor elf Staaten des Südens ihren Austritt aus der Union erklärt und sich unter dem eigenen Präsidenten Jefferson Davis zu den konföderierten Staaten von Amerika zusammengeschlossen hatten. Nach anfänglichen Erfolgen des Südens unter Führung des Generals Robert E. Lee wurden sie jedoch bei Gettysburg und Vicksburg geschlagen. Nach der Eroberung Richmonds am 3. April 1865 führte die materielle Überlegenheit des Nordens zu einem teuer erkauften Sieg.– Die Gründe für den Krieg sind bis heute umstritten, liegen aber im wesentlichen in der politischen, wirtschaftlichen und sozialen Auseinanderentwicklung zwischen Norden und Süden, wobei die Auseinandersetzung um die Sklaverei zunehmend ein wichtiges Motiv wurde. – *auf dem Grabe Lincolns:* Abraham Lincoln (geb. 5. Februar 1809, ermordet 15. April 1865), 16. Präsident der USA.

181 *Cu-Clux-Clan:* – Gegründet 1866 in Pulaski, Tennessee, als Geheimbund mit fester Hierarchie, eigenen Ritualen (Gehorsamspflicht, Eid, Weihe) und weißer Kapuzentracht. Ziel des Cu-Clux-Clans war die Aufrechterhaltung der kolonialen Lebensform in den Südstaaten, er bekämpfte die Reconstruction-Politik und wandte dabei Mittel der Gewalt und Einschüchterung (Brandstiftung, Auspeitschung, Fememorde) vor allem gegen emanzipierte Sklaven und radikale Republikaner an. Bis 1868 sehr erfolgreich, erreichte das Scheitern der Reconstruction in Nord-Carolina, Tennessee und Georgia. Wurde 1869 – bei einem Mitgliederstand von ca. 500 000 – aufgelöst, lokale Splittergruppen wurden 1882 für verfassungswidrig erklärt.

197 *Andersonville:* Kleine Stadt in Georgia, wo während des Sezessionskrieges ein Gefangenenlager der Konföderierten Armee unter Henry Wirz errichtet wurde, das von Februar 1864 bis April 1865 bestand. Es war 11 Hektar groß und für zehntausend Gefangene ausgelegt, jedoch lebten dort zeitweilig 33 000 Menschen. Während dreizehn Monaten starben dort 13 700 Menschen an Hunger und Seuchen, also an jedem Tag etwa 150. Das Gelände ist heute ein Park, die Gefangenengräber sind National-Friedhof.

198 *Heinrich Wirtz:* Henry Wirz, aus der Schweiz stammender konföderierter Armee-Offizier und Leiter des berüchtigten Kriegsgefangenenlagers in Andersonville, Georgia. Wurde nach dem Bürgerkrieg wegen Gefangenenmordes angeklagt und am 10. November 1865 gehängt.

221 *Stromschnellen ... Steingeröll:* Möllhausen schreibt in seinem Reisebericht von der Colorado-Expedition über den 3. Februar 1858: »Vielfache Hindernisse hemmten an diesem Tag die ›Explorer‹ in ihrem Lauf, denn bald waren es Sandbänke, bald die gefährlichen Anhäufungen von scharfem Geröll im Bett des Stromes, über die das Fahrzeug hinübergewunden werden mußte.«

224 *Peacock:* Trainmaster der Ives-Expedition 1857/58. *-beiden riesenhaften Mohave-Begleiter:* Irataba und Kairook, beide wurden von Möllhausen porträtiert. – *Diegeno-Indianer:* Ein Diegueno-Indianer namens Mariando diente während der Ives-Expedition als Dolmetscher. – *Mohaves:* Mojave, Hopi: einstmals der volkreichste und kriegerischste Stamm der Yuma-Sprachfamilie, lebte meist in Arizona, entlang des Colorado River. Mitglieder (1975): 1200 – *Arapahoes und Scheyennes:* Stämme der Prärie- und Plainsindianer.

225 *Major Bridger:* James Bridger (1804–1881), einer der berühmtesten Pelzhändler und Scouts des Westens, schloß sich mit achtzehn Jahren einer großen Trapper-Expedition nach den Quellen des Missouri an und lernte dabei erstmals jene Gegenden kennen, die ihm später besser bekannt sein sollten als jedem seiner Zeitgenossen. Er sah als erster Weißer den Großen Salzsee und die Geysire des Yellowstone Parks und er errichtete am Oregon Trail im Südwesten Wyomings eine Station, die er Fort Bridger nannte. Er diente Stansbury bei seiner Utah-Expedition 1849 als Scout und auch Johnston bei dessen Utah-Invasion 1859/60. – *Henry Frappe:* Pelzhändler und Trapper, errichtete 1839 gemeinsam mit Bridger und Vasquez die Pelzhandelsstation Fort Bridger an der Black Fork des Green River.

232 *wahren Begebenheit:* Dem Beginn der Erzählung ist im Original folgende Fußnote beigegeben: »Als ich vor mehreren Jahren San Franzisko zum ersten Mal berührte, wurde in allen Zeitungen vielfach ein Duell besprochen, welches kurz vorher daselbst stattgefunden hatte. Was ich den verschiedenen Artikeln, die mir zu Gesicht kamen, und den Gerüchten, die darüber in Umlauf waren, entnahm, stellte ich zusammen und sende ich hier meiner Erzählung als Einleitung voran.« Möllhausen betrat San Francisco erstmals am 27. März 1854, und erneut am 22. Oktober 1857.

241 *Schoner:* Ursprünglich ein drei- bis siebenmastiges Segelschiff, hier: Dampfer.

247 *Indiana:* seit 1816 der 19. Staat der USA, grenzt im Norden an Michigan-See und -Staat, im Süden an Kentucky, westlich an Illinois und östlich an Ohio. – *die eine oder andere Regierungsform:* Anspielung auf die politischen Flüchtlinge der 1848er-Revolution.

275 *wenige Tage vorher:* Nachdem Möllhausen sechs Wochen voller

Hunger, Kälte und Gefahr allein am Sandy Hill Creek hatte verbringen müssen, wurde er in den ersten Tagen des Januar 1852 von einem Trupp Oto-Indianer unter Leitung des Medizinmannes Wakitamone gerettet.

Textnachweise

Der Postläufer von Wisconsin. Aus: Palmblätter und Schneeflocken, Bd. 1., Leipzig 1863

Präriebilder. Aus: Nord und Süd, Bd. 2, Jena 1867

Die warnenden Schatten. Aus: Deutscher Volkskalender auf das Jahr 1863, Leipzig (1862)

Die beiden Fähren. Aus: Westliche Fährten, Bd. 2, Berlin 1873 (Erstdruck: Allgemeine Familien-Zeitung 1869)

Unter den Clansgenossen. Aus: Das Neue Buch der Welt, Stuttgart 1879

Die Flucht aus dem Rebellen-Lager. Aus: Das Neue Buch der Welt, Stuttgart 1879

Ein Tag auf dem Ufer des Colorado. Aus: Das Neue Buch der Welt, Stuttgart 1879

Ein Duell in Kalifornien. Aus: Palmblätter und Schneeflocken, Bd. 2., Leipzig 1863

Der Schneesturm. Aus: Palmblätter und Schneeflocken, Bd. 1., Leipzig 1863

Bildnachweise

Die Abbildungen 2, 3 und 8 sind Lithographien nach Vorlagen von Friedrich Kurz, die dieser für Erzählungen Möllhausens angefertigt hatte. Sie wurden 1862 in der ›Gartenlaube‹ abgedruckt. Die Originale befinden sich im Völkerkundemuseum in Bern.

Die anderen Illustrationen sind Originalzeichnungen Möllhausens bzw. zeitgenössische Abbildungen nach dessen Vorlagen: Abb. 4, 9 und 10 stammen aus dem zweiten Skizzenbuch (Familie Möllhausen); Abb. 1 und 6 werden im National Museum (Nachlaß Charles Rau) in Washington D.C. aufbewahrt; Abb. 5 und 7 sind Lithographien aus Joseph C. Ives: Report Upon the Colorado River of the West, Washington 1861. Die Aquarelle Möllhausens, die als Vorlagen der letztgenannten Stiche dienten, befinden sich im Amon Carter Museum, Fort Worth/Texas.

Der Herausgeber

Andreas Graf, geb. 1958, arbeitet als Literaturwissenschaftler und Lektor in Köln, zahlreiche Veröffentlichungen zur deutschen Literatur des 18.–20. Jahrhunderts und zur Abenteuerliteratur, u. a. »Der Tod der Wölfe. Das abenteuerliche und das bürgerliche Leben des Romanschriftstellers und Amerikareisenden Balduin Möllhausen« (Berlin: Duncker & Humblot 1991) und »Abenteuer und Geheimnis. Die Romane Balduin Möllhausens« (Freiburg/Breisgau: Rombach 1993).